Andreas Ette · Lenore Sauer

Auswanderung aus Deutschland

D1664420

Andreas Ette · Lenore Sauer

Auswanderung aus Deutschland

Daten und Analysen zur internationalen
Migration deutscher Staatsbürger

VS VERLAG

Bibliografische Information der Deutschen Nationalbibliothek
Die Deutsche Nationalbibliothek verzeichnet diese Publikation in der
Deutschen Nationalbibliografie; detaillierte bibliografische Daten sind im Internet über
<http://dnb.d-nb.de> abrufbar.

1. Auflage 2010

Alle Rechte vorbehalten
© VS Verlag für Sozialwissenschaften | Springer Fachmedien Wiesbaden GmbH 2010

Lektorat: Frank Engelhardt

VS Verlag für Sozialwissenschaften ist eine Marke von Springer Fachmedien.
Springer Fachmedien ist Teil der Fachverlagsgruppe Springer Science+Business Media.
www.vs-verlag.de

Umschlaggestaltung: KünkelLopka Medienentwicklung, Heidelberg
Gedruckt auf säurefreiem und chlorfrei gebleichtem Papier
Printed in Germany

ISBN 978-3-531-15869-3

Inhaltsverzeichnis

Vorwort 9

1   Einleitung 11

2   **Theorien und Methoden zur Analyse der Auswanderung** 17
2.1   Eine „neue Landkarte" der Migration 18
2.2   Brain Drain – Brain Gain – Brain Circulation 24
2.3   Neoklassische Theorien selektiver Migration 27
2.4   Alternative Erklärungsansätze selektiver Migration 31
2.5   Methoden und Daten zur Analyse der Auswanderung
      in den Herkunftsländern der Migranten 34
2.6   Methoden und Daten zur Analyse der Auswanderung
      in den Zielländern der Migranten 41
2.7   Fazit: Konzeptionelle und theoretische Grundlagen zur Analyse
      der Auswanderung aus Deutschland 45

3   **Deutschland: Ein Auswanderungsland?** 47
3.1   Auswanderung bis Mitte des 20. Jahrhunderts 47
3.2   Auswanderung nach dem Zweiten Weltkrieg 54
3.3   Auswanderung aus anderen Industriestaaten 58
3.4   Fazit: Auswanderungsland oder Rückkehr zur Normalität? 65

4   **Die Geographie der Auswanderung** 67
4.1   Forschungskonzeption und Datengrundlage 68
4.2   Demographische Merkmale deutscher Auswanderer 70
4.3   Auswanderung aus den Städten: Räumliche Muster der Migration 74
4.4   Europäisierung der Auswanderung: Zielländer und Zielregionen 76
4.6   Fazit: Auswanderung der Young Urban Male Professionals? 81

**5   ,Brain Drain' oder ,Brain Circulation'? Internationale
      Migration hochqualifizierter Deutscher** **83**
5.1 Forschungsstand: Qualifikationsniveau deutscher Auswanderer........... 86
5.2 Determinanten der Aus- und Rückwanderungsentscheidung 96
5.3 Forschungskonzeption und Datengrundlage 98
5.4 Selektivität international mobiler Deutscher...................................... 105
5.5 Multivariate Ergebnisse zu den Bestimmungsfaktoren
      internationaler Migration 114
5.6 Fazit: ,Brain Drain' hochqualifizierter Führungskräfte –
      ,Brain Circulation' in der Wissenschaft.. 118

**6   ,Brains keep on draining?' Die Entwicklung der Auswanderung
      hochqualifizierter Deutscher** **121**
6.1 Forschungskonzeption und Datengrundlagen 124
6.2 Entwicklung der Bildungsselektivität 127
6.3 Entwicklung der Arbeitsmarktpartizipation....................................... 129
6.4 Entwicklung des Qualifikationsniveaus.. 132
6.5 Fazit: Brains keep on draining! 136

**7   Gegangen, um zu bleiben? Die Dauerhaftigkeit der
      Auswanderung deutscher Staatsbürger** **139**
      (unter Mitarbeit von Rainer Unger)
7.1 Forschungsstand zur Dauerhaftigkeit der Auswanderung 140
7.2 Forschungskonzeption und Datengrundlagen 143
7.3 Alter der Rückwanderer – too old for a ,brain gain'?........................ 146
7.4 Entwicklung der Dauerhaftigkeit der Auswanderung
      im Periodenvergleich 149
7.5 Entwicklung der Dauerhaftigkeit der Auswanderung
      im Kohortenvergleich.. 154
7.6 Fazit: Gegangen, um zurückzukehren.. 158

8   ,Kampf um die besten Köpfe'? Deutschland im europäischen Vergleich... **161**
8.1   Forschungsüberblick zu intra-europäischen Wanderungen 163
8.2   Forschungskonzeption und Datengrundlagen 169
8.3   Entwicklung intra-europäischer Wanderungsbewegungen 175
8.4   ,Brain Drain' oder ,Brain Gain'? Intra-europäische Wanderungen
      Hochqualifizierter 181
8.5   Fazit: Ungleichheiten im europäischen Migrationssystem 188

9   Fazit: Deutschland ein Einwanderungsland! **191**

Literaturverzeichnis.. 199
Abbildungsverzeichnis.. 221
Tabellenverzeichnis.. 223
Abkürzungsverzeichnis... 225

Vorwort

Das vorliegende Buch ist Ergebnis eines Forschungsprojektes, das in den vergangenen Jahren am Bundesinstitut für Bevölkerungsforschung (BiB) bearbeitet wurde. Während dieser Zeit waren wir im Austausch mit vielen Menschen und Institutionen, die uns bei unserer Arbeit unterstützt haben. An erster Stelle ist das Bundesministerium des Innern zu nennen, das in Person von Hubertus Rybak und Wolfgang Klitsch einen wichtigen Anstoß zur Bearbeitung des Themas gegeben hat. Weiterhin möchten wir Charlotte Höhn und Norbert F. Schneider danken, die in ihrer Funktion als Direktorin bzw. Direktor des Bundesinstituts für Bevölkerungsforschung das Projekt wohlwollend und mit der nötigen Flexibilität und Unterstützung begleitet haben.

Bei der Bearbeitung und Auswertung der unterschiedlichen Datenquellen haben uns innerhalb und außerhalb des BiB eine große Zahl von Kollegen und Freunden unterstützt. An erster Stelle ist Rainer Unger zu nennen, der uns während seiner Zeit am BiB und zwischenzeitlich in seiner neuen Funktion am Zentrum für Sozialpolitik der Universität Bremen als Mitautor von Kapitel 7 bei der Auswertung der Daten der Deutschen Rentenversicherung zur Seite stand. Dank gilt auch Philip Graze, der uns bei der Auswertung der Daten des Mikrozensus stets mit Rat und Tat unterstützte sowie Georg Thiel, der uns während seiner Zeit als Praktikant insbesondere bei der Aufbereitung und Auswertung der Daten der OECD behilflich war.

Außerhalb des Instituts ist in erster Linie das Statistische Bundesamt als uns immer wohl gesonnener Kooperationspartner zu nennen. Hier war es vor allem Claire Grobecker, die uns bei der Bereitstellung von Sonderauswertungen der deutschen Wanderungsstatistik und sowohl beim Verständnis ihrer Ergebnisse als auch ihrer Lücken und Tücken zur Seite stand. Weiterhin bedanken wir uns beim Europäischen Datenservice des Statistischen Bundesamts und hier insbesondere bei Birgit Fischer und Daniel O'Donnell, die uns bei den Auswertungen des European Union Labour Force Survey immer wieder schnell und unbürokratisch unterstützt haben. Auch Robert Herter-Eschweiler, der uns bei Fragen der Erhebungsmethodik des Mikrozensus und seinem Nutzen für die Migrationsforschung zur Seite stand, möchten wir an dieser Stelle erwähnen, sowie Tim Hochgürtel, Abier Qashgish und Hans-Peter Mast vom Forschungsdatenzentrum des Bundes und der Länder, die uns bei der Auswertung der Wanderungsstatistik unterstützten.

Darüber hinaus wollen wir einigen Kollegen danken, die im Rahmen von Vorträgen durch ihre Fragen und Kommentare das Projekt vorangebracht haben. Zu nennen sind hier insbesondere die Teilnehmer der Mikrozensus-Nutzerkonferenz 2007 in Mannheim, der European Population Conference 2008 in Barcelona sowie der IUSSP Konferenz 2009 in Marrakesch und hier insbesondere Claudia Diehl, Kene Henkens, Mary Kritz, Michel Poulain und Hania Zlotnik. Daneben stand uns Reinhard Pollak als Freund und interessierter Diskussionspartner jederzeit bei.

Das Projekt wurde über die Jahre in enger Abstimmung und gegenseitiger Unterstützung von Andreas Ette und Lenore Sauer bearbeitet. Innerhalb des Buches gibt es wohl keine Seite, die nicht durch kritische Kommentare des jeweils anderen maßgeblich überarbeitet oder sogar vollständig neu geschrieben wurde, um im Ergebnis eine möglichst konsistente Veröffentlichung zu erhalten. Dennoch haben auch wir uns spezialisiert und möchten einige Kapitel nennen, in denen der eine oder die andere die Federführung übernommen hat: So basieren die Analysen in Kapitel 6 zur Entwicklung der Auswanderung in die USA und Schweiz insbesondere auf Auswertungen von Lenore Sauer und die Analysen zur Dauerhaftigkeit der Auswanderung mit Hilfe der Wanderungsstatistik und der Daten der deutschen Rentenversicherung für Kapitel 7 wurden vor allem durch Lenore Sauer und Rainer Unger erstellt. Umgekehrt basieren die Auswertungen des European Union Labour Force Survey, der Grundlage für Kapitel 5 zur Auswanderung Deutscher innerhalb der Europäischen Union (EU) und für Kapitel 8 zum Vergleich Deutschlands mit den anderen EU-Mitgliedstaaten ist, auf den Arbeiten von Andreas Ette.

In der abschließenden Phase der Erstellung des Manuskriptes des Buches waren es vor allem Tanja Banavas, Dominique Chasseriaud, Christian Fiedler, Hans-Ludwig Friedrich, Evelyn Grünheid, Robert Naderi, Elias Naumann, Kerstin Ruckdeschel, Ina Sauer und Angelika Stein-Ette, die uns durch ihr kritisches Lektorat und bei der Erstellung der Grafiken und Abbildungen maßgeblich unterstützt und zum Gelingen des Buches beigetragen haben. Auch gilt es Cori Mackrodt vom VS Verlag zu danken, die mit viel Geduld die wiederholten Verschiebungen des Abgabetermins akzeptiert hat.

Ein abschließendes Wort des Dankes gilt unseren Familien. Wir möchten Jenna, Lotte, Insa und Michael sehr herzlich danken, die im Laufe der vergangenen Jahre wohl mehr über Auswanderung gelernt haben, als ihnen manchmal lieb war. Mit Abschluss des Manuskripts gilt es für Jenna, Lotte, Insa und Andreas die intra-europäische Migration – wenn auch nur für einige Monate – einmal selbst zu erkunden.

Wiesbaden, im April 2010 Andreas Ette und Lenore Sauer

1 Einleitung

In den vergangenen Jahren hat sich eine rege Debatte über die Auswanderung aus Deutschland entwickelt. Mit der Veröffentlichung der Wanderungsstatistik im Juli 2006 durch das Statistische Bundesamt erhielt diese Diskussion neuen Auftrieb. Demnach kam es im Jahr 2005 zur höchsten registrierten Auswanderung Deutscher seit 1954 und erstmals seit Ende der 1960er Jahre zu einem Netto-Wanderungsverlust, also einem Überschuss von auswandernden im Vergleich zu einwandernden Deutschen. Seitdem ist das Thema aus den Medien und der politischen Diskussion nicht mehr wegzudenken. In den folgenden Jahren vervierfachte sich der ursprünglich nur leicht negative Wanderungssaldo auf bis zu -66.000 Personen im Jahr 2008. Zwischenzeitlich gibt es keinen Monat mehr, in dem nicht in einer Zeitung oder einer Fernsehreportage das Thema prominent aufgegriffen und diskutiert wird. Fernsehsendungen wie „Umzug in ein neues Leben" und „Goodbye Deutschland: die Auswanderer" berichten im wöchentlichen Rhythmus über quotenträchtige Einzelschicksale von Auswanderern, so dass sich der Eindruck Deutschlands als Auswanderungsland verfestigt.

Die öffentliche Diskussion begann vor wenigen Jahren mit einer allgemeinen und eher diffusen Sorge über die wachsende Zahl internationaler deutscher Migranten. So argumentierte der „Economist" angesichts dieses Trends bereits im November 2006, dass die Deutschen die ungeliebten Gastarbeiter von morgen sein werden. Und eine Umfrage des Instituts für Demoskopie Allensbach berichtete im Herbst 2007 den seit den 1950er Jahren höchsten Stand an Auswanderungswünschen, wonach jeder Fünfte gerne Deutschland verlassen möchte. Im weiteren Verlauf konzentrierte sich die Diskussion verstärkt auf einzelne Berufsfelder, wobei die Situation an den Universitäten im Kontext der Debatte über die Bildungs- und Wissenschaftspolitik in Deutschland die medial größte Aufmerksamkeit erfuhr. Ein damaliger Höhepunkt der Diskussion war die Meldung, deutschen Nobelpreisträgern bliebe nur die Auswanderung in die USA, um nicht aufgrund der restriktiven Regelungen in Deutschland auf weitere wissenschaftliche Forschung nach Erreichen des Ruhestandes verzichten zu müssen. Auch in der Politik wurde die Frage der Auswanderung und insbesondere der internationalen Mobilität der Höchstqualifizierten kontrovers diskutiert. So gab es in den letzten Jahren zwei Große Anfragen, in denen die Opposition die jeweilige Bundesregierung im Deutschen Bundestag um eine Einschätzung der Situation und um eine Stellungnahme bezüglich der erwogenen politischen Reaktionen bat (*Deutscher Bundestag* 2004; 2007). Zwischenzeitlich hat die Debatte im Kontext des demographischen Wandels und des erwarteten Fachkräftemangels zu einer weitaus grundlegenderen Sorge geführt. Dabei beunruhigen weniger die absoluten Zahlen, sondern die offensichtliche Tendenz einer Auswanderung der qualifiziertesten Arbeitskräfte aus Deutschland (*Sachverständigenrat deutscher Stiftungen für Integration und Migration* 2009), so dass *Brücker* (2010) zu dem Schluss kommt, dass Deutschland unter einem ‚brain drain' leidet.

Die Migrationsforschung konzentrierte sich traditionell auf die Wanderungen von weniger in höher entwickelte Staaten (für einen Überblick siehe *Massey et al.* 1993). In den vergangenen Jahren wurde aber zunehmend deutlich, dass gerade die internationale Migration zwischen den Industriestaaten und insbesondere auch innerhalb Europas zugenommen hat und durch eine Vielzahl neuer Formen und Motive gekennzeichnet ist (*UNDP* 2009; *OECD* 2009a; *OECD* 2009b). Zu nennen ist beispielsweise die wachsende Zahl im Rahmen ihrer Bildungskarriere international mobiler Schüler und Studierender oder auch die Ruhesitz- und Lifestyle-Migranten, die sich auf der Suche nach attraktiveren Wohnumfeldern für eine Auswanderung oder eine transnationale Lebensform entscheiden. Die in ihrer Bedeutung und öffentlichen Aufmerksamkeit wichtigste Form der Migration ist aber sicherlich die zunehmende internationale Migration Hochqualifizierter. Aus ökonomischer Sicht wird diese meist als Ergebnis der Transformation von Industriestaaten in heutige wissensbasierte Ökonomien und einhergehend mit der zunehmenden Internationalisierung der Arbeitsmärkte für hochqualifizierte Arbeitskräfte gesehen. Das Angebot an hochqualifizierten Arbeitskräften hat sich somit zu einem entscheidenden Standortvorteil entwickelt. Die Sorge über den „flight of the creative class" (*Florida* 2007) ist wesentlicher Bestandteil des globalen Wettbewerbs geworden. Im Laufe der zweiten Hälfte des 20. Jahrhunderts hat die Diskussion über einen möglichen ‚brain drain' vor allem die Entwicklungsländer erfasst. Es bestand die begründete Sorge, dass die dauerhafte Auswanderung der hochqualifizierten Bevölkerung eines Landes zu gravierenden wirtschaftlichen Konsequenzen für die Herkunftsländer führen und sie an ihrer weiteren Entwicklung hindern würde (siehe z.B. *Adams* 1968; *Bhagwati* 1976). Unter dem Druck des „Kampfes um die besten Köpfe" und dem „Wettbewerb um globale Talente" (*Kuptsch/Pang* 2006) hat sich diese Diskussion aber zunehmend aus dem Nexus zwischen Migration und Entwicklung gelöst. Heute sind es nicht nur die Entwicklungsländer, die den Verlust ihrer „best and brightest" befürchten, sondern auch die hochentwickelten westlichen Industriestaaten (siehe auch *Straubhaar* 2000).

Trotz der Bedeutung der internationalen Migration für die gesellschaftlichen und ökonomischen Entwicklungen in heutigen Industriestaaten ist die Auswanderung aus höher entwickelten Staaten im Allgemeinen und die Auswanderung aus Deutschland im Speziellen ein nach wie vor „von der Wissenschaft vernachlässigter Bereich der Migrationsforschung (und es) existieren nur sehr wenige Untersuchungen zu den Formen und Motiven der Abwanderung" (*Lederer* 2004: 38; für die internationale Diskussion siehe beispielsweise *Dalen/Henkens* 2007). Die Migrationsforschung hat sich hingegen lange mit den dominanten Migrantengruppen beschäftigt und sich meist für die vermeintlich „problematischen" Einwanderer und deren Integration interessiert. Der Grund ist zum einen, dass die Themen der internationalen Wanderung Hochqualifizierter und der Migration zwischen Industriestaaten lange Zeit als unproblematisch angesehen wurden, und daher kaum wissenschaftliches und politisches Interesse erweckt haben. In der Konsequenz liegen zum anderen nur unzureichende statistische Informationen über diese Formen der Migration vor, was belastbare Aussagen und umfassendere wissenschaftliche Analysen erschwert (vgl. *Bilsborrow et al.* 1997).

Diese Diskrepanz zwischen der offensichtlichen gesellschaftlichen und wirtschaftlichen Bedeutung der Auswanderung der Hochqualifizierten auf der einen Seite und dem oftmals nahezu spekulativen Kenntnisstand auf der anderen Seite erklärt die hitzige und konfuse öffentliche und politische Diskussion der letzten Jahre in Deutschland. Vor diesem Hintergrund konzentriert sich das vorliegende Buch auf die Beschreibung und Erklärung der zunehmenden Auswanderung aus Deutschland. Von besonderem Interesse ist dabei, ob sich die Situation in Deutschland mit dem Begriff des ‚brain drain' im Sinne einer dauerhaften Auswanderung der Hochqualifizierten charakterisieren lässt. Für die Beantwortung dieser übergeordneten Fragestellung konzentriert sich das Buch auf die Bearbeitung mehrerer Aspekte der Auswanderung.

Zu Beginn des Buches stehen Fragen nach dem *Umfang* der Auswanderung: Wie viele Deutsche wandern aus und wie hat sich die Größenordnung der Auswanderung aus Deutschland entwickelt? Kam es, wie in den Medien in den vergangenen Jahren regelmäßig berichtet, zu einem substanziellen Anstieg der Auswanderung und welche Bedeutung hat der seit vierzig Jahren erstmals negative Wanderungssaldo Deutscher? Daneben stehen aber auch Fragen der historischen und internationalen Einordnung der heutigen Auswanderung. Wie hat sich die Auswanderung aus Deutschland historisch entwickelt? Stellt der gegenwärtige Anstieg der Auswanderung ein weiteres Kapitel eines „Sonderwegs" in der deutschen Migrationsgeschichte dar oder zeigt sich darin nicht eher die Annäherung an Migrationmuster anderer Industriestaaten?

Ein zweiter Aspekt widmet sich der *Struktur* der Auswanderung und der Frage, ,wer' sich für eine internationale Migration entscheidet. Auch wenn die Größenordnung der Auswanderung bisher nicht außergewöhnlich hoch sein sollte, wären die wirtschaftlichen und gesellschaftlichen Konsequenzen nicht unerheblich, wenn insbesondere Hochqualifizierte Deutschland verlassen würden. Wie unterscheiden sich deutsche Migranten im Ausland von der international nicht mobilen Bevölkerung? Welche demographischen Charakteristika – wie z.b. Geschlecht, Alter, Herkunftsregionen und Zielländer – kennzeichnen die Migranten und die Auswanderung aus Deutschland? Sind die deutschen Auswanderer eine hinsichtlich ihres Bildungsniveaus und ihrer Qualifikationen positiv selektierte Gruppe? Und sind es insbesondere wissensintensive Wirtschaftszweige, die von der internationalen Migration betroffen sind?

Vorliegende Studien, die sich mit der Auswanderung und einem möglichen ,brain drain' aus Deutschland auseinandersetzen, beschränken sich meist auf die Analyse des Umfangs und der sozio-ökonomischen Struktur der Migranten. Im Rahmen des vorliegenden Buches werden diese Studien um drei wesentliche Aspekte ergänzt, um zu belastbaren Aussagen über die Qualität der Auswanderung aus Deutschland zu gelangen. Ein erster Aspekt betrifft die *Rückwanderung* der Migranten. Die heutige internationale Migration zwischen Industriestaaten ist vorwiegend durch temporäre und zunehmend kürzere Auslandsaufenthalte geprägt. Der durch die Auswanderung ursprünglich bedingte ,brain drain' kann durch die ebenfalls selektive Rückwanderung somit entweder verstärkt oder vermindert werden. Welche sozio-ökonomischen Charakteristika kennzeichnen die deutschen Rückwanderer? Sind es die besonders Hochqualifizierten, die sich tendenziell für langfristigere Auslandsaufenthalte entscheiden und damit die ursprünglich positive Selektivität der Auswanderung noch verstärken oder sind es umgekehrt die Hochqualifizierten, bei denen sich die höchsten Chancen für eine Rückwanderung zeigen und daher die ursprüngliche Selektivität abgeschwächt wird? Ein zweiter Aspekt betrifft die *zeitliche und geographische Entwicklung* der Selektivität der Auswanderung. Ein Großteil der vorliegenden Studien konzentrierte sich bisher auf die USA als das für Jahrzehnte wichtigste Zielland Deutscher. Hier geht es zum einen um mögliche Unterschiede zwischen der Auswanderung in die USA und in andere wichtige Zielländer und -regionen und zum anderen um die zeitliche Entwicklung der Selektivität der Auswanderung. Lässt sich die zunehmende Auswanderung aus Deutschland durch die wachsende internationale Mobilität von Hochqualifizierten erklären? Hier gilt es, die Selektivität der Auswanderung aus Deutschland über einen längeren Zeitraum zu verfolgen. Ein letzter Aspekt, der in bisherigen Studien häufig vernachlässigt wird, betrifft die *Dauerhaftigkeit* der Auswanderung. Vor dem Hintergrund zunehmend kürzerer Auslandsaufenthalte bedarf die

Frage nach einem ‚brain drain' aus Deutschland einerseits Aussagen über den Umfang an Personen, die dauerhaft im Ausland verbleiben. Andererseits gilt es das Rückwanderungsalter zu berücksichtigen, denn zumindest unter ökonomischer Perspektive wäre eine Rückwanderung in höherem Alter und vor allem nach Eintritt des Ruhestands für den Arbeitsmarkt kaum mehr von Relevanz. Wie viele Deutsche verlassen Deutschland dauerhaft? Welche altersstrukturellen Unterschiede werden zwischen Aus- und Rückwanderern deutlich? Zeigen sich ziellandspezifisch unterschiedliche Verbleibsquoten?

Die bisherigen Fragen konzentrierten sich fast ausschließlich auf die Situation in Deutschland und auf die internationale Migration von Deutschen. Ein letzter Fragenkomplex erweitert diese Perspektive daher einerseits um den internationalen Vergleich und andererseits um die Zuwanderung von Ausländern nach Deutschland. Wie ist die Auswanderung aus Deutschland im *internationalen Vergleich* zu bewerten? Ist sie ein singuläres, deutsches Phänomen oder finden sich vergleichbare Tendenzen auch in anderen Industriestaaten? Unter Einbezug der Zuwanderung stellen sich die bisherigen Fragen in einem anderen Licht: Wird die Auswanderung hochqualifizierter Deutscher durch die Zuwanderung hochqualifizierter ausländischer Migranten ausgeglichen? Wie stellt sich die *Wanderungsbilanz Hochqualifizierter* dar? Verliert Deutschland mehr gut ausgebildete Personen als es durch Zuwanderung gewinnt? Und wo steht Deutschland hinsichtlich dieser Frage im internationalen Wettbewerb?

Um diese Forschungsfragen zu beantworten, ist das Buch wie folgt gegliedert: Im Anschluss an diese Einleitung diskutiert Kapitel 2 die zentralen Begrifflichkeiten und liefert einen konzeptionellen und theoretischen Rahmen für die weiteren Analysen. Das Kapitel konzentriert sich einerseits auf die Diskussion der wichtigsten theoretischen Ansätze zur Erklärung selektiver Migrationsprozesse. Andererseits werden die vorhandenen Datengrundlagen zur Analyse der internationalen Migration Deutscher vorgestellt, die Grundlage für die Forschungskonzeptionen der weiteren Kapitel sind. Die folgenden Kapitel widmen sich der empirischen Analyse der Auswanderung aus Deutschland. Im Mittelpunkt von Kapitel 3 steht die Beschreibung der zeitlichen Entwicklung der Auswanderung aus Deutschland. Zusätzlich wird sowohl durch die Diskussion des historischen Hintergrunds der heutigen Auswanderung als auch durch den internationalen Vergleich eine Einordnung der heutigen Entwicklungen ermöglicht. Kapitel 4 widmet sich in einem ersten Schritt der Selektivität der Auswanderung und zwar insbesondere hinsichtlich der demographischen Charakteristika der Migranten sowie der wichtigsten Herkunftsregionen und Zielländer. Die Frage der Selektivität der Auswanderer wird in Kapitel 5 weiter vertieft. Während die in den Kapiteln zuvor herangezogene Wanderungsstatistik ausschließlich die demographischen Merkmale der Migranten erfasst, ermöglicht die

Analyse des European Union Labour Force Survey (EULFS) sowohl Aussagen über die Bildungs- und Qualifikationsstruktur der Auswanderer als auch der Wirtschaftszweige, in denen sie beschäftigt sind. Auf gleicher methodischer Grundlage werden in Kapitel 5 ebenfalls die sozio-ökonomischen Charakteristika der Rückwanderer nach Deutschland analysiert. Die zeitliche und geographische Differenzierung der Selektivität der Auswanderer steht im Mittelpunkt von Kapitel 6. Während sich das vorherige Kapitel auf die Europäische Union als wichtigste Zielregion Deutscher beschränkte, liegt der Fokus jetzt auf den zwei wichtigsten Zielländern – den USA und der Schweiz. Weiterhin ermöglichen die für diese beiden Staaten zur Verfügung stehenden Zensusdaten einen breiteren zeitlichen Horizont der Analyse, weshalb sich das Kapitel neben dem Ländervergleich vor allem auf die Entwicklung der Bildungs- und Qualifikationsstruktur der deutschen Auswanderer konzentriert. Im folgenden Kapitel 7 steht die Dauerhaftigkeit der Auswanderung im Mittelpunkt. Mit den Daten der deutschen Rentenversicherung werden Aussagen sowohl über den Anteil von Deutschen mit internationaler Migrationserfahrung als auch über den Anteil der Rückwanderer gewonnen, um die Ergebnisse zu einem möglichen ‚brain drain' aus Deutschland weiter zu qualifizieren. Kapitel 8 ergänzt die bisherigen, ausschließlich auf Deutschland konzentrierten Analysen um einen systematischeren internationalen Vergleich. Ebenfalls auf Basis des EULFS wird das Bildungs- und Qualifikationsniveau der deutschen Auswanderer mit dem der europäischen Zuwanderer nach Deutschland verglichen, um die Frage des ‚brain drain' auch hinsichtlich einer Bilanz der Migration aus und nach Deutschland zu diskutieren. Weiterhin ermöglicht der EULFS auch den Vergleich der internationalen Migration Hochqualifizierter zwischen den europäischen Mitgliedstaaten, was Aussagen über die Stellung Deutschlands im europäischen Migrationssystem erlaubt. Kapitel 9 fasst zuletzt die zentralen empirischen Ergebnisse des Buches vor der übergeordneten Frage nach einem möglichen ‚brain drain' aus Deutschland zusammen. Angesichts der voraussichtlich auch zukünftigen internationalen Migration Deutscher wird dort abschließend die Notwendigkeit betont, das ‚Einwanderungsland Deutschland' weiter zu entwickeln.

2 Theorien und Methoden zur Analyse der Auswanderung

Die Einleitung hat bereits deutlich gemacht, dass die Auswanderung aus Industriestaaten ein in der Migrationsforschung bisher wenig bearbeitetes Thema darstellt. Vor den eigentlichen empirischen Analysen des Buches ist es deshalb das Ziel des folgenden Kapitels, einen konzeptionellen und theoretischen Rahmen zur Bearbeitung der diesem Buch zugrunde liegenden Forschungsfragen zu entwickeln. Dafür setzen wir uns in einem ersten Schritt mit dem traditionellen Migrationsbegriff auseinander. Die Forschungsfragen des Buches zu internationalen Wanderungen insbesondere von höherqualifizierten Deutschen berühren Themen, die in der Migrationsforschung bisher nur randständig behandelt wurden. Durch die Gegenüberstellung der Konzepte zu Migration und räumlicher Mobilität als auch durch den Vergleich von Wanderungen von Gering- gegenüber Hochqualifizierten lassen sich konzeptionelle Besonderheiten heutiger Auswanderung aus Deutschland deutlich machen (Kapitel 2.1). In einem nächsten Schritt wird der Aspekt der Qualifikation diskutiert. Im Kontext der Migration zwischen Entwicklungs- und Industriestaaten hat sich der Begriff des ‚brain drain' etabliert, womit der dauerhafte und umfangreiche Verlust höherqualifizierter Personen beschrieben wird. Auch innerhalb der Debatte zur Auswanderung aus Industriestaaten wird auf diesen Begriff des Öfteren zurückgegriffen. Gemeinsam mit verwandten Konzepten wird seine Bedeutung im Rahmen dieses Buches diskutiert (Kapitel 2.2). In den folgenden zwei Unterkapiteln stehen unterschiedliche theoretische Ansätze zur Erklärung selektiver Migration im Mittelpunkt. So ist ein ‚brain drain' oft die Folge einer zu Gunsten von meist jüngeren und höherqualifizierten Personen stark selektiven Wanderung. Diese Selbstselektionsmechanismen sind insbesondere in der Ökonomie (Kapitel 2.3) aber auch innerhalb der soziologischen und politikwissenschaftlichen Migrationsforschung (Kapitel 2.4) Gegenstand unterschiedlicher Erklärungsansätze geworden. Neben diesen begrifflichen und theoretischen Grundlagen zur Analyse der Auswanderung aus Deutschland ist der konzeptionelle Rahmen des Buches des Weiteren durch die Verfügbarkeit von Daten zur internationalen räumlichen Mobilität von Deutschen geprägt. Die Datengrundlage stellt ein generelles Problem in der Migrationsforschung dar, ist aber von

besonderer Relevanz bei der Analyse der Auswanderung aus Industriestaaten
und der sozio-ökonomischen Charakteristika der Migranten. In den beiden
letzten Unterkapiteln stellen wir mögliche Datengrundlagen vor, wobei dies
zuerst aus der Perspektive von Datenquellen in den Herkunftsländern (Kapitel 2.5) und dann aus der Sicht der Zielländer (Kapitel 2.6) geschieht. Dabei
wird deutlich, dass sich aussagekräftige Antworten zur internationalen Migration Deutscher nur durch die Verwendung unterschiedlicher methodischer Zu-
gänge erzielen lassen.

2.1 Eine „neue Landkarte" der Migration

Die Migrationsforschung war lange Zeit durch Annahmen über historische
Wanderungsbewegungen – wie zum Beispiel die Einwanderung in die USA
während des 19. Jahrhunderts oder die europäischen Gastarbeiterwanderungen
der 1950er und 60er Jahre – geprägt. Migration wurde dadurch meist automa-
tisch als ein zeitlich dauerhaftes und räumlich größere Distanzen sowie internationale Grenzen überschreitendes soziales Phänomen konzeptionalisiert. Auch
wurde Migration meist mit weniger privilegierten und ärmeren Personen assoz-
iert, die aus ökonomischen Gründen aus geringer in höher entwickelte Staaten
und – aus globaler Perspektive – meist von Süd nach Nord wanderten. Diese
Vorstellungen haben dazu geführt, dass sich die Migrationforschung erst in den
vergangenen zwei Jahrzehnten vermeintlich neueren Migrationsformen zuge-
wendet hat, die zwar teilweise alles andere als neu sind, aber doch erst in den
vergangenen Jahren größere Aufmerksamkeit erhalten haben (vgl. *Koser/Lutz*
1998). Zumindest aus europäischer Sicht lassen sich heutige Migrationsmuster
nur noch begrenzt innerhalb solch klassischer Konzepte zur Arbeitsmigration
interpretieren. Vor dem Hintergrund einer sich zunehmend globalisierenden
Wirtschaft (*Held et al.* 1999), der Segmentierung der Arbeitsmärkte in den
Industriestaaten (*Sassen* 1999) und der Transnationalisierung gesellschaftlicher
Beziehungen (*Mau* 2007; *Pries* 2008) haben sich völlig neue Migrationsformen
entwickelt, die heute auch rein quantitativ das Migrationsgeschehen in vielen
europäischen Staaten maßgeblich bestimmen. Zu nennen ist die räumliche
Mobilität von Schülern (z.B. *Büchner* 2004) und Studierenden (z.B. *Altbach*
1989; *Findlay et al.* 2006) im Kontext eines zunehmend internationalisierten
Bildungssystems, die Mobilität von älteren Menschen, die ihren Ruhestand ganz
oder teilweise im Ausland verleben (z.B. *Kaiser/Friedrich* 2002; *Warnes* 2009),
die Mobilität von Arbeitnehmern im Kontext multinationaler Unternehmen und
ihrer internen Arbeitsmärkte (z.B. *Findlay* 1990; *Kolb et al.* 2004; *Peixoto*
2001) oder auch einfach nur Personen, die auf Grund der Suche nach einem

urbanen, internationalen Lebensstil oder nach attraktiveren landschaftlichen und klimatischen Bedingungen international mobil werden (z.b. *Favell* 2008).

Am deutlichsten hat *King* (2002) in einem viel zitierten Aufsatz eine solche „new map of migration" für den europäischen Raum entworfen. Zur Charakterisierung der „Neuigkeit" dieser Migrationsformen hat er dabei mehrere Begriffspaare einander gegenübergestellt. Im Kontext dieses Buches zur Auswanderung aus Deutschland orientieren wir uns an diesem Vorgehen und konzentrieren uns vor allem auf zwei dieser Begriffspaare, die zur Konzeptionalisierung der internationalen Migration von Deutschen von besonderer Bedeutung sind. Erstens, die Unterscheidung zwischen Migration und räumlicher Mobilität. Hierbei diskutieren wir die zeitliche Dimension internationaler Wanderungen. Zweitens, die Unterscheidung zwischen der Migration von Gering- und Hochqualifizierten, wobei hier die zunehmende Bedeutung letzterer zur Erklärung aktueller Entwicklungen der internationalen Migration im Mittelpunkt steht.

Um die Besonderheiten der Auswanderung aus Deutschland im Vergleich zur internationalen Migration im Allgemeinen zu beschreiben, ließen sich einige weitere Begriffspaare bilden. Eine naheliegende weitere Unterscheidung würde mit Sicherheit den geographischen Kontext und vor allem die Zielländer deutscher Auswanderer aufgreifen. Während traditionell insbesondere die Süd-Nord-Wanderungen im Mittelpunkt der Migrationsforschung standen, zeigt sich heute sowohl eine deutlich größere Diversifizierung auf Seiten der Herkunftsländer als auch auf Seiten der Zielländer (vgl. *Castles/Miller* 2009). Ein weiteres Begriffspaar könnte die Unterscheidung zwischen internationaler Migration und Binnenmigration darstellen, also einer Staatsgrenzen überschreitenden Wanderung gegenüber dem Wohnortswechsel innerhalb eines Staates. Gerade im Kontext der Europäischen Union und ihrem erklärten Ziel der Entwicklung eines gemeinsamen Raumes der Freiheit, der Sicherheit und des Rechts hat sich die faktische Bedeutung internationaler Grenzen fundamental gewandelt. Mit dem Abbau der Binnengrenzen in Europa verschwimmen die Grenzen zwischen Außen- und Binnenwanderungen zusehends. Traditionell lässt sich zwischen klassischen Migranten und Flüchtlingen auf der einen und internationalen Reisenden wie z.B. Touristen oder Geschäftsleute auf der anderen Seite unterscheiden. Während die internationale Migration ersterer massiven staatlichen Kontrollbemühungen unterworfen sind, sind letztere weitgehend ohne Reisebeschränkungen international mobil. Ob sich hinter diesen Entwicklungen tatsächlich eine Abnahme staatlicher Souveränitätsansprüche verbirgt, ist zweifelhaft. Für die Migrationsforschung stellt sich aber zumindest die Frage, ob die klassische Unterscheidung zwischen Binnen- und internationaler Migration weiter aufrecht zu erhalten ist (vgl. *Favell et al.* 2006; *King et al.* 2008; *Santacreu Fernández et al.* 2009: 71). Trotz dieser vielfältigen Dimensionen sind für die weitere Struktur und Argumentation dieses Buches die beiden zuerst genannten Differenzierungen zwischen Migration und räumlicher Mobilität sowie zwischen der Wanderung von Gering- und Hochqualifizierten von besonderer Relevanz. Aus diesem Grund werden wir im Folgenden diese beiden Begriffspaare noch etwas detaillierter diskutieren.

2.1.1 Migration versus Mobilität

Das erste hier zu diskutierende Begriffspaar bezieht sich auf das Spannungsverhältnis zwischen 'Migration' und 'räumlicher Mobilität'. Auch wenn es keine allgemein gültige Definition für beide Begrifflichkeiten gibt, beziehen sie sich in der Regel auf die zeitliche Dimension und damit auf eine der zentralen Komponenten jeder Definition von Migration. So wird Migration häufig als Verlagerung des Wohnortes für einen signifikanten Zeitraum oder sogar als dauerhafte Verlagerung des Lebensmittelpunktes verstanden, während Mobilität sich meist auf kurzzeitige Verlagerungen des Wohnortes z.b. im Kontext von Tourismus oder Geschäftsreisen bezieht. Beispielsweise bezeichnet *Schwarz* (1972: 225) Migranten als Personen, „die ihren Wohnsitz mit der Absicht verändern, sich in der Wohnung für längere Zeit oder – soweit vorausschaubar – ständig aufzuhalten, d.h. das Wanderungsziel als neuen Mittelpunkt ihres Lebens zu betrachten" (vgl. auch *Bähr et al.* 1992; *King et al.* 2006: 233f.). Während diese definitorischen Abgrenzungen noch vergleichsweise klar und nachvollziehbar sind, ist es dennoch schwierig, diese auf die empirische Realität der vorfindbaren räumlichen Migrations- und Mobilitätsformen anzuwenden.

Aus Sicht aktueller theoretischer Debatten in der Soziologie scheint diese Unterscheidung vielleicht von nebensächlicher Bedeutung. Wer fragt nach der Dauer von Migration, wenn sich angesichts der Debatten in der Sozialtheorie gesellschaftliche Strukturen durch eine Zunahme räumlicher Mobilität auflösen oder zumindest neu konfigurieren? So stellt räumliche Mobilität im Rahmen der „spaces of flows" von *Castells* (2001) einen zentralen Ausgangspunkt in der theoretischen Fassung der Netzwerkgesellschaft dar, *Urry* (2007) identifiziert in heutigen Gesellschaften eine entstehende Mobilitätskultur und proklamiert ein „new mobilities paradigm" in den Sozialwissenschaften. *Hannerz* (1992) und *Appadurai* (1991) machen Migration zum Ausgangspunkt ihrer kultursoziologischen Ansätze. Aus Sicht dieser Überlegungen sind Migration und räumliche Mobilität zu einem bestimmenden Faktor gegenwärtigen sozialen Wandels geworden, für die empirische Migrationsforschung tragen sie aber wenig Klärendes bei. Abgesehen von dem prinzipiellen Bedeutungszuwachs, den sie räumlicher Mobilität im Allgemeinen zuschreiben, sind sie nicht in der Lage, unterschiedliche Migrationsformen oder Mobilitätsverhalten zu erklären. Trotz des gemeinsamen Ausgangspunktes finden sich kaum Verknüpfungen zwischen diesen theoretischen Debatten und der empirischen Migrationsforschung (siehe auch die Diskussionen in *Favell et al.* 2006; *Limmer/Schneider* 2008).

Wird die Diskussion zur zeitlichen Dimension von Migration hingegen aus Sicht der empirischen Migrationsforschung betrachtet, ist es insbesondere der Transnationalismusansatz, der zu einer Abkehr von klassischen Vorstellungen über notwendigerweise einmalige oder zumindest langfristige Migrationsentscheidungen führte (vgl. *Glick Schiller et al.* 1992; *Portes et al.* 1999; *Faist* 2000). Danach lässt sich Migration schon konzeptionell nicht mehr als einmalige Umzugsentscheidung zu einem bestimmten Zeitpunkt im Leben erfassen. Es gilt vielmehr den ganzen Migrationsprozess im Auge zu behalten. Der Dualismus zwischen Einwanderungs- und Auswanderungsländern bzw. zwischen Herkunfts- und Zielländern verschwimmt aus dieser Perspektive und es entstehen weit komplexere Migrationsmuster als früher angenommen. Aus der Sicht der Mobilitätsforschung beginnen sich die früher disziplinär weitgehend getrennten Bereiche anzunähern. Bisher wurden am ehesten in der Geographie beispielsweise Wanderungen und Pendelverhalten gemeinsam betrachtet; zwei Bereiche, die sonst zwischen Ökonomie, Soziologie und den Verkehrwissenschaften streng getrennt waren. Danach wird räumliche Mobilität in einem zunehmend umfassenderen Verständnis erfasst, das von täglichem Pendeln bis zur residenziellen Mobilität im Sinne klassischer Migration reicht (vgl. *Limmer/Schneider* 2008; *Eliasson et al.* 2003). Übertragen auf die internationale Migration von Deutschen heißt das, dass diese weitgehend unabhängig von ihrer zeitlichen Dimension Gegenstand der Analyse sein werden. Da heutige Migrationsprozesse auch zeitlich kürzere Perioden umfassen, würde eine Einschränkung auf langfristige oder dauerhafte Migration – z.B. im Sinne eines Auslandsaufenthalts von mindestens zwölf Monaten oder im Verständnis von Auswanderung nur bei Nichtvorliegen einer Rückkehrintention – einen wesentlichen Teil heutiger Wanderungen konzeptionell ausblenden. Unter dem Begriff der Migration wird für die weitere Verwendung im Rahmen des Buches eine Verlagerung des Wohnortes jedoch ohne strenge zeitliche Begrenzung verstanden. Die eigentlichen Beschränkungen für die folgenden empirischen Analysen finden sich daher weniger in diesen theoretischen Konzeptionalisierungsversuchen von Migration bzw. räumlicher Mobilität als vielmehr in der gewählten Operationalisierung von Migration in den verwendeten Datengrundlagen. Die Möglichkeit, auch vergleichsweise kurzzeitige Auslandsaufenthalte zu erfassen, ist daher ein wichtiges Kriterium bei der späteren Wahl der zu verwendenden Daten.

2.1.2   Geringer versus höher qualifizierte Migranten

Das zweite Begriffspaar bezieht sich auf das Qualifikationsniveau der Migranten. Traditionelle Darstellungen zu internationalen Wanderungsbewegungen vermitteln häufig den Eindruck von unterdurchschnittlich gebildeten und ärmeren Migranten. Dieser Eindruck wird auch dadurch verstärkt, dass Migranten auf dem Arbeitsmarkt der Zielländer häufiger Berufe annehmen, die am unteren Ende der sozialen Hierarchie der Berufe stehen. Erst seit den 1980er Jahren hat die Migration von höher qualifizierten Personen langsam die Beachtung der Migrationsforschung erreicht, die sich zunehmend der sozialen Heterogenität der Migration bewusst wurde (*Koser/Salt* 1997: 285).

Die Gründe für die vergleichsweise späte Beachtung dieses Phänomens liegen einerseits darin, dass aufgrund der Kurzzeitigkeit der internationalen Migration von Hochqualifizierten diese in der Migrationsforschung nicht als Migranten verstanden wurden, andererseits aber auch darin, dass sich die Migrationsforschung über lange Zeit in erster Linie mit dauerhafter Migration und den Fragen der Integration beschäftigt hat, und es kein politisches Problembewusstsein für die Zu- bzw. Auswanderung von Hochqualifizierten gab. Dies ist umso erstaunlicher, da hochqualifizierte Migranten einen zunehmend größeren Anteil unter den internationalen Migranten darstellen. So geht die OECD davon aus, dass zwischen den Jahren 1990 und 2000 in der Wanderungsbilanz zwischen weniger und höher entwickelten Staaten über fünf Mio. Personen mit tertiärer Bildung zu Gunsten der Industriestaaten migriert sind. Während des gleichen Zeitraums hat sich die Zahl von Hochqualifizierten aus anderen Industriestaaten in den OECD-Ländern um weitere zwei Mio. erhöht (*OECD* 2008a). Auch wenn damit Hochqualifizierte am Bestand internationaler Migranten in den OECD-Staaten einen noch immer vergleichsweise geringen Anteil darstellen, ist ihr Anteil am aktuellen Wanderungsgeschehen bereits deutlich höher und steigend.

Der gegenwärtige Stand der Theorie zur Migration von Hochqualifizierten ist der wachsenden Bedeutung dieses Phänomens aber nicht annähernd angemessen (*Iredale* 2001: 7). Die Gründe dafür sind vielfältig, beginnen aber bereits bei der Definition von Hochqualifizierten, die i.d.R. als Personen mit Universitätsabschluss oder vergleichbarer Erfahrung und Expertise in einem bestimmten Gebiet gefasst werden (*Koser/Salt* 1997). Diese definitorischen Schwierigkeiten werden auch in der Verwendung unterschiedlicher Konzepte wie der "migration of expertise" (*Salt* 1992) oder der „migration of talent" (*Solimano* 2008) deutlich, die auf unterschiedlichen Operationalisierungen basieren (siehe dazu auch *Auriol/Sexton* 2001). Für die Untersuchung der Auswanderung Hochqualifizierter aus Deutschland liegt in diesem Buch eben-

falls eine bildungsbezogene Definition zugrunde, wonach Personen mit einem
tertiären Bildungsabschluss (d.h. Personen mit entweder einer höheren berufs-
fachlichen Ausbildung, einem Fachhochschul- oder Hochschulabschluss oder
einer Promotion) hier als Hochqualifizierte verstanden werden. Um präzisere
Informationen über Hochqualifizierte und mögliche Unterschiede zwischen
Wirtschaftsbereichen zu erhalten, werden neben dem Bildungsabschluss auch
Informationen über die Berufsqualifikation und Wirtschaftssektoren hinzugezo-
gen (siehe hierzu auch Kapitel 5.3).

Im Gegensatz zu den Schwierigkeiten einer Definition von hochqualifizierter Migration fällt es leicht, einige Trends zu benennen, die zur Erklärung des
zunehmenden Qualifikationsniveaus internationaler Migranten beitragen. Ein
erster Punkt bezieht sich auf die demographische Entwicklung in vielen Industriestaaten. Im Kontext der Alterung dieser Gesellschaften und der Abnahme des
Erwerbspersonenpotenzials entsteht ein Bedarf an der Zuwanderung höher
qualifizierter Arbeitskräfte. Besonders betroffen ist der Bereich der Pflege und
der medizinischen Versorgung, was sich mit weiterer Zunahme der Alterung
auch in Zukunft verstärken wird. Eine zweite Entwicklung betrifft den wachsenden Bedarf an besser qualifiziertem Personal im Hinblick auf den gegenwärtigen technologischen Fortschritt. Insbesondere die Informationstechnologien
stellen ständig neue Anforderungen an die Ausbildung der Belegschaften.
Allgemeiner lässt sich dieser Zusammenhang aus ökonomischer Perspektive mit
der neuen Wachstumstheorie begründen, die in heutigen Wissensgesellschaften
gut ausgebildete Arbeitskräfte als zentralen Standortvorteil im globalen Wettbewerb sehen. Vor dem Hintergrund der nur bedingten räumlichen Mobilität
von Wissen besteht ein wachsendes Interesse auf Seiten der Industriestaaten,
durch Zuwanderung von Hochqualifizierten wirtschaftliche Vorteile zu erlangen. Ein letzter Trend bezieht sich auf die internationalisierten Produktions-
strukturen und Handelsbeziehungen. Mit der Liberalisierung der Handelspoliti-
ken entstanden zunehmend globale Zuliefererbeziehungen, die es transnationalen Unternehmen ermöglichen, ihre Produktion in die wirtschaftlichsten Regionen zu verlagern. Daraus entsteht in der Folge ein wachsendes Bedürfnis an
räumlicher Mobilität auf Seiten von höherqualifizierten Fachkräften und Mana-
gementpersonal zwischen den verschiedenen Produktionsstandorten (vgl. *Abella*
2006; *Kapur/McHale* 2005; *OECD* 2008b).

Das neue ökonomische Mantra geht angesichts dieser Entwicklungen davon aus, dass Länder, die nicht in der Lage sind, Fachkräfte und hochqualifizierte Wissenschaftler in größerem Umfang aus dem Ausland anzuziehen, im
internationalen Wettbewerb um neue Produkte und Dienstleistungen unweiger-
lich zurückfallen werden. Daher überrascht es auch nicht, dass einige Autoren
von einer weiteren Zunahme der Migration Hochqualifizierter ausgehen (siehe

z.B. *Mahroum* 2002). Diese Entwicklungen lassen sich an den aktuellen Refor-
men der Zuwanderungspolitiken der Industriestaaten direkt nachvollziehen.
Abella (2006: 18ff.) unterscheidet vier verschiedene Ansätze, mit denen die
Zuwanderung von Hochqualifizierten ermöglicht werden soll. Der „human
capital"-Ansatz hat meist eine langfristige Perspektive und ermöglicht den
Zuwanderern einen dauerhaften Aufenthalt, während der "labour-market
needs"-Ansatz sich stärker an zeitlich befristeten Zuwanderungsoptionen für
Arbeitsmarktsektoren mit akutem Fachkräftemangel orientiert. Der „business
incentive"-Ansatz konzentriert sich auf die Schaffung attraktiver Bedingungen
für ausländische Investoren und der „academic gate"-Ansatz ermöglicht ausländischen Studierenden nach Abschluss des Studiums eine Verlängerung des
Aufenthalts zum Zweck der Erwerbstätigkeit. In unterschiedlichen Ausprägun-
gen finden sich die verschiedenen Ansätze in mittlerweile einigen staatlichen
Zuwanderungspolitiken. Traditionelle Beispiele sind die H-1B Visa der USA
oder die punktesystembasierte Zuwanderungspolitik Kanadas (siehe z.B. *Shachar* 2006; *Martin/Lowell* 2002). Aber auch in europäischen und asiatischen
Staaten finden sich vergleichbare Entwicklungen. Zu nennen sind beispielsweise
die deutsche Green Card (*Ette* 2003), die Bestimmungen im neuen Zuwande-
rungsgesetz (*Heß/Sauer* 2007), die Diskussion über die europäische Blue Card
(*Guild* 2007) sowie die neue britische Arbeitsmigrationspolitik auf Basis eines
Punktesystems (*Ruhs/Anderson* 2010).

2.2 Brain Drain – Brain Gain – Brain Circulation

Ziel des vorherigen Unterkapitels war es, traditionelle Vorstellungen zur internationalen Migration im Licht aktuellerer Entwicklungen von neuen Formen
und Prozessen der Migration zu diskutieren. Neben der zeitlichen Dimension
wurde als ein wesentliches Kriterium für Wanderungen zwischen Industriestaaten die zunehmende Zahl von hochqualifizierten Migranten dargestellt. Wird
jedoch die Debatte zur Migration zwischen weniger und höher entwickelten
Staaten betrachtet, erscheint diese Thematik weitaus weniger neu. Unter dem
Begriff des ‚brain drain' wurde in der Entwicklungsländerforschung schon seit
Ende der 1960er Jahre die selektive Auswanderung der im Vergleich zur nicht
mobilen Bevölkerung besser qualifizierten Migranten thematisiert. Seit einigen
Jahren findet sich dieser Begriff auch zunehmend in den Debatten zur Auswanderung aus Industriestaaten – und zwar sowohl in der öffentlichen und politischen Diskussion als auch in wissenschaftlichen Analysen. Im folgenden Kapitel wird der Begriff des ‚brain drain' gemeinsam mit verwandten Konzepten

dargestellt und für die weitere Verwendung im Rahmen dieses Buchs inhaltlich näher bestimmt.

Während sich in der öffentlichen Diskussion der Begriff ‚brain drain' häufig auf die Auswanderung von höchstqualifizierten Fachkräften bezieht und meist auf Ingenieure, Wissenschaftler oder Ärzte beschränkt ist, wird er in der wissenschaftlichen Debatte in einem weiteren Sinne verstanden. Insbesondere unter dem maßgeblichen Einfluss der Vereinten Nationen hat sich der Begriff zur Kennzeichnung der Auswanderung von höher qualifizierten Personen aus Entwicklungsländern etabliert. Eine aktuelle Definition versteht unter ‚brain drain' daher auch den „international transfer of human resources and mainly applies to the migration of relatively highly educated individuals from developing to developed countries" (*Docquier/Rapoport* 2008). Für die zunehmende Übertragung des Begriffs auf die Beschreibung von Wanderungsbewegungen zwischen Industriestaaten gibt es dennoch einige Gründe. Bei Betrachtung der Begriffsgeschichte zeigt sich, dass ‚brain drain' ursprünglich zu Beginn der 1960er Jahre zur Beschreibung der Auswanderung britischer Wissenschaftler in die USA entstand (*Godwin et al.* 2009). Der Begriff entwickelte sich somit im Kontext der internationalen Migration zwischen höher entwickelten Staaten. Ein weiterer Grund ist in der quantitativen Dimension zu sehen, dass nämlich der Umfang der Migration höher qualifizierter Personen zwischen den Industriestaaten größer ist als zwischen den Entwicklungs- und Industrieländern.

Für die Verwendung des Begriffs zur Beschreibung von Migrationsprozessen zwischen Industriestaaten lohnt des Weiteren ein Blick auf die Entwicklung der ‚brain drain'-Diskussion. Danach lassen sich drei Generationen von Forschungen zum ‚brain drain' unterscheiden, wobei in der ersten Generation die Beschreibung des ‚brain drain' selbst im Vordergrund stand, während die Wohlfahrtseffekte der Auswanderung Hochqualifizierter in diesen Studien als vernachlässigbar angesehen wurden (*Adams* 1968; *Grubel/Scott* 1977). Die zweite Generation von Studien, insbesondere die Arbeiten von *Bhagwati* (*Bhagwati* 1976; *Bhagwati/Dellafar* 1973; *Bhagwati/Hamada* 1974; *Bhagwati/Hamada* 1975) betonen die negativen Konsequenzen der Auswanderung für die Herkunftsländer sowie den Einfluss des ‚brain drain' auf wachsende Entwicklungsungleichheiten zwischen den beteiligten Staaten. Aufgegriffen wurden diese negativen Auswirkungen im Kontext der Ansätze der endogenen Wachstumstheorien seit Anfang der 1990er Jahre, die insbesondere die negativen Konsequenzen auf die Akkumulation von Humankapital und damit die Generierung von wirtschaftlichem Wachstum thematisierten (*Haque/Kim* 1995; *Miyagiwa* 1991). Auch die räumlichen Ungleichheiten haben in den vergangenen Jahren wieder vermehrt Aufmerksamkeit erfahren (vgl. *Kanbur/Rapoport* 2005; *Williams et al.* 2004). In der dritten Generation wurden die positiven Aspekte des früheren Verlusts nun unter dem Begriff des ‚brain gain' diskutiert. Die ersten Arbeiten entstanden seit den 1990er Jahren und betonten die positiven Aspekte des früheren ‚brain drain' auf die steigende Bildungsbeteiligung in den Herkunftsländern (*Wong/Yip* 1999). Weiterhin werden aus dieser Perspektive die verschiedenen Feedback-Effekte in Form von Rücküberweisungen oder Rückwanderungen von Migranten in ihre Herkunftsländer betont (*Galor/Stark* 1990; *Galor/Stark* 1991; *Mountford* 1997; für eine ähnliche Einteilung mehrerer Forschungsgenerationen siehe auch *Docquier/Rapoport* 2007: 7f.). Eine weitere, von der dritten Generation nicht ganz klar abgrenzbare Perspektive hat sich unter dem Schlagwort ‚brain circulation' entwickelt. Diese rückt die gegenseitigen positiven Aspekte für Herkunfts- und Zielland in den Mittelpunkt. Im Unterschied zu den anderen genannten Forschungsgenerationen betont dieses Konzept den zunehmend zeitlich begrenzten Charakter der Auswanderung von Studierenden, Wissenschaftlern und Fachkräften und stellt somit die regelmäßigen Aus- und Rückwanderungen – ähnlich dem bereits erwähnten Transnationalismusansatz – in den Mittelpunkt der Betrachtung (vgl. *Ackers/Gill* 2008; *Gaillard/Gaillard* 1997). Das Konzept des daraus resultierenden gegenseitigen Gewinns macht es attraktiv für verschiedene politische Initiativen, weshalb es nicht verwundert, dass sich der Begriff in aktuellen Debatten der europäischen Migrationspolitik oder auch der UN-Kommission für internationale Migration regelmäßig wiederfindet (vgl. *Zerger* 2008; *Castles* 2006).

Im Rahmen des vorliegenden Buches werden die drei Begriffe ‚brain drain', ‚brain gain' und ‚brain circulation' ausschließlich zur Beschreibung und Charakterisierung von Migrationsprozessen dienen. In Anlehnung an Salt (1997: 5) bezeichnen wir als ‚brain drain' Wanderungsbewegungen, bei der die Migranten im Vergleich zu der nicht mobilen Bevölkerung im Herkunftsland über ein überproportional hohes Bildungs- und Qualifikationsniveau verfügen. Die Frage der Dauerhaftigkeit dieser Form der Auswanderung ist davon erst einmal unabhängig. Erst für eine weitergehende Charakterisierung dieses Migrationsprozesses sind in einem weitergehenden Schritt zusätzliche Aussagen zur Aufenthaltsdauer notwendig. ‚Brain circulation' wäre gemäß dieser Begriffsbestimmung eine Migrationsbeziehung, in der sich Migranten nur zeitlich befristet in dem Zielland aufhalten und dann nach vergleichsweise kurzer Zeit wieder in ihr Herkunftsland zurückkehren, während ‚brain drain' – unter Einbeziehung der Aufenthaltsdauer – zur Beschreibung tendenziell längerfristiger oder sogar dauerhafter Auswanderungen genutzt wird. Auch die wechselseitigen Wanderungsbewegungen von qualifizierten Migranten zwischen Herkunfts- und Zielland lassen sich mittels dieser Begriffe beschreiben. Für den Fall, dass die Wanderungsbilanz stark zu Gunsten bzw. Ungunsten des einen Staates verschoben ist, lassen sich – abhängig von der Perspektive – die Begriffe des ‚brain gain' oder des ,brain drain' zur Beschreibung der Migrationsbeziehung zwischen den beiden Staaten nutzen. Grundlage für alle drei hier beschriebenen Migrationsprozesse sind selektive Wanderungen, die sich durch ein erhöhtes Niveau bestimmter Bildungs- und Qualifikationsgruppen kennzeichnen lassen. Um ein besseres Verständnis der theoretischen Zusammenhänge zur Erklärung von selektiven Migrationsprozessen zu erhalten, werden in den nächsten beiden Kapiteln wesentliche theoretische Ansätze zur Erklärung bildungsselektiver Wanderungen vorgestellt.

2.3 Neoklassische Theorien selektiver Migration

Die Debatte über die Theorien der Migration und die wesentlichen Bestimmungsfaktoren, die zur Erklärung von internationalen Wanderungsbewegungen und ihrer Aufrechterhaltung beitragen, ist zwischenzeitlich weit entwickelt. Die Theorien hierzu haben sich in den vergangenen Jahrzehnten in verschiedenen sozialwissenschaftlichen Disziplinen entwickelt. Es kann dabei unterschieden werden zwischen (1) mikrotheoretischen Ansätzen, die die individuellen Migrationsentscheidungen erklären, (2) makrotheoretischen Ansätzen, die Migration als Strukturmerkmal sozialer Systeme auffassen und versuchen, sie als Kollektivphänomen zu analysieren und (3) mesotheoretischen Ansätzen, die auf die Einbettung der Migrationsentscheidung in die institutionellen Kontexte und sozialen Netzwerke abzielen (*Faist* 1997; *Kalter* 1997; *Massey et al.* 1993).
Makrotheoretische Ansätze interpretieren Migration als Ergebnis regionaler Disparitäten. Neben Einkommensdisparitäten, unterschiedlichen Arbeitslosenquoten und ungleicher Siedlungsdichte sind dabei als weitere Faktoren zur Erklärung von Migration die Attraktivität von Zentren, strukturelle Bedingungen des Arbeitsmarktes, Globalisierung und multinationale Unternehmen sowie die staatlichen Zuwanderungspolitiken zu nennen. Hingegen stellen mikrotheoretische Ansätze zur Erklärung der Migration die individuelle Wanderungsentscheidung als Ergebnis eines individuellen Such- und Optimierungsprozesses in den Mittelpunkt. Diese Ansätze unterstellen, dass das Individuum als „homo oeconomicus" handelt, welcher seine Lebensumstände durch rationale Entscheidungen so ordnet, dass gegebene unveränderliche Bedürfnisse in einem Höchstmaß befriedigt werden. Die Theorien auf der Mesoebene greifen Versäumnisse der zuvor vorgestellten Ansätze auf. So vernachlässigen makrotheoretische Modelle die handlungstheoretischen Annahmen und mikrotheoretische Ansätze übersehen die Einbettung in institutionelle Kontexte, welche im Rahmen von empirischen Studien zu Migrationsnetzwerken, transnationalen sozialen Räumen und sozialem Kapitel zusammengebracht werden. Diese knappe

Übersicht zeigt, dass die Frage nach dem ‚Warum', nach den Determinanten der Migrationsentscheidung, sowohl theoretisch als auch empirisch weit fortgeschritten ist. Die Literatur ist dazu vergleichsweise gut aufgearbeitet, und es liegt eine ganze Reihe von Übersichtsartikeln vor (*Haug/Sauer* 2006; *Massey et al.* 1998; *Kalter* 2000; *Kivisto/Faist* 2010).

Zur Erklärung des zuvor diskutierten ‚brain drains' – also der Auswanderung von im Vergleich zur nicht mobilen Bevölkerung hochqualifizierten Personen – langt die Erklärung des Volumens der Migration nicht aus. Die Frage nach dem ‚Wer' – also den Trägern der internationalen räumlichen Mobilität, d.h. nach der Selektivität der Migration – ist ein theoretisch hingegen weit weniger gut bearbeitetes und erschlossenes Feld. Selektivität lässt sich nach *Gatzweiler* als „die relativ einseitige demographische wie sozio-ökonomische Zusammensetzung bestimmter [...] Wanderungsströme" bezeichnen (*Gatzweiler* 1975: 15). Selektive Wanderungen sind somit dadurch charakterisiert, dass der Anteil der Migranten, die ein bestimmtes Merkmal aufweisen, signifikant höher ist als der Durchschnittswert in der Bevölkerung. Solche Merkmale können unterschiedlicher Natur sein: demographisch, beruflich, politisch etc. Während gerade in der Geographie und Demographie die Analyse der altersselektiven Migration im Vordergrund stand (siehe z.b. *Mai* 2003; *Schlömer* 2009), ist im Kontext der Auswanderung aus Deutschland weniger die Altersstruktur von Interesse als vielmehr die Qualifikationsstruktur der Migranten. Hierzu sind es in erster Linie ökonomische Theorien zur Selbstselektion von Migranten, die aufbauend auf dem humankapitaltheoretischen Ansatz vorgestellt werden. In Kapitel 2.4 stehen dann alternative theoretische Ansätze im Mittelpunkt, die sich explizit mit der Erklärung der Migration von Hochqualifizierten beschäftigen. Dazu zählen als eher betriebswirtschaftliche Theorie der Ansatz der unternehmensinternen Arbeitsmärkte; aus politikwissenschaftlicher Sicht geht es um die Rolle des Staates und die Funktion selektiver Migrationspolitik, und abschließend werden die vor allem in der Soziologie diskutierten sozialen Netzwerke und transnationalen sozialen Räume diskutiert.

Im Mittelpunkt theoretischer Arbeiten zur Erklärung von qualifikationsbzw. bildungsstrukturell selektiver Migration stehen mikroökonomische Theorien, wie sie später in der Soziologie von handlungstheoretischen Ansätzen und der Werterwartungstheorie aufgegriffen wurden (*Kalter* 1997; *Huinink/Kley* 2008). Dabei gehen die neoklassischen Migrationsansätze, zunächst formuliert von *Hicks* (1932) und später von *Sjaastad* (1962) und *Todaro* (1969) erweitert, davon aus, dass Wanderungsbewegungen vor allem ökonomisch motiviert sind und daher das gegenwärtige und das in der Zukunft erwartete Einkommen die entscheidenden Determinanten der Migrationsentscheidung darstellen. So interpretiert *Sjaastad* Wanderungen als individuelle Investitionen in Humankapital und unterscheidet analog zu früheren Ansätzen zwischen Kosten und Erträgen der Wanderung. Monetäre Kosten sind zum Beispiel die Ausgaben für den Umzug, wohingegen beispielsweise psychische Kosten, die durch das Verlassen der vertrauten Umgebung von Bekannten, Freunden und Familienmitgliedern entstehen, als nicht-monetäre Kosten gelten. Am wichtigsten sind aber die monetären Gewinne der Wanderung, die aus einer Steigerung des Realeinkommens bestehen. Dabei kann das mikroökonomische Humankapitalmodell berücksichtigen, dass sich solche Erträge gegebenenfalls erst nach einer gewissen Zeit einstellen. Die Entscheidung der Individuen kann aus dieser Perspektive als Optimierungsprozess interpretiert werden, bei dem rationale Wirtschaftssubjekte versuchen, durch eine Migration ihren Nutzen zu maximieren. In Abhängigkeit von der jeweiligen Humankapitalausstattung berechnen Individuen den Gegenwartswert des erwarteten Einkommens im Heimatland und in jedem potenziellen Zielland. Für eine Wanderung wird sich eine Person dann entscheiden, wenn der Gegenwartswert des erwarteten Einkommens im Zielland abzüglich der Kosten der Migration größer ist als der Gegenwartswert der Einkommen im Heimatland (*Sjaastad* 1962: 83ff.). Die sonst gängige Annahme der Homogenität der Individuen wird in diesen Ansätzen mit dem Ziel, insbesondere die Differenzen in der Wanderungsentscheidung besser erklären zu können, aufgegeben. Das Wanderungsverhalten ausgewählter Personen ist somit generell erklärbar, da jedes Individuum die Erträge und Kosten einer Wanderung in Abhängigkeit von seinen sozioökonomischen Charakteristika unterschiedlich bewerten wird. Allgemein gilt: Je höher die Einkünfte an einem anderen Ort über den derzeitigen liegen, je mehr Jahre noch im Erwerbsleben verbracht werden und je kleiner die Kosten der Wanderung sind, desto eher wird eine Person wandern. Selektives Wanderungsverhalten ist also erfassbar, da die individuellen Einkünfte am Ziel- und Herkunftsort mit sozialen Merkmalen (etwa Geschlecht oder Berufsqualifikation) zusammenhängen können. Aus diesem Grund werden unterschiedliche Personen eine unterschiedliche Migrationswahrscheinlichkeit aufweisen und darüber hinaus in unterschiedliche Zielländer streben. Je größer das Ungleichgewicht von Qualifikationsniveau und aktueller Beschäftigung ist, desto eher wird eine Wanderung wahrscheinlich.

Auf Grund dieser differierenden Bewertungen der Erträge und Kosten der Migration stellen Migranten eine „selbstselektierte Gruppe" dar und unterscheiden sich in Bezug auf beobachtbare (z.B. Ausbildung oder Alter) und unbeobachtbare (z.B. Motivation oder Risikofreudigkeit) Charakteristika von denjenigen, die sich gegen eine Wanderung entscheiden. In der Migrationstheorie wird die Selbstselektion überwiegend unter Verwendung des sogenannten Roy-Modells analysiert. Der Ansatz von *Roy* (1951) beschäftigt sich mit der Ver-

gleichbarkeit der Löhne einkommensmaximierender Personen. Er zeigt, dass
selbst wenn die Arbeitsproduktivitäten der Arbeitnehmer lognormalverteilt
wären, dies nicht für die Löhne gelten muss, wenn sich Arbeitskräfte für unterschiedliche Tätigkeiten unterschiedlich gut eignen und ihren Arbeitsplatz nach
ihren individuellen komparativen Vorteilen wählen. Der Grund liegt darin, dass
die Selbstselektion der Arbeitsplätze nach dem Prinzip des komparativen Vor-
teils zur Folge hat, dass die beobachtete Lohnverteilung die tatsächliche Verteilung individueller Fähigkeiten verzerrt wiedergibt. Dieser Ansatz wurde von
Robinson und *Tomes* (1982) erstmals auf die Migration angewandt und von
Borjas (1987) und *Borjas* und *Bratsberg* (1996) auf die internationale Migration
übertragen. Ziel der Arbeiten von *Borjas* war die Erklärung des Qualifikationsniveaus der Migranten in die USA. Gemäß dem Roy-Modell war seine Annahme, dass es sowohl zu einer positiven als auch einer negativen Selbstselektion
kommen kann. So liegt eine positive Selbstselektion vor, wenn die wandernden
Individuen in Bezug auf die beobachtbaren oder unbeobachtbaren Charakteristika ein höheres Niveau haben als der Durchschnitt der sesshaften Individuen im
Herkunftsland. Wenn die Charakteristika der Migranten ein geringeres Niveau
aufweisen als der Durchschnitt der verbliebenen Bevölkerung im Herkunftsland,
spricht man hingegen von einer negativen Selektion. Grundlegende Bedingung
ist, dass die unterschiedliche Bewertung der Kontextbedingungen im Ziel- und
im Herkunftsland zu unterschiedlichen Wanderungsentscheidungen zwischen
den potenziellen Migranten führt. Für die internationale Migration ist eine
weitere Voraussetzung entscheidend: So müssen die im Herkunftsland erworbenen beobachtbaren und unbeobachtbaren Fähigkeiten auf die Erfordernisse des
Arbeitsmarktes im Aufnahmeland übertragbar sein.

Welche Form der Selbstselektion letzten Endes vorliegt, ist aus Sicht von
Borjas von der Entlohnung des Humankapitals in den Herkunfts- und Zielländern abhängig. (1) Danach findet hinsichtlich der beobachtbaren Charakteristika
der Migranten beispielsweise eine positive Selektion der Migranten und ihrer
Bildung dann statt, wenn das Humankapital der Migranten im Einwanderungsland höher entlohnt wird als im Herkunftsland, da dann der Wanderungsgewinn
für Personen mit hoher Bildung am größten ist. Die erwartete beobachtbare
positive Selektion zeigt sich beispielsweise darin, dass die durchschnittliche
Schulbildung der Migranten höher ist als die durchschnittliche Schulbildung der
Bevölkerung des Herkunftslandes. Wird im umgekehrten Fall eine bestimmte
Qualifikation im Einwanderungsland niedriger entlohnt als im Herkunftsland,
wird eine entsprechend negative Selektion der Migranten zu beobachten sein.
(2) Hinsichtlich der unbeobachtbaren Charakteristika findet sich eine positive
Selektion, wenn die Streuung des Einkommens im Zielland relativ zum Her-
kunftsland größer ist. Dieser Indikator wird in der Theorie als wesentliches

Kriterium zur Erklärung der ungleichen Verteilung der unbeobachtbaren Charakteristika angesehen. Eine Einkommensstruktur, die die individuellen Produktivitätsunterschiede stärker berücksichtigt, begünstigt leistungsstärkere Personen (in der Regel Hochqualifizierte) und benachteiligt Leistungsschwächere. Ist die Streuung der Einkommen im Zielland hingegen kleiner als im Herkunftsland, findet eine negative Selektion der Migranten hinsichtlich unbeobachtbarer Charakteristika statt (*Borjas* 1987: 534). Dies würde bedeuten, dass vor allem Individuen mit geringen unbeobachtbaren Fähigkeiten einen hohen Migrationsanreiz haben, da sie im Empfängerland vergleichsweise gut vor ungünstigen Arbeitsmarktentwicklungen abgesichert werden. (3) Auch die nicht-monetären Kosten tragen zur Selbstselektion der Migration bei. Diese sind laut Theorie insbesondere für Hochqualifizierte geringer, da zum einen unterstellt wird, dass diesen die Informationsbeschaffung im Vorfeld (durch beispielsweise bessere Verfügbarkeit und Kenntnis technischer Hilfsmittel) leichter fällt. Zum anderen wird angenommen, dass sich gut ausgebildete Personen schneller an Gegebenheiten im Zielland anpassen können und somit geringere Migrationskosten aufweisen (*Chiswick* 1999).

2.4 Alternative Erklärungsansätze selektiver Migration

Die ökonomischen Theorien zur Selektivität internationaler Migration waren und sind insbesondere für die empirische Forschung die einflussreichsten Erklärungsansätze. Dennoch gerieten sie im Kontext aktueller Debatten um die Migration Hochqualifizierter in die Kritik. Ein erster Kritikpunkt betrifft den Ausgangspunkt der ökonomischen Ansätze – den freien Markt – bei dem staatliche Regulierungen nicht angemessen berücksichtigt werden (*Favell et al.* 2006: 10). Im Vergleich zur Ökonomie und Soziologie hat die Politikwissenschaft erst vergleichsweise spät begonnen, sich des Themas Migration anzunehmen. Der Staat und seine Rolle in der Erklärung der Migration im Allgemeinen und der Selektivität von Wanderungsströmen im Speziellen blieben lange unterbelichtet. Erst vor wenigen Jahren wurden die Rufe nach einem „bring the state back in" lauter (*Hollifield* 2000; siehe auch *Zolberg* 1999). Aus historischer Sicht mag das verwundern, haben doch Staaten während des 19. und frühen 20. Jahrhunderts enorme Anstrengungen unternommen, um sich als Territorialstaaten zu etablieren und ihre Bevölkerungen zu kontrollieren. Grenzen sind heute ein konstitutiver Bestandteil moderner Staatlichkeit und die Regulierung und Kontrolle grenzüberschreitender Migration und Mobilität gilt als Grundvoraussetzung staatlicher Handlungskapazität (siehe *Mau et al.* 2008; *Torpey* 1998). Empirisch ist der Einfluss der Migrationspolitik sowohl auf den Umfang als auch die Selektivität der Migration nicht unumstritten (vgl. *Money* 1999; *Brücker/Ringer* 2008; und für eine Übersicht siehe z.b. *Massey* 1999). Am ehesten besteht noch ein Konsens darüber, dass es einen „gap" gibt zwischen den staatlichen Migrationspolitiken und ihren Ergebnissen (vgl. *Cornelius et al.* 1994). Dabei wird meist auf das Unvermögen demokratischer und liberaler Rechtsstaaten verwiesen „ungewollte" Zuwanderung zu verhindern (vgl. *Hollifield* 1992; *Joppke* 1997). Im Kontext des „Kampfs um die besten Köpfe" zwischen heutigen Wissensökonomien fallen darunter aber auch die nicht immer erfolgreichen Versuche, für Migranten mit bestimmten Qualifikationen attraktive Aufnahmebedingungen zu schaffen. Gerade im Kontext der Zuwanderung Hochqualifizierter bedarf es zukünftig einer vermehrten Berücksichtigung der politischen Dimension von Migration. So spielen Formen der Global Governance, wie beispielsweise im Rahmen des Allgemeinen Abkommens der Welthandelsorganisation über den Handel mit Dienstleistungen (GATS), eine zunehmend wichtigere Rolle·(*Lavenex* 2006). Und auch auf nationaler und europäischer Ebene sollten die verschiedenen Interessenskonstellationen in der Untersuchung selektiver Migration verstärkt berücksichtigt werden, da sie für staatliches Handeln und die resultierenden Zuwanderungspolitiken von entscheidender Bedeutung sind (siehe z.B. *Freeman* 1995; *Geddes et al.* 2004).

Ein zweiter Schwachpunkt der neoklassischen Modelle ist die Nichtberücksichtigung weiterer institutioneller Rahmenbedingungen, wie z.b. unternehmensinterner Arbeitsmärkte, die die internationale Migration von Hochqualifizierten beeinflussen. Außerdem zu nennen sind soziale Netzwerke, welche die Migrationsentscheidung ebenso, wenn auch weniger professionell, vorstrukturieren. Der erste Punkt, die Bedeutung der unternehmensinternen Arbeitsmärkte, steht im Zusammenhang mit der verstärkten Internationalisierung des Produktionsprozesses multinationaler Unternehmen. So kam es parallel zur starken Expansion des Welthandels in den letzten Jahrzehnten durch Investitions- und Akquiseaktivitäten international agierender Unternehmen zu einer stärkeren Verflechtung der Wirtschaftsbeziehungen. Aus Sicht dieser Unternehmen ist es erforderlich, dass zur weltweiten Aufrechterhaltung firmenspezifischer Standards sowie zur Sicherung der Glaubwürdigkeit und der Reputation, der Austausch firmenspezifischen Wissens und Know-hows zwischen Stammsitz und Niederlassungen gewährleistet ist. Dieser Prozess kann zum einen durch Datenübermittlung mit Hilfe von Informations- und Kommunikationstechnologien und zum anderen über die räumliche Mobilität von Fach- und Führungskräften auf dem internen Arbeitsmarkt erfolgen (*Straubhaar/Wolter* 1997: 175). Das theoretische Konzept der internen Arbeitsmärkte geht auf *Doeringer* und *Piore* (1971) zurück und beschreibt allgemein die Motive, weshalb offene Stellen intern durch bereits in dem Unternehmen beschäftigte Arbeitskräfte besetzt werden. Die interne Rekrutierung von Personal trägt für das nachfragende Unternehmen zur Verminderung der Transaktionskosten und Informationsasymmetrien sowie zum Aufbau firmenspezifischen Humankapitals und Vertrauens bei. Neben diesen strukturellen Notwendigkeiten der internationalen Migration von Führungskräften und Hochqualifizierten aus Sicht des Arbeitgebers hat diese Form der Migration auch Vorteile für den Arbeitnehmer selbst. So bestehen Vorteile der unternehmensinternen Bewegung in der Minimierung der stets mit einem Arbeitgeberwechsel verbundenen Risiken und eröffnen dadurch ein erhöhtes Potenzial für die eigene Karriereentwicklung (*Findlay* 1993: 153). Weiterhin wird die internationale Mobilität für hochqualifizierte Personen zunehmend zu einer Voraussetzung im Hinblick auf die Konkurrenzfähigkeit um gut bezahlte und einflussreiche Positionen in Organisationen (*Peixoto* 2001: 1041; *Senn et al.* 2003: 113). In die Migrationsforschung wurde das Konzept insbesondere durch die Arbeiten von *Salt* (1983; 1986) eingeführt. In seinen Arbeiten, die zwischenzeitlich zu einer ganzen Reihe auch empirischer Studien geführt haben, stellen unternehmensinterne Arbeitsmärkte den zentralen Koordinationsmechanismus der Wanderung von hochqualifizierten Personen dar (siehe z.B. *Beaverstock* 2004; *Bozkurt* 2006; *Kolb et al.* 2004).

Während unternehmensinterne Arbeitsmärkte durch ihre hohe institutionelle Einbettung die internationalen Migrationsentscheidungen stark vorstrukturieren, tragen auf der mesotheoretischen Ebene auch soziale Netzwerke zu einer Kanalisierung der Migration bei. Auf den Einfluss von sozialen Netzwerken, Verwandtschaftsbeziehungen und sozialem Kapital auf Migrationsprozesse wird schon seit längerem in der Migrationsforschung hingewiesen (vgl. *Boyd* 1989; *Fawcett* 1989; *Hugo* 1981). Persönliche Beziehungen, die Migranten, ehemalige Migranten und Nichtmigranten in Herkunfts- und Zielregionen miteinander verbinden, erhöhen im Zusammenhang mit Migrationskreisläufen und Kettenmigrationsprozessen die Wahrscheinlichkeit internationaler Arbeitsmigration und halten Migrationsströme aufrecht (vgl. *Fuller et al.* 1990; *Massey* 1990). Diese netzwerktheoretischen Ansätze finden ebenfalls im Ansatz der transnationalen sozialen Räume und der transnationalen Migration ihren Niederschlag (*Faist* 2000; *Glick Schiller et al.* 1997; *Pries* 1997). Als Transmigranten werden danach Personen bezeichnet, für die ein Wechsel zwischen unterschiedlichen Ländern zum Normalzustand geworden ist. Sie bauen Beziehungen über nationale Grenzen hinweg auf und halten diese aufrecht, indem sie eine dauerhafte Verbindung zwischen ihrer Herkunfts- und der Einreisegesellschaft schaffen. Sowohl soziale Kontakte im Rahmen von Netzwerken als auch transnationale soziale Räume führen zu Selektionseffekten, indem frühere Migranten die Informationen denjenigen zur Verfügung stellen, die sie direkt oder indirekt aus ihrem Herkunftsland kennen. Dies sind entweder Personen aus der gleichen

Herkunftsregion und/oder einer ähnlichen beruflichen Orientierung. Auswanderer der ersten Generation bestimmen somit die qualitativen und räumlichen Merkmale der nachfolgenden Emigranten, wobei es somit sowohl zu migrationsfördernden als auch migrationshindernden Wirkungen kommen kann (vgl. *Parnreiter* 2000: 36; *Pohjola* 1991; *McKenzie/Rapoport* 2007). Dieser Selektionseffekt ist am stärksten zu Beginn von internationalen Wanderungen im Kontext sozialer Netzwerke. Im weiteren Verlauf nimmt die Eigendynamik in den Netzwerken zu, mit der Folge, dass die Selektivität abnimmt. In der Phase der Konsolidierung migrieren nicht nur Erwerbstätige, sondern auch vermehrt Kinder und Ältere mit weiter abnehmender Selektivität (*Massey* 1987; *Faist* 2007: 376).

2.5 Methoden und Daten zur Analyse der Auswanderung in den Herkunftsländern der Migranten

Neben den begrifflichen und theoretischen Überlegungen stellt die Verfügbarkeit und Qualität statistischer Informationen über die Auswanderung einen dritten Aspekt dar, der die Konzeption der in diesem Buch erfolgenden Analysen maßgeblich beeinflusst. Dabei wurde bereits bei den zu Beginn dieses Kapitels angestellten Überlegungen zur internationalen Migration von höher qualifizierten Personen deutlich, dass die in diesem Zusammenhang existierenden Formen von Migration und räumlicher Mobilität nur unzureichend durch die bisherigen statistischen Erfassungssysteme registriert werden. Generell ist davon auszugehen, dass die traditionell verwendeten Datengrundlagen zur Analyse von internationaler Migration zwischen höher entwickelten Ländern – wie beispielsweise die Daten von Eurostat oder der OECD – zunehmend weniger in der Lage sind, die vielfältigen Formen räumlicher Mobilität zwischen den Industriestaaten zu erfassen (vgl. *King* 2002: 101).

Vor diesem Hintergrund ist es das Ziel der folgenden beiden Kapitel, einen Überblick über die zur Analyse von Auswanderung prinzipiell zur Verfügung stehenden Statistiken und Datenquellen zu geben. Grundsätzlich gilt es hierbei zwischen ‚Migranten' und ‚Migration' zu unterscheiden bzw. zwischen Bestandsdaten und Fluss- oder Stromgrößen. So argumentieren *Raymer* und *Willekens* (2008: 5) in einem aktuellen Beitrag zur Methodik internationaler Migration, dass sich der Begriff der ‚Migration' auf das Ereignis der Wanderung von einem Land in das nächste bezieht, während ein ‚Migrant' eine Person ist, die ihren Wohnort zwischen zwei Zeitpunkten gewechselt hat. Bevölkerungsregister erfassen danach das Wanderungsereignis selbst und damit Fluss- oder Stromgrößen der Migration. Zensen und Bevölkerungsumfragen erfassen hingegen Migranten und damit Bestandsdaten über die Migrantenbevölkerung sowie ihre Statuswechsel.

Weiterhin kann grundsätzlich davon ausgegangen werden, dass die Verfügbarkeit und Qualität von Statistiken zur Auswanderung schlechter ist als die Datenlage zur Einwanderung. Dieses Problem ist auf mindestens drei Punkte zurückzuführen: Erstens hat die Auswanderung unter dem Eindruck der umfangreichen Zuwanderung nach dem Zweiten Weltkrieg in den meisten westlichen Industrienationen lange Zeit vergleichsweise wenig Aufmerksamkeit erhalten. Weiterhin gibt es eine generelle Tendenz, die als unproblematisch betrachteten Wanderungsbewegungen nicht oder nur mit geringerem Aufwand zu erfassen. Zweitens ist die Erfassung der Auswanderung im Vergleich zur Einwanderung methodisch schwieriger, da sich per Definition Auswanderer nach der Migration nicht mehr im Land aufhalten. Selbst wenn es im Herkunftsland eine Pflicht zur Abmeldung gibt, kann diese Pflicht von einem nicht mehr anwesenden Menschen nicht mehr oder nur schwerlich eingefordert werden. Drittens ist das Phänomen der Auswanderung aus höher entwickelten Ländern ein quantitativ bisher zu vernachlässigendes Phänomen. In Bevölkerungsumfragen finden sich daher wenige Auswanderer aus hochentwickelten Ländern und diese gehen in anderen Migrantengruppen „unter". In den vergleichsweise kleinen Stichproben sind die Fallzahlen für die Analyse der Auswanderung meist zu gering. Das Kapitel 2.5 stellt die Datenerfassungssysteme vor, die prinzipiell im Herkunftsland der Auswanderer zur Verfügung stehen. Dabei werden die verschiedenen Datenquellen zunächst in allgemeiner Form vorgestellt und, wenn vorhanden, anhand entsprechender Statistiken in Deutschland diskutiert (für einen Überblick über die Datenlage im Bereich der Migrationsforschung in Deutschland allgemein siehe z.B. *Haug* 2005; *Haug* 2009). Das darauf folgende Kapitel 2.6 wendet sich den Aufenthaltsländern von Auswanderern zu. Hier werden die meist besser entwickelten statistischen Erfassungssysteme der Einwanderer dargestellt und erläutert.

Die Erfassung von Auswanderung im Herkunftsland stellt große methodische Herausforderungen an die statistischen Erfassungssysteme. Sieht man von der Erfassung von Wanderungsintentionen ab, gibt es nur wenige Möglichkeiten, die Auswanderung statistisch festzuhalten. Dazu gehört einerseits die Möglichkeit, Auswanderung bei der Abmeldung durch staatliche Behörden – über die Bevölkerungsregister – zu erfassen (siehe Kapitel 2.5.1). Eine andere Möglichkeit ist die Erfassung der Auswanderung beim Grenzübertritt, also während der Wanderung selbst (siehe Kapitel 2.5.2). Andere Varianten, Auswanderung zu registrieren, ergeben sich bei weiteren Verwaltungsabläufen und fallen als prozessproduzierte Daten an. Dazu gehören beispielsweise Daten der Steuerbehörden oder der Rentenversicherungen, die im Falle der Erwerbstätigkeit im Ausland unter Umständen auch die Auswanderung registrieren (siehe Kapitel 2.5.3). Weitere Möglichkeiten der Erfassung haben sich im Bereich der empirischen Sozialforschung entwickelt. Im Kontext von umfangreichen Bevölkerungsumfragen, die als Wiederholungsbefragungen konzeptioniert sind, wird versucht, Interviewpartner, die bereits ein- oder mehrmals befragt wurden, auch zukünftig befragen zu können. Für solche Paneluntersuchungen wurden verschiedene Formen von Weiterverfolgungskonzepten entwickelt, mit denen es prinzipiell möglich ist, ursprünglich im Herkunftsland befragte Personen nach einer potenziellen Auswanderung auch im Ausland weiterzubefragen. Eine zweite und weniger aufwändige Möglichkeit geht von der Annahme aus, dass ein Großteil der Auswanderungen zeitlich befristet ist. Unter dieser Annahme lässt sich Auswanderung in Form von Migrationsbiographien auch retrospektiv, also nach Rückkehr aus dem Ausland, in Bevölkerungsumfragen erfassen (siehe Kapitel 2.5.4).

2.5.1 Bevölkerungsregister

Die in den Industriestaaten wichtigste Datenquelle, die Informationen zur jährlichen Auswanderung von Personen zur Verfügung stellt, sind Bevölkerungsregister. Sie stellen beispielsweise in zehn der EU-15 Staaten die grundlegenden Informationen über die Auswanderung dar. Ganz allgemein stellen Bevölkerungsregister ein Datensystem zur Verfügung, welches die kontinuierliche Beobachtung begrenzter Informationen bzgl. jeder Person der Wohnbevölkerung des Staates ermöglicht. Bevölkerungsregister basieren dabei auf einer Bestandsaufnahme aller Bewohner eines Gebiets und werden kontinuierlich durch Informationen zu Geburten, Todesfällen, Wanderungen etc. aktualisiert (vgl. *Bilsborrow et al.* 1997: 75ff.).

Dieses Konzept liegt der Wanderungsstatistik in Deutschland zu Grunde. Hier sind die An- und Abmeldeformulare der Meldeämter die wesentliche Erhebungsgrundlage. Anmeldungen von Ausländern oder Deutschen, die aus dem Ausland zuziehen, gelten demnach als „Zuzüge aus dem Ausland" und Abmeldungen ins Ausland als „Fortzüge ins Ausland". In den meisten Staaten, die Wanderungsstatistiken über die Melderegister erstellen, weisen die Daten drei grundsätzliche Probleme auf: Erstens sind die Wanderungsstatistiken meistens Fall- und keine Personenstatistiken. Das bedeutet, dass jeder Zu- bzw. Fortzug als unabhängiges Ereignis ausgewertet wird. Zieht eine Person einige Male innerhalb eines Jahres um, werden diese Umzugsfälle einer Person mehrfach gezählt und fließen, falls sie sich ordnungsgemäß ummeldet, mehrmals in diese Statistik ein. Zweites Problem von melderegistergestützten Wanderungsstatistiken sind fehlende An- und Abmeldungen. Gerade bei der Fortzugsstatistik ist das Hauptproblem die häufige Unterlassung der Abmeldung bei den Meldebehörden. Die Gründe dafür sind vielfältig und umfassen die Unwissenheit über die Abmeldepflicht genauso wie die fehlende Voraussetzung der Abmeldung für die Anmeldung im Zielland (*Lederer* 2004: 112). Für die Analyse besteht ein drittes Problem der amtlichen Wanderungsstatistik in den aus wissenschaftlicher Sicht vergleichsweise wenigen sozio-ökonomischen Merkmalen zu den Migranten. So werden in Deutschland neben den absoluten Zahlen der Zu- und Fortzüge und der Unterscheidung nach der Staatsangehörigkeit noch folgende personenbezogene Merkmale erfasst: Zielland, Herkunftsregion, Geschlecht, Familienstand, Alter und Religionszugehörigkeit. Damit generiert diese Statistik wichtige demographische und migrationssoziologische Indikatoren, spart aber Indikatoren zur Bildung oder zur Erwerbstätigkeit aus. Hintergrund ist, dass diese Statistik nicht primär statistischen oder wissenschaftlichen Zwecken, sondern schwerpunktmäßig Verwaltungszwecken dient (*Lederer* 2004: 111f.). Auf Grund des Fallcharakters dieses Registers sind in vielen Ländern keine Aussagen zur Dauer des Aufenthalts zwischen zwei Wanderungsbewegungen einer Person möglich. Die am deutschen Beispiel diskutierten Probleme von melderegistergestützten Wanderungsstatistiken finden sich prinzipiell in allen Ländern mit ähnlichen Verfahren wie z.B. Österreich, Italien, der Schweiz oder auch Polen. Diese Einschränkungen gelten aber nicht für sämtliche Staaten mit Wanderungsstatistiken auf Basis von Melderegistern. So werden die skandinavischen Bevölkerungsregister von den dortigen Steuerbehörden geführt. Größter Unterschied ist, dass die skandinavischen Melderegister personenbezogen sind, da die Daten über eine einheitliche persönliche Registrierungsnummer miteinander verbunden vorliegen. Sieht man von den datenschutzrechtlichen Fragen ab, liegen in den skandinavischen Ländern somit sowohl Daten zum Alter, Geschlecht, Familienstand, zu Kindern, Geburtsland, Staatsbürgerschaft und zum höchsten Bildungsabschluss als auch über internationale Aus- und Rückwanderungen vor (vgl. *Neske/Currle* 2004).

2.5.2 Grenzstatistiken

Grenzstatistiken stellen, vor allem in Inselstaaten, ein weiteres Instrument zur Erfassung von Auswanderung dar. Informationen über ein- und ausreisende Personen werden an den Grenzen eines Landes gesammelt, unabhängig davon, ob diese tatsächlich an den territorialen Außengrenzen liegen oder – wie beispielsweise Flughäfen – andere Orte darstellen, an denen Personen das Territorium eines Staates verlassen oder betreten. Dabei kann entweder eine Vollerhebung (z.b. Passenger Card System in Australien) erfolgen oder es wird eine Stichprobe gezogen (z.b. Großbritannien). Vorteil dieser Form der Datenerfassung ist die Genauigkeit, mit der Migration hinsichtlich Zeitpunkt und Ort ausgewiesen wird und die zumindest in einigen Fällen im Vergleich zu den bevölkerungsregisterbasierten Systemen ergänzenden sozio-ökonomischen Informationen. Nachteil ist, dass auf Grund der hohen räumlichen Mobilität ein vergleichsweise hoher Aufwand betrieben werden muss, um an allen Grenzpunkten eine Vollerhebung leisten zu können oder eine repräsentative Stichprobe der internationalen Migranten sicherzustellen (*Bilsborrow et al.* 1997: 136ff.).

Grenzstatistiken spielen eine wichtige Rolle, vor allem in Ländern, die über keine Melderegister verfügen (z.b. USA, Großbritannien). Das Vereinigte Königreich erhebt beispielsweise das Einreise- und Ausreisegeschehen über den International Passenger Survey, wobei an den Grenzen eine stichprobenbasierte, freiwillige Befragung von Reisenden durchgeführt wird. Dabei gilt in den Daten des International Passenger Survey als Auswanderer, wer sich für mehr als ein Jahr in Großbritannien aufgehalten hat und bei der Abreise die Absicht äußert, mehr als ein Jahr im Ausland zu verbringen. Die Schwierigkeit dieses Verfahrens liegt in der erklärten Intention, sich länger als ein Jahr im Ausland aufhalten zu wollen. Die tatsächliche Auswanderung wird nach den bisherigen Erfahrungen dabei deutlich unterschätzt (*Lederer/Currle* 2004: 135).

2.5.3 Prozessproduzierte Daten

Prozessproduzierte Daten, die im Kontext von Verwaltungshandeln anfallen, sind eine weitere Möglichkeit, um Informationen über Auswanderung zu erhalten. Hier sind in erster Linie Statistiken über die Visavergabe zu nennen, die bei der Datenerfassung über Auswanderung im Zielland näher erläutert werden (vgl. Kapitel 2.6.2) (*Bilsborrow et al.* 1997: 114ff.). Es gibt jedoch auch Beispiele für prozessproduzierte Daten, die im Herkunftsland anfallen und personenbezogene Aussagen über Auswanderer ermöglichen.

Ein erstes Beispiel betrifft Auswandererdatenbanken, welche, wie im italienischen Beispiel, im Zusammenhang mit der Zahlung der Einkommenssteuer geführt werden. In Italien wird das „Register of Italians Resident Abroad (AIRE)" vom Innenministerium koordiniert. Die Datenbank beinhaltet italienische Staatsbürger, die nach 1989 aus Italien ausgewandert sind und sich noch immer im Ausland aufhalten. Die Registrierung bei AIRE ist freiwillig. Da mit der Registrierung die Verpflichtung zur Zahlung von Einkommenssteuern für im Ausland erworbenes Einkommen entfällt, ist der Anreiz, sich bei AIRE zu

melden, als sehr hoch anzusehen. Die Datenqualität ist somit als vergleichsweise gut einzuschätzen und stellt eine wichtige Datenquelle zur Untersuchung der
Auswanderung aus Italien dar (*Becker et al.* 2004).

In Deutschland können die Daten der Deutsche Rentenversicherung als
prozessproduzierte Statistiken herangezogen werden, um Informationen über
Auswanderung aus Deutschland zu gewinnen. Diese Mikrodaten fallen im
Zusammenhang mit der Berechnung der Rentenzahlbeträge an und stehen in
Form von Rentenzugangs- und Rentenbestandsstatistiken für verschiedene
Berichtsjahre zur Verfügung. Festgehalten werden neben demographischen
Angaben wichtige rentenrechtliche Tatbestände wie z.B. Rentenhöhe und
Komponenten des Rentenzahlbetrags, Rentenart, Entgeltpunkte, versicherungs-
rechtliche Zeiten sowie Migrationsmerkmale. D. h. über die heutigen Rentenzu-
gänge bzw. den Rentenbestand können abgeschlossene Erwerbsverläufe älterer
Geburtskohorten retrospektiv betrachtet werden, wobei sich das Migrationsverhalten sowohl über die im Ausland erworbenen Rentenanwartschaften als
auch über den Auslandsrentenbezug analysieren lässt (*Mika* 2007).

Weitere Beispiele von prozessproduzierten Statistiken im deutschen Kontext stellen beispielsweise die Daten der Zentralen Auslands- und Fachvermitt-
lung (ZAV) der Bundesagentur für Arbeit oder die Daten des Raphaelswerks
über die Beratung von Auswanderern dar. Gleiches trifft auch auf die prozessproduzierten Statistiken im Passregister des Auswärtigen Amtes zu, bei dem auf
Grund der registrierten Anträge von Passverlängerungen oder Neuausstellungen
bei Auslandsvertretungen die Zahl der im Ausland lebenden Deutschen geschätzt wird (*Lederer* 2004: 39). Alle drei genannten Register sind aber mit
erheblichen Erfassungsmängeln behaftet – etwa durch „Karteileichen" oder die
Untererfassungen von Deutschen, die über längere Zeit keine Ausweispapiere
beantragen –, so dass sich hieraus keine zuverlässigen Informationen über die
Größenordnung deutscher Staatsbürger im Ausland gewinnen lassen. Bei vielen
Auslandsvertretungen gibt es darüber hinaus so genannte „Deutschenlisten".
Diese Listen werden für Krisenfälle vor Ort als Basis für das Krisenmanagement
geführt. Eine Eintragung erfolgt jedoch nur auf freiwilliger Basis. Erfahrungs-
gemäß lassen sich viele Personen nicht eintragen. Sie holen dies nur nach, wenn
sich die politische Situation im Lande verändert. In Nordamerika oder Australi-
en ist beispielsweise nur eine geringe Zahl von deutschen Staatsbürgern in
diesen Listen eingetragen. Außerdem vergessen die meisten Personen, sich
austragen zu lassen, wenn sie das Land wieder verlassen. Für eine flächendec-
kende Erfassung der Zahl deutscher Staatsbürger im Ausland sind diese Listen
daher ungeeignet. Darüber hinaus fallen beispielsweise prozessproduzierte
Daten bei Wissenschaftsförderorganisationen wie der Deutschen Forschungs-
gemeinschaft (DFG) oder dem Deutschen Akademischen Austausch Dienst

(DAAD) an, bei denen die Zahl der im Ausland geförderten Deutschen registriert und nach diversen sozio-demographischen Merkmalen, aber auch nach Studienrichtung oder Dauer des Auslandsaufenthaltes differenziert wird.

2.5.4   Allgemeine und spezielle Bevölkerungsumfragen

Statistische Informationen über Auswanderer im Herkunftsland können ebenfalls im Rahmen von allgemeinen und speziellen Bevölkerungsumfragen gewonnen werden. Darunter fallen einerseits amtliche Erhebungen wie z.b. der Mikrozensus in Deutschland, der European Union Labour Force Survey (EULFS) auf europäischer Ebene oder in den USA der Current Population Survey (CPS) oder der American Community Survey (ACS), welche jährlich durchgeführt werden und auf einer Zufallsstichprobe der Bevölkerung basieren (in Deutschland 1 % der Bevölkerung). Ähnlich wie Zensen bilden diese allgemeinen Bevölkerungsumfragen in erster Linie den Bestand der Bevölkerung ab, aber über Fragen zum früheren Wohnsitz oder zu früheren Auslandserfahrungen können auch Aussagen zur Migration getroffen werden. Ausgehend von der Tatsache, dass die meisten Auswanderungen nur temporär erfolgen, kann die internationale Migration retrospektiv erfasst werden. Einige allgemeine Bevölkerungsumfragen wie der CPS enthielten teilweise Fragen zu gegenwärtig sich im Ausland aufhaltenden Familienmitgliedern, die zuvor in den USA lebten und eröffnen damit die Möglichkeit, die Größenordnung der Auswanderung zu erfassen (*Woodrow-Lafield* 1996).

Neben den amtlichen Bevölkerungsumfragen stellt auch die empirische Sozialforschung Informationen über Auswanderung im Herkunftsland bereit. Ein Beispiel für Deutschland ist das Sozio-oekonomische Panel (SOEP), das als repräsentative Längsschnittstudie privater Haushalte jährlich seit 1984 in der alten Bundesrepublik sowie seit Juni 1990 in Ostdeutschland durchgeführt wird. Bei dieser Erhebung wird ein Weiterverfolgungskonzept angewendet. Bei Umzügen von ganzen SOEP-Haushalten oder einzelnen SOEP-Teilnehmern wird dabei versucht, die neue Adresse zu ermitteln, und umgezogene Personen werden an ihrer neuen Adresse wieder befragt. Für den Fall, dass die Person im Ausland nicht weiterbefragt werden kann, aber zumindest der Umzug ins Ausland zweifelsfrei geklärt werden kann, besteht die Möglichkeit, für die Auswertung dieser Fälle die sozio-demographischen Merkmale zu der entsprechenden Person aus dem letzten Jahr vor der Auswanderung zu verwenden (vgl. *Schupp et al.* 2005; *Schupp et al.* 2008).

Nachteil dieser allgemeinen Bevölkerungsumfragen ist, dass sie meist sehr geringe Fallzahlen international wandernder Menschen aufweisen und daher für die Auswertung hinsichtlich der Migrationserfahrungen nur eingeschränkt geeignet sind. Weiterhin ist die hochmobile Bevölkerung bei dieser Art der Datenerhebung häufig untererfasst. Zumindest ersteres Problem wird durch spezielle Bevölkerungsumfragen umgangen, die unter bestimmten Subpopulationen der Bevölkerung durchgeführt werden, womit aber Probleme der Repräsentativität der Daten verbunden sind. Entweder werden dabei (meistens per Online-Fragebogen) die im Ausland lebenden Staatsbürger interviewt – z.b. die Studie „Brits abroad" (*Sriskandarajah/Drew* 2006), der australische „Emigration Survey" (*Hugo* 2006; *Hugo et al.* 2003) oder die Prognos-Studie zu den Gründen der Auswanderung aus Deutschland (*Prognos* 2008). Die andere Möglichkeit besteht in der Befragung einer Subpopulation zu ihren Auswanderungsintentionen (z.b. die Untersuchung des niederländischen Interdisciplinary Demographic Institute, NIDI). Bei der niederländischen Umfrage wurde in den Jahren 2004 und 2005 ein Auswanderersurvey durchgeführt, welcher nach der Methode des „target sampling" Besucher einer Auswanderermesse befragt hat. Vorteil dieser Methode ist, dass durch einen vergleichsweise kleinen finanziellen und zeitlichen Aufwand Informationen über die Auswandererintentionen der niederländischen Bevölkerung gewonnen werden konnten. Nachteil ist allerdings, dass durch die spezifische Gruppe von Messebesuchern eine nicht repräsentative Stichprobe gezogen wurde und dadurch die Ergebnisse in ihrer Aussagefähigkeit deutlich eingeschränkt sind (*Dalen/Henkens* 2007).

2.6 Methoden und Daten zur Analyse der Auswanderung in den Zielländern der Migranten

Aus methodischer Sicht ist die Erfassung von Informationen über die Einwanderung im Aufenthaltsland der Auswanderer deutlich einfacher. Unter der Annahme, dass der Aufenthalt im Zielland nicht nur für eine sehr kurze Zeit erfolgt, bieten sich prinzipiell mehrere Möglichkeiten, um über die gewonnenen Informationen zur Einwanderung Rückschlüsse auf die Auswanderung zu ziehen. Auch auf der Agenda der internationalen Organisationen und Institutionen gewinnt diese Thematik zunehmend an Bedeutung. So haben beispielsweise die Teilnehmer eines gemeinsamen Seminars der Statistikabteilung der Wirtschaftskommission für Europa der Vereinten Nationen (UNECE) und von Eurostat zu dem Thema der internationalen Migration im Jahr 2005 beschlossen, zu analysieren, ob sich aus den Immigrationsstatistiken der Zielländer nicht Aussagen zur Auswanderung gewinnen lassen. Um dieses Ziel zu erreichen, wurde ein Pilotprojekt durchgeführt, bei dem 19 UNECE-Staaten ihre jeweiligen Daten sammelten und miteinander verglichen (*o.V.* 2006). Auch die vorhandene Literatur zur Methodik der Erfassung von Migration richtet sich meist an den Bedürfnissen der Erfassung von Einwanderung aus, weshalb die Darstellung der entsprechenden Datenquellen im Aufenthaltsland hier in gekürzter Form erfolgen kann (vgl. *Bilsborrow et al.* 1997; *Haug* 2005; *Lederer* 2004). Prinzipiell sind die Möglichkeiten der statistischen Erfassung ähnlich, im Vergleich zur Situation im Herkunftsland aber um das breite Spektrum von Bestandsdaten der Migrantenpopulation ergänzt. In Anlehnung an die Gliederung des vorherigen Unterkapitels werden zuerst die Möglichkeiten der Erfassung der Einwanderung – der Flussgrößen – vorgestellt, wobei hier Register über die ausländische Bevölkerung (siehe Kapitel 2.6.1) und ebenfalls prozessproduzierte Daten, meist in Form von Aufenthaltsbewilligungen, (siehe Kapitel 2.6.2) im Vordergrund stehen. In Kapitel 2.6.3 wird auf die verschiedenen Datenquellen zur Erfassung des Bestands der ausländischen Bevölkerung eingegangen. Diese beinhalten sowohl Zensen als auch allgemeine und spezielle Bevölkerungsumfragen im Rahmen der empirischen Sozialforschung.

2.6.1 Einwanderungsdaten

Unter Einwanderungsdaten werden hier sowohl Zuzugsstatistiken auf Basis von Bevölkerungsregistern als auch Grenzstatistiken verstanden. Da beide Formen bereits zuvor beschrieben wurden, wird an dieser Stelle nur kurz auf die Vorteile der Ergänzung von Auswanderungs- durch Einwanderungsdaten eingegangen. Die Zuzugsstatistiken anderer Länder können als Indikator für die Auswanderungen der eigenen Bevölkerung herangezogen werden, da eine Person, die von dem Land, das sie verlässt, als Auswanderer und gleichzeitig von dem Staat, in den sie zuzieht, als Zuwanderer gezählt wird. Problematisch ist, dass die Definitionskriterien von Migranten international uneinheitlich sind und verschiedene Zeiträume als Kriterium für die Dauerhaftigkeit der Migration herangezogen werden. Die Folge ist, dass meist zwei unterschiedliche Zahlen für eine Wanderungsbewegung in den zwei daran beteiligten Staaten existieren, obwohl beide Werte identisch sein müssten (*Lederer* 2004: 80). Eine internationale Gegenüberstellung und Bilanzierung der Zu- und Abwanderung weist so erhebliche Abweichungen und Inkonsistenzen auf. Mehrere aktuelle Studien zur Vergleichbarkeit von Migrationsdaten innerhalb der Europäischen Union zeigen erhebliche Differenzen zwischen den einzelnen nationalen statistischen Systemen hinsichtlich deren Angaben zu Ein- und Auswanderung auf (vgl. *Kupiszewska/Nowok* 2008; *Poulain et al.* 2006).

Vergleichbar mit den Bevölkerungsregistern sind Ausländerregister, die im Unterschied zu ersteren ausschließlich Personen umfassen, die nicht die Staatsangehörigkeit des Aufnahmelandes besitzen. Ähnlich wie die Bevölkerungsregister werden Ausländerregister regelmäßig modifiziert und sowohl um neue Informationen betreffend Heirat, Staatsbürgerschaft, Adresse, Geburt als auch um neue in das entsprechende Land einreisende Migranten ergänzt. Ausländerregister gibt es beispielsweise in der Schweiz, Deutschland, Österreich, Spanien wie auch weiteren Staaten, wobei die Erfassung als Ausländer und die Definition von sich nicht nur vorübergehend aufhaltenden Migranten erheblich variiert (*Bilsborrow et al.* 1997: 102ff.). So sind im Zentralen Ausländerregister der Schweiz die Ausländer erfasst, die mindestens ein Jahr in der Schweiz wohnhaft sind. Nicht enthalten sind Personen aus dem Asylbereich sowie internationale Funktionäre und Diplomaten sowie deren Familien, während das Ausländerzentralregister der Bundesrepublik Deutschland EU-Staatsangehörige nicht registriert, dafür aber Asylantragsteller enthalten sind. Auch ist die Aufenthaltsdauer, ab der eine Registrierung erfolgt, mit über drei Monaten wesentlich geringer. Die Angaben zu Ausländern werden entweder aus den Bevölkerungsregistern und/oder den Statistiken über die Bewilligung von Aufenthaltstiteln generiert. Je nach herangezogenen Quellen können aus den Ausländerregistern unterschiedliche Informationen zu sozio-demographischen Merkmalen, Aufenthaltsdauer und Aufenthaltsmotiven gewonnen werden, die im Vergleich zu der Zuzugsstatistik den Vorteil haben, personenbezogen zu sein. Mit den herangezogenen Quellen gehen aber auch die zuvor beschriebenen spezifischen Nachteile einher, wobei hier vor allem die mangelnden Abmeldungen bei Fortzug, Doppelzählungen durch unterschiedliche Schreibweisen des Namens, verspätete Berücksichtigung von Todesfällen und Eingebürgerte, die in dieser Statistik teilweise noch geführt werden, zu nennen sind.

2.6.2 Prozessproduzierte Daten

Im Kapitel 2.5.3 wurden bereits prozessproduzierte Daten des Herkunftslandes vorgestellt. An dieser Stelle wird daher nur auf die Möglichkeiten der entsprechenden Statistiken der Zielländer eingegangen. Hier bieten sich in erster Linie Datensammlungen über ausgegebene Aufenthaltsbewilligungen an. Visastatistiken ermöglichen die Gewinnung von Informationen bzgl. der Länge des Aufenthalts und durch die verschiedenen Visakategorien auch eine ungefähre Einordnung der Motivation und der Qualifikation der Auswandernden. Auf Grund seiner quantitativen Bedeutung für die meisten anderen westlichen Industrieländer haben dabei insbesondere die Statistiken des ehemaligen US Amerikanischen Immigration and Naturalization Service und jetzigen Department of Homeland Security viel Aufmerksamkeit in verschiedenen wissenschaftlichen Publikationen erlangt (vgl. *Diehl/Dixon* 2005; *Iqbal* 2000). Problematisch bei dieser Datenquelle ist jedoch, dass in den meisten Fällen nur die Zusicherungen von Visa erfasst werden und nicht deren tatsächliche Realisierung. Auch beeinträchtigen frühzeitige Abreise und Statuswechsel eine korrekte Erfassung der Auswanderer anhand der Statistiken über die Bewilligung von Aufenthaltstiteln.

2.6.3 Zensen und Bevölkerungsumfragen

Eine weitere wichtige Datenquelle zur Erfassung von Auswanderung in den Aufenthaltsländern sind Zensen und Bevölkerungsumfragen. Gerade Zensen stellen hinsichtlich ihrer Vergleichbarkeit eine der weltweit besten Quellen zur internationalen Migration dar, wobei ihre Stärke insbesondere aus der Tatsache der Vollerhebung der Bevölkerung eines Landes und den über längere Zeitphasen gleichbleibenden Erhebungskonzepten beruht (*Bilsborrow et al.* 1997: 64-67). So fallen aus den i.d.R. in zehnjährigen Abständen durchgeführten Volkszählungen neben Basisinformationen auch Daten über sozio-demographische Merkmale, den Erwerbsstatus sowie die Qualifikation der ausländischen Bevölkerung an. In den vergangenen Jahren konnten in mehreren Projekten durch die Aggregation der Ergebnisse der Zensen wichtiger Zielländer von Migranten umfangreiche Informationen zu dem Bestand an Auswanderern anderer Nationalitäten gewonnen werden. Ein solches Verfahren wenden u.a. *Docquier* und *Marfouk* (2005; 2006) sowie *Dumont* und *Lemaître* (2008) an. Auch versuchen die USA – vereinfachend ausgedrückt – über einen Vergleich von zwei aufeinander folgenden Zensen in den jeweils wichtigsten Zielländern die Anzahl US-amerikanischer Auswanderer zu ermitteln (*Fernandez* 1995; *Gibbs et al.* 2001).

Neben den Zensen sind auch hier weitere allgemeine amtliche Bevölkerungsumfragen wie der bereits erwähnte Current Population Survey der USA, der Mikrozensus in Deutschland oder der European Union Labour Force Survey (EULFS) zu nennen. Letztgenannter Survey stellt beispielsweise weitgehend vergleichbare Informationen über die Auswanderung bestimmter Nationalitäten im europäischen Kontext zur Verfügung. Er ist eine in der EU, der EFTA und den neuen Beitrittsstaaten regelmäßig durchgeführte Stichprobenbefragung von Privathaushalten, wobei die Auswahlsätze zwischen den Mitgliedsländern zwischen 0,2 % und 3,3 % variieren (*Eurostat* 2006a). Insgesamt umfasst der EULFS somit eine große Stichprobe unter Erwerbstätigen, Arbeitslosen und Nicht-Erwerbspersonen im Alter von 15 und mehr Jahren. Er enthält u.a. auch Fragen zu Nationalität, Geburtsland, Wohnort vor zwölf Monaten und bisheriger

Aufenthaltsdauer, aus denen Informationen zur Migration und zum Bestand an Migranten in den teilnehmenden Ländern gewonnen werden können.

Trotz der genannten Potenziale von Zensen und weiterer umfassenden amtlichen Bevölkerungsumfragen bleiben erhebliche Mängel dieser Datengrundlagen bestehen. Im Vergleich zu den amtlichen Daten nennen *Fawcett* und *Arnold* (1987) eine ganze Reihe von Vorteilen von spezielleren Migrationssurveys. Dazu zählen die weitaus größere Flexibilität solcher spezieller und nichtamtlicher Migrationssurveys, die weitaus größere Vielfalt an zusätzlichen Informationen über die Migranten sowie die Möglichkeit von Wiederholungsbefragungen. Daraus resultieren umfassendere Analysemöglichkeiten mit deutlich engerer Anbindung an Theorien internationaler Migration. Diese Stärken spezieller Migrationssurveys werden beispielsweise beim Mexican Migration Project, das die Migrationsbewegungen zwischen ausgewählten mexikanischen Dörfern und den USA erfasst (*Massey et al.* 2002; *Munshi* 2003) und insbesondere im Rahmen von Neuzuwandererbefragungen genutzt, wie sie sich in den klassischen Einwanderungsländern bereits etabliert haben, z.B. „The New Immigrant Survey Pilot" (NISP) in den USA (vgl. *Jasso et al.* 2000; *Jasso* 2009). Doch auch in einer Reihe europäischer Staaten gibt es mittlerweile erste vergleichbare Studien. So wurde in Deutschland im Jahr 2005 eine Pilotstudie für eine Neuzuwandererbefragung durchgeführt, mit der sich wichtige Informationen über die sozialstrukturelle Zusammensetzung und die frühen Eingliederungsverläufe von Einwanderern bzw. Auswanderern gewinnen lassen (vgl. *Diehl* 2007; für Spanien siehe *Reher/Requena* 2009). Für die Fragestellungen dieses Buches lassen sich zum jetzigen Zeitpunkt aber noch keine umfassenden Informationen auf dieser Datenbasis gewinnen.

2.7 Fazit: Konzeptionelle und theoretische Grundlagen zur Analyse der Auswanderung aus Deutschland

Ziel des Kapitels war es, einen konzeptionellen und theoretischen Rahmen für die Analyse der Auswanderung aus Deutschland zu entwickeln. Dafür wurde einerseits der Begriff der Migration kritisch diskutiert und sowohl angesichts der zeitlichen Dauer internationaler Migration als auch der Qualifikation internationaler Migranten gegenüber früheren Vorstellungen erweitert. Andererseits haben wir die meist im Entwicklungsländerdiskurs verwandten Begriffe des ‚brain drain', ‚brain gain' und der ‚brain circulation' und ihr Potenzial zur Beschreibung aktueller Migrationsmuster zwischen höher entwickelten Staaten diskutiert. Theoretisch wurden die – in einem breiten Verständnis – wichtigsten sozialwissenschaftlichen Theorien zur Erklärung selektiver internationaler

Migration dargestellt. Abschließend wurde aus methodischer Sicht die Verfügbarkeit von Daten zur Analyse von Auswanderung aus höher entwickelten Staaten im Allgemeinen und Deutschland im Besonderen vorgestellt. Angesichts des Ziels dieses Buches, einen Überblick über die gegenwärtige Auswanderung aus Deutschland zu erarbeiten und der Frage nach einem möglichen ,brain drain' nachzugehen, lassen sich für die Analysen im weiteren Verlauf des Buches folgende Schlussfolgerungen ziehen: Ein erster Punkt betrifft die Heterogenität heutiger Migrationsformen. Gerade die Migration zwischen höher entwickelten Staaten ist durch ganz unterschiedliche Motive gekennzeichnet, bei denen Ruhestandsmigration neben klassischer Arbeitsmigration, Bildungswanderungen und Migration zum Zweck der Familiengründung koexistieren. Dies gilt es zu beachten, wenn in den folgenden Analysen ein besonderer Schwerpunkt auf die im Ausland Erwerbstätigen gelegt wird. Ein zweiter Aspekt betrifft die zeitliche Dimension von Migration. Hier wird die Langfristigkeit klassischer Migration durch zunehmend kurzfristigere Auslandsaufenthalte ersetzt, die das heutige Migrationsgeschehen kennzeichnen und daher verstärkt in den Analysen berücksichtigt werden müssen. Ein letzter Aspekt betrifft die Datengrundlagen. Hier wurde deutlich, dass die Verfügbarkeit von Daten zur Auswanderung aus höher entwickelten Staaten sehr eingeschränkt ist. Die folgenden Untersuchungen werden daher auf unterschiedliche Datenquellen zurückgreifen, um ein Gesamtbild der Auswanderung aus Deutschland zu zeichnen. Neben dem Rückgriff auf die deutsche Wanderungsstatistik werden sich die meisten Analysen auf weitere amtliche Bevölkerungsumfragen konzentrieren. Zu nennen sind die Zensen wichtiger Zielländer und der European Union Labour Force Survey, aber auch weitere prozessproduzierte Datensätze wie die Rentenbestandsstatistik der Deutschen Rentenversicherung, auf deren Basis die Auswanderung Deutscher analysiert werden kann. Die Wahl dieser Datengrundlagen ermöglicht es, repräsentative Aussagen zur internationalen Migration Deutscher und zur Selektivität dieser Wanderungen zu gewinnen.

3 Deutschland: Ein Auswanderungsland?

Die Einleitung hat bereits deutlich gemacht, dass es das Ziel dieses Buches ist, der öffentlichen und politischen Debatte über die Auswanderung aus Deutschland belastbare empirische Daten gegenüberzustellen. Im Rahmen dieses ersten empirischen Kapitels werden die aktuellen Entwicklungen der internationalen Migration Deutscher in einen größeren zeitlichen und geographischen Kontext eingeordnet. Zu Beginn steht der historische Vergleich: Dem faktischen Einwanderungsland, als das Deutschland seit Mitte des 20. Jahrhunderts gilt, ging eine historisch vergleichsweise lange Geschichte der Auswanderung voraus. Bereits im 19. Jahrhundert hat sich Deutschland vor allem durch die transatlantische Migration zu einem Auswanderungsland entwickelt. Diesen historischen Vorläufern der Auswanderung aus Deutschland gilt die Aufmerksamkeit von Kapitel 3.1. Welche Parallelen und Unterschiede zeigen sich zwischen den damaligen und heutigen Entwicklungen? Lässt sich die heutige Situation vor dem Hintergrund damaliger Muster erklären? Anschließend erfolgt in Kapitel 3.2 eine Beschreibung der Entwicklung des aktuellen Auswanderungsgeschehens seit der zweiten Hälfte des 20. Jahrhunderts. Welchen Umfang hat die gegenwärtige Auswanderung aus Deutschland? Kam es in den vergangenen Jahren dabei zu einem spürbaren Anstieg? Ziel ist einerseits die Beschreibung der Auswanderung. Andererseits wird die Rückwanderung Deutscher Gegenstand der Analyse sein, um auch die Bedeutung der erstmals seit 40 Jahren negativen Wanderungsbilanz der internationalen Migration Deutscher bewerten zu können. Drittens ordnet das Kapitel 3.3 die Auswanderung aus Deutschland in den internationalen Kontext ein. Stellt der Anstieg der internationalen Migration Deutscher eine singuläre Entwicklung dar oder ist sie nicht vielmehr Ausdruck eines weit verbreiteten Musters in heutigen Industriestaaten?

3.1 Auswanderung bis Mitte des 20. Jahrhunderts

Ziel dieses Unterkapitels ist die Beschreibung historischer Auswanderungswellen aus Deutschland, um sowohl historische Entwicklungslinien als auch neuere Trends der gegenwärtigen internationalen Migration Deutscher erfassen zu können. Die heutige Form internationaler Migration ist dabei eng an die Entwicklung des modernen, territorialen Nationalstaats gebunden (vgl. *Torpey* 2000; *Zürn/Leibfried* 2005). Auf dem Gebiet des späteren deutschen Reiches gab es eine Vielzahl an Einzelstaaten, die sich gegenseitig als Ausland betrachteten. Erst die Errichtung des Norddeutschen Bundes 1867 bzw. des deutschen Reiches 1870/71 verfestigen die Grenzen eines mitteleuropäischen Nationalstaats (*Bade/Oltmer* 2008: 141f.).

In der folgenden Darstellung der internationalen Migration Deutscher stehen die Entwicklungen seit dem Ende des 18. Jahrhunderts im Mittelpunkt, wobei ausschließlich die jeweils dominierenden Wanderungsbewegungen betrachtet werden. Dazu zählen vor allem die Siedlungswanderungen nach Ost-, Ostmittel- und Südosteuropa bis in das frühe 19. Jahrhundert, die beginnende transatlantische Auswanderung seit dem späten 18. Jahrhundert, die in die transatlantische Massenauswanderung bis zum späten 19. Jahrhundert mündete sowie die Zwangs- und Flüchtlingswanderungen in der Zwischenkriegszeit und nach dem Zweiten Weltkrieg. Parallel dazu gab es zahlreiche andere Wanderungsformen wie Gesellenwanderungen (*Thamer* 1992: 231ff.) oder eher landwirtschaftlich dominierte Arbeitswanderungen, z.B. im Nordseeraum (*Bölsker-Schlicht* 1992: 255ff.), auf die hier jedoch nicht weiter eingegangen werden kann. Für diesen historischen Überblick wird zunächst der Verlauf und die geschätzte Größenordnung der jeweiligen Migration vorgestellt, bevor anschließend auf Ziel- und Herkunftsregionen sowie mögliche Bestimmungsgründe der Wanderungen eingegangen wird. Auch werden – falls vorhanden – Informationen zur Sozialstruktur der Auswanderer und der Vergleich mit anderen europäischen Regionen präsentiert, um mögliche Parallelen und Unterschiede zwischen der damaligen und heutigen Entwicklung aufzeigen zu können.

3.1.1 Auswanderung bis zum Ende des Ersten Weltkrieges

Nach dem Ende des Dreißigjährigen Krieges wuchs die Bevölkerung in Deutschland stark an. In dieser Zeit dominierte bis zur Mitte des 18. Jahrhunderts nicht die Aus-, sondern die Einwanderung in deutsche Staaten. Die Auswanderung aus Deutschland gewann erst während der zweiten Hälfte des 18. Jahrhunderts an Bedeutung, wobei damals Ost-, Ostmittel- und Südosteuropa die wichtigsten Zielregionen darstellten (*Brandes* 1992: 89; *Schödl* 1992: 77). Für das 18. Jahrhundert belaufen sich die Schätzungen über den Umfang dieser Bewegungen auf 500.000 bis 700.000 Menschen (*Oltmer* 2010: 10). Zeitgleich entwickelten sich auch erste transatlantische Wanderungsbewegungen, die zahlenmäßig aber wesentlich weniger bedeutend waren. So wird geschätzt, dass um das Jahr 1775 ca. 225.000 Menschen deutscher Herkunft in den britischen

Kolonien Nordamerikas gelebt haben, die damit einen Anteil von 8,6 % an der Gesamtbevölkerung stellten. Sie stammten insbesondere aus Baden, Württemberg, der Pfalz, Elsass-Lothringen und der deutschsprachigen Schweiz (*Bretting* 1992: 135). Siedlungsschwerpunkt war zunächst noch Pennsylvania, im Verlaufe des 18. Jahrhunderts dann immer mehr das westliche Maryland, North Carolina und Virginia. Pennsylvania entwickelte sich zum Hauptziel religiöser Dissidenten, deren Migration durch organisierte Gruppenwanderungen und Gemeinschaftssiedlungen geprägt war. Insgesamt dominierten im 18. Jahrhundert wirtschaftlich und sozial motivierte Gruppen- und Familienwanderungen.

Ab den 1830er Jahren nahm die transatlantische Migration aus dem deutschsprachigen Raum zu und stieg zu einer Massenbewegung auf (*Bade* 1992). Es wird geschätzt, dass zwischen 1816 und 1914 ca. 5,5 Mio. Deutsche nach Übersee emigrierten. Hochphasen mit jeweils mehr als 1 Mio. Auswandern bildeten die Jahre 1846-57 und 1864-73. In der letzten großen Auswanderungsphase 1880-93 folgten weitere 1,8 Mio. Auswanderer (*Mönckmeier* 1912; *Burgdörfer* 1930: 192). Das Jahr 1893 wird dabei häufig als Ende der Massenauswanderung bezeichnet. Auch wenn die Zahl der Überseeauswanderer in der dritten Phase höher lag als in den beiden vorherigen, lag die Auswanderungsrate, als Verhältnis zwischen der Anzahl deutscher Auswanderer und der deutschen Wohnbevölkerung, aufgrund der mittlerweile größeren Bevölkerungszahl mit durchschnittlich 2,7 von 1.000 Personen niedriger als in der ersten mit durchschnittlich 6,6 ‰ und zweiten Phase mit durchschnittlich 3,3 ‰ (*Marschalck* 1973: 35ff.). Von 1894 bis 1918 schließlich bewegten sich die in Deutschland registrierten Auswanderungszahlen auf einem mit den frühen 1840er Jahren vergleichbaren Niveau. Hauptzielland deutscher Auswanderer waren damals die USA, in die ca. 80-90 % der Auswanderer emigrierten. Die in Deutschland geborene Bevölkerung der USA stellte 1820-60 mit rund 30 % nach den Iren die zweitstärkste, 1861-90 sogar die stärkste Zuwanderergruppe (*Bade/Oltmer* 2008: 147; *Oltmer* 2010: 10). Weitere wichtige überseeische Auswanderungsziele waren Kanada, Brasilien, Argentinien und Australien (*Burgdörfer* 1930: 192ff.).

Obwohl die Überseeauswanderung das damalige Wanderungsgeschehen dominierte, war auch die Emigration in das europäische Ausland von Bedeutung. Um das Jahr 1900 wurden dort etwa 740.000 Deutsche registriert; Schätzungen gehen davon aus, dass bis zum Jahr 1910 diese Zahl auf rund 850.000 Personen angestiegen ist. Die größte Gruppe lebte zu dieser Zeit mit fast 220.000 Personen in der Schweiz. Weitere wichtige Zielländer mit großen deutschen Bevölkerungsgruppen waren Russland, die österreichischen Länder, Frankreich, Belgien und Großbritannien (*Burgdörfer* 1930: 545; *Köllmann* 1976: 32).

Als Gründe für die starke Zunahme der Auswanderung wird ein geringes Wachstum in vielen Beschäftigungsbereichen bzw. die Stagnation des Erwerbsangebots bei zeitgleich starkem Bevölkerungszuwachs in den Herkunftsländern angeführt. Diese wirtschaftliche Konstellation prägte sich regional sehr unterschiedlich aus, was zu Schwerpunktverlagerungen zwischen den einzelnen Hauptausgangsräumen der überseeischen Auswanderung im 19. Jahrhundert führte: zunächst Südwest-, dann Nordwest- und schließlich Nordostdeutschland. Schon im 18. Jahrhundert war der deutsche Südwesten der wichtigste Herkunftsraum sowohl der kontinentalen Ost- als auch der transatlantischen Westwanderungen gewesen. Schätzungen zufolge stellten Südwestdeutsche über 80 % der kontinentalen und überseeischen Auswanderer des deutschsprachigen Raums vor dem Jahr 1815 (*Burgdörfer* 1930; *Oltmer* 2010: 10-11).

Im Nordosten und insbesondere in Mecklenburg und Brandenburg setzte die Massenauswanderung in den späten 1840er und frühen 1850er Jahren ein, während Pommern, Westpreußen und Posen erst ein Jahrzehnt später folgten (*Bade/Oltmer* 2008: 149; *Oltmer* 2010: 14). Im Zeitraum von 1881 bis 1885 wanderten beispielsweise pro Jahr in Pommern durchschnittlich 12,3 oder in Westpreußen 11,5 Personen pro Tausend der Wohnbevölkerung aus (*Dinkel/Lebok* 1994: 129). Während die Agrarmodernisierung im Nordwesten die Position der ländlichen Unterschichten in der zweiten Hälfte des 19. Jahrhunderts verbesserte, verschärfte sie sich im Nordosten seit den 1850/1860er Jahren durch die Saisonalisierung der Produktion. Das führte zu einem Rückgang des Arbeitskräftebedarfs in den Wintermonaten, wodurch die Beschäftigungsmöglichkeiten der Dauerarbeitskräfte mit und ohne Landnutzungsrechte beschränkt wurden (*Oltmer* 2010: 14). An ihre Stelle traten Saisonarbeitskräfte, zunächst aus näheren, später auch aus weiter entfernten Regionen, seit den 1880er Jahren immer häufiger aus dem östlichen und südöstlichen Ausland, so dass Deutschland während des 19. Jahrhunderts nicht nur Aussondern gleichzeitig auch Einwanderungsland war. Erst Ende des 19. Jahrhunderts bildete die erhebliche Ausweitung wirtschaftlicher Chancen, die die Hochindustrialisierung und Agrarmodernisierung in Deutschland boten, wesentliche Faktoren für den Rückgang der überseeischen Auswanderung. Teilweise setzte sogar eine starke Rückwanderung ein, die aber wegen fehlender Daten nicht genau beziffert werden kann (*Schniedewind* 1992: 181ff.). Dieser Rückgang ging mit der wirtschaftlichen Krise in den USA 1890-96 einher. Während 1893 das letzte Jahr starker transatlantischer Auswanderungen aus Deutschland vor dem Ersten Weltkrieg war, entwickelte sich seit den 1890er Jahren die in den USA „New Immigration" genannte ost-, ostmittel-, südost- und südeuropäische Nordamerika-Wanderung zur Massenbewegung (*Oltmer* 2010: 15).

Die Zunahme der Überseeauswanderung, insbesondere im letzten Drittel des 19. Jahrhunderts, war nicht nur bestimmt durch ökonomische Disparitäten zwischen Ziel- und Herkunftsländern, sondern auch durch die Erleichterungen der Reise in die Zielgebiete: Die Reisekosten wurden niedriger, und die Reisedauer durch den Ausbau des Schienennetzes sowie die Einführung der Dampfschifffahrt kürzer. Zudem verbesserte sich der transatlantische Informationsaustausch: so gab es zunehmend Informationen über die Lage im Zielgebiet („Auswandererbriefe"), die Vorfinanzierung der Überseepassage („pre-paid ticket") bis hin zur Aufnahme der Neueingewanderten im Zielgebiet durch vorausgewanderte Verwandte und Bekannte im Sinne von Kettenwanderungen (*Bade* 2004: 312). Letztere führten zur Bildung von räumlich eng geschlossenen Herkunftsgemeinschaften im Zielgebiet. Mit zunehmender Dauer und Intensität der Kettenwanderungen entstand eine zunehmende Eigendynamik im Wanderungsgeschehen. Sie führte teilweise dazu, dass in den Herkunftsregionen die transatlantische Auswanderung auch Jahrzehnte nach ihrem Einsetzen weiterhin auf hohem Niveau blieb, obwohl die ursprünglich ausschlaggebende soziale und wirtschaftliche Lage längst nicht mehr bestand (*Oltmer* 2010: 12).

Die Verlagerung des Hauptauswanderungsraums vom Südwesten zum Nordosten verschob auch die Berufs- und Sozialstruktur der Auswanderer: Bis in die 1860er Jahre stellten selbständige Kleinbauern, Kleingewerbetreibende sowie Kleinhandwerker die wichtigsten Berufsgruppen der Auswanderer. Mit der Verlagerung des Schwerpunktes nach Nordosten setzte sich die Gruppe der Auswanderer zunehmend aus Tagelöhnern und nachgeborenen Bauernsöhnen zusammen. Seit den 1890er Jahren wuchs der Anteil sekundärer und tertiärer Erwerbsbereiche an der Überseeauswanderung stetig, blieb aber deutlich hinter dem Wachstum der entsprechenden Beschäftigtenanteile auf dem Arbeitsmarkt des Auswanderungslandes zurück (*Burgdörfer* 1930: 401ff.; *Marschalck* 1973: 77ff.; *Bade* 2004: 320). Bis zur Mitte der 1860er Jahre dominierte die Familienauswanderung. Auch in der dritten Auswanderungsphase war die Familienwanderung noch sehr bedeutsam, allerdings nahm die Einzelwanderung immer mehr zu: 1881-90 wurden 57,8 % Auswanderer im Familienverbund und 42,2 % Einzelauswanderer gezählt. 1911-20 war der Anteil der Familienmigration auf 39,4 % gesunken, derjenige der Einzelwanderung hingegen auf 60,6 % gestiegen (*Burgdörfer* 1930: 401ff.).

Die starken Auswanderungsbewegungen waren kein spezifisch deutsches Phänomen, sondern fanden auch in vielen anderen europäischen Ländern statt. Die Auswanderung erfasste die Länder Europas nicht gleichzeitig, sondern in zeitlicher Abfolge, wobei die Auswanderung aus Großbritannien den Anfang machte. Von dort wanderten schon im 18. Jahrhundert rund 1,5 Mio. Menschen vorwiegend nach Amerika (*Hatton* 2004). Die Agrarkrise in Europa in den

1840er Jahren, die gescheiterten Revolutionen von 1848/49 und die Goldfunde in Kalifornien und Australien in den 1850er Jahren ließen die Auswanderungs- zahlen besonders in Nordwest- und Mitteleuropa ansteigen. Bis 1890 waren in Deutschland – nach den Britischen Inseln – die größten Auswanderungszahlen zu verzeichnen. Etwa ab 1875 gewann Italien bei der europäischen Auswande- rung an Bedeutung und überholte in den 1880er Jahren die Deutschen und 1900 auch die Briten. Werden die absoluten Auswanderungszahlen ins Verhältnis zur jeweiligen Bevölkerungszahl des Herkunftslandes gesetzt, zeigt sich, dass bis zum Jahr 1880 neben den Britischen Inseln, es vor allem Norwegen, Schweden und Irland sind, die die höchsten Anteile der Auswanderung an der Bevölke- rungszahl hatten (*Ferenczi/Willcox* 1929-31: 200f.; *Fischer* 1985: 29). Insge- samt wird geschätzt, dass in den Jahren von 1850 bis 1915 mehr als 40 Mio. Europäer nach Übersee gewandert sind, davon 13,5 Mio. Briten, 8 Mio. Italie- ner, 4,6 Mio. Spanier und Portugiesen, 4,3 Mio. Deutsche und 4,5 Mio. Ost- und Südosteuropäer (*Ferenczi/Willcox* 1929-31: 230f.). Die internationalen Migra- tionen im 19. Jahrhundert wurden eher als zeitlich langfristige individuelle Entscheidungen getroffen, dennoch müssen auch die Rück- oder Weiterwande- rungen in anderen europäischen Staaten von großer Bedeutung gewesen sein, denn nach Schätzungen haben von den zwischen 1821 und 1924 in die USA eingewanderten Personen 30 % das Land wieder verlassen. Für Argentinien – als zweitgrößtes Aufnahmeland europäischer Auswanderung – wird im Zeit- raum von 1857 bis 1924 der Anteil der Rückwanderer sogar auf 47 % geschätzt (*Fischer* 1985: 25).

3.1.2 Auswanderung in der Zwischenkriegszeit und während des Zweiten Weltkrieges

Auch in der Zwischenkriegszeit wanderten zahlreiche Deutsche ab, wenn auch in geringerem Umfang als in der Zeit vor dem Ersten Weltkrieg. So wird ge- schätzt, dass zwischen den Jahren 1919 und 1932 ca. 603.000 Deutsche nach Übersee auswanderten. Zu Beginn der 1920er Jahre stieg die Auswanderung stark an: von 24.000 Personen im Jahr 1921, 37.000 im Jahr 1922 auf ca. 115.000 Personen im Jahr 1923. Diese starke Zunahme war teilweise durch die aufgeschobene Realisierung von Auswanderungswünschen bedingt, da ein Großteil der überseeischen Einwanderungsländer, die im Krieg gegen Deutsch- land verbündet waren, zunächst keine deutschen Auswanderer aufnahm oder deren Zuzug kontingentierte. Ende der 1920er Jahre gewannen neben den USA vor allem Kanada, Brasilien und Argentinien als weitere wichtige Zielländer immer mehr an Bedeutung (*Burgdörfer* 1930: 389ff.).

Mit dem Anstieg der überseeischen Auswanderung in den Anfangsjahren der Weimarer Republik wuchs zugleich auch die kontinentale Aus- und Arbeitswanderung vor allem in die Schweiz, die Niederlande und die skandinavischen Staaten (Köllmann 1976: 48). Nach der Stabilisierung der Währung Ende des Jahres 1923 und den US-amerikanischen Einwanderungsbeschränkungen 1924 sank die Zahl deutscher Auswanderer bis Ende der 1920er Jahre auf etwa die Hälfte des Wertes von 1923 und entsprach damit dem Trend europaweit sinkender Auswanderungszahlen. Sie blieben bis zum Ende der 1920er Jahre auf diesem Niveau, und sanken dann in der Weltwirtschaftskrise der frühen 1930er Jahre auf unter 10.000 bis 15.000 Personen pro Jahr ab. Gleichzeitig nahm die Zahl der deutschen Rückwanderer zu (*Oltmer* 2010: 40; *Marschalck* 1973: 47).

Anschließend begann mit der politischen Emigration und der jüdischen Fluchtwanderung aus dem nationalsozialistischen Deutschland ein neuer Abschnitt der Auswanderungsgeschichte, der mit Blick auf die im Wanderungsgeschehen wirkenden Bestimmungskräfte mit den vorausgegangenen hundert Jahren deutscher Überseeauswanderung nicht zu vergleichen ist (*Bade* 2004: 314). Diese Emigration verlief schubweise und spiegelt die Phasen des Vertreibungsdrucks von der Machtübernahme Hitlers und den frühen Maßnahmen zur Bekämpfung innenpolitischer Gegner sowie den ersten antisemitischen Gesetzen über die Periode der „schleichenden Verfolgung" bis zu den Nürnberger Gesetzen 1935 wider. Die letzte Auswanderungswelle setzte mit der offenen Gewalt gegen Juden in der Reichspogromnacht ein. Sie endete mit Beginn des Zweiten Weltkrieges, der die Möglichkeiten der Emigration drastisch reduzierte und nach dem Abwanderungsverbot 1941 in den Völkermord an den deutschen und europäischen Juden mündete (*Röder* 1992: 347; *Oltmer* 2010: 42). Die Anzahl jüdischer Emigranten wird dabei auf ca. 450.000 bis 600.000 Personen geschätzt (*Röder* 1992: 348). Diese Emigration konzentrierte sich im Jahr 1933 noch zu 75 % auf europäische Staaten, ab 1934 suchte die überwiegende Anzahl an jüdischen Emigranten Zuflucht in nicht-europäischen Staaten, hier vor allem in den USA, Palästina und Argentinien (*Röder* 1992: 348f.). Daneben verließen zahlreiche Personen aus dem Kultur- und Wissenschaftsbereich Deutschland sowie Personen, die wegen ihrer politischen Arbeit in Deutschland, Österreich sowie den besetzten Gebieten der Tschechoslowakei verfolgt wurden. Letztere Gruppe umfasste bis 1939 ca. 25.000 bis 30.000 Personen, überwiegend Sozialdemokraten und Kommunisten. Viele der geflüchteten Regimegegner blieben in Europa, vor allem Frankreich, Spanien, Großbritannien und der Sowjetunion (*Röder* 1992: 351).

Auch in anderen europäischen Staaten war die Auswanderung zwischen 1920 und 1950 stark rückläufig. Waren zwischen 1911 und 1920 – trotz des Ersten Weltkrieges – noch 7,8 Mio. Menschen nach Übersee ausgewandert, so reduzierte sich diese Zahl zwischen 1921 und 1930 auf 6,9 Mio. und zwischen 1931 und 1940 auf 1,2 Mio. Erst zwischen 1941 und 1950 erhöhte sie sich wieder leicht auf 2,3 Mio. Personen. Die wichtigsten Herkunftsstaaten waren dabei die Britischen Inseln, Italien, Portugal, Spanien und Deutschland. Gleichzeitig veränderte sich die Bedeutung der Zielländer weg von den USA hin nach Brasilien und Argentinien. Beide Entwicklungen werden mit den zunehmend restriktiveren US-amerikanischen Einwanderungsgesetzen sowie den negativen Folgen der Weltwirtschaftskrise in den USA und Kanada in Zusammenhang gebracht (*Woodruff* 1966: 401f.; *Fischer* 1987: 37).

3.2 Auswanderung nach dem Zweiten Weltkrieg

In den Jahren unmittelbar nach dem Zweiten Weltkrieg war das Wanderungsgeschehen in Deutschland im Wesentlichen durch die große Zahl von ‚Displaced Persons' und Vertriebenen geprägt. Die Auswanderung von Deutschen spielte – ähnlich wie nach dem Ersten Weltkrieg – aufgrund der bereits erwähnten restriktiveren Einwanderungsregelungen der alliierten Staaten eine nur untergeordnete Rolle. Sie stand nur deutschen Ehepartnern und Kindern ausländischer Staatsangehöriger, anerkannten Verfolgten des NS-Regimes und besonders begehrten deutschen Wissenschaftlern und Hochqualifizierten offen (für einen Überblick der damaligen Einwanderungsgesetzgebung der USA siehe z.B. *Nerger-Focke* 1995: 105-140; und für Großbritannien siehe *Steinert/Weber-Newth* 2000: 31-76). Eine weitere Ausnahme bildete die damalige Auswanderung von „Volksdeutschen" mit Hilfe des ‚Canadian Council for Resettlement of Refugees' nach Kanada ab Ende der 1940er Jahre (*Steinert* 1992: 389). Erst die Gründung der Bundesrepublik und die Akzeptanz der Einreise Deutscher durch die damals wichtigsten Zielländer – USA, Kanada und Australien –, schuf die Grundlage für einen starken Anstieg der Überseeauswanderung seit Anfang der 1950er Jahre. So weist die auf Kontrollen an den Grenzübergangsstellen beruhende „Besondere Aus- und Einwanderungsstatistik" für den Zeitraum von 1946-61 insgesamt 780.000 nach Übersee auswandernde Deutsche nach. Davon wanderte etwa die Hälfte in die USA, 234.000 Menschen nach Kanada und weitere 80.000 nach Australien (*Statistisches Bundesamt* 1963: 191).

Neben der Auswanderung in die klassischen Einwanderungsländer spielte auch die intra-europäische Migration eine wichtige Rolle. Nach Schätzungen der OECD migrierten 180.000 Deutsche zwischen 1945 und 1952 in die westeuropäischen Staaten, vor allem nach Frankreich (75.000 Personen) und Großbritannien (52.000 Personen). Zuverlässigere statistische Daten stehen erst ab dem Jahr 1954 und dem Beginn der auf den Einwohnermeldeämtern beruhenden deutschen Wanderungsstatistik zur Verfügung. Ohne Berücksichtigung der innerdeutschen Wanderungen zwischen der Bundesrepublik Deutschland und der Deutschen Demokratischen Republik wanderten zwischen 1954 und 1959 jährlich etwa 100.000 Personen aus Deutschland aus. Neben der Heiratsmigration durch in Deutschland stationierte Soldaten der Alliierten spielte zu dieser Zeit auch die gezielte Anwerbung von Arbeitskräften durch Anwerbekommissionen westeuropäischer Staaten, Australiens und Kanadas zur Erklärung des hohen Niveaus der Auswanderung eine wichtige Rolle (*Steinert* 1992: 389f.). Noch während die Bundesregierung Anfang der 1950er Jahre mit verschiedenen Aufnahmeländern und ihren Anwerbekommissionen über die finanzielle Unterstützung deutscher Auswanderer verhandelte, begannen im Zuge der Erholung der deutschen Wirtschaft die eigenen Planungen und Vorbereitungen für die Anwerbung ausländischer Arbeitskräfte (*Oltmer* 2010: 51-52). Erst ab Anfang der 1960er Jahre führte der Wirtschaftsaufschwung in Deutschland zu einem spürbaren Rückgang der Auswanderung Deutscher.

Verlässlichere Aussagen zur Auswanderung und Zuwanderung von Deutschen lassen sich aus der Wanderungsstatistik aufgrund verschiedener konzeptioneller und räumlicher Änderungen erst ab dem Jahr 1967 gewinnen. So gingen West-Berlin und das Saarland beispielsweise erst ab 1953 bzw. 1957 als Teil des Bundesgebietes in die Statistik ein, und Vertriebene aus den ehemaligen Ostgebieten werden erst seit 1967 ausgewiesen (*Statistisches Bundesamt* 2006a, zu Konzeption und Besonderheiten der Wanderungsstatistik für die Analyse der Auswanderung aus Deutschland siehe auch Kapitel 4.1). Bei Betrachtung der in Abbildung 3.1 dargestellten Entwicklung der Auswanderung Deutscher seit 1967 zeigt sich, dass erst seit Ende der 1980er Jahre die internationale Migration Deutscher wieder spürbar ansteigt. Wanderten Mitte der 1970er Jahre im Durchschnitt gut 50.000 Personen pro Jahr aus, hat sich diese Zahl bis in die vergangenen Jahre auf über das Dreifache erhöht und erreichte mit etwa 175.000 Personen im Jahr 2008 den höchsten Wert seit Mitte des 20. Jahrhunderts. Selbst unter Berücksichtigung der Auswanderungsrate zeigt sich eine deutliche Zunahme: Während bis Mitte der 1980er Jahre die Auswanderungsrate bei etwa ein Promille lag, stieg sie bis heute auf ungefähr zwei Promille an. Somit sind heute in absoluten Zahlen als auch in Proportion zur Bevölkerung insgesamt deutlich mehr Deutsche international mobil und halten sich zumindest zeitweilig im Ausland auf als noch vor 30 Jahren.

Abbildung 3.1: Entwicklung der Auswanderung, Zuwanderung und des
Wanderungssaldos deutscher Staatsbürger, 1967-2008*,
in 1.000

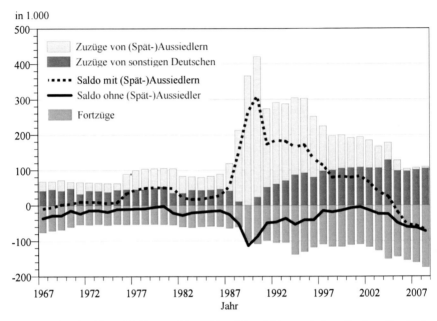

* Die Angaben beziehen sich bis zum Jahr 1991 auf den Gebietsstand ohne die ehemalige DDR.
Angaben zu Aussiedlern insgesamt für die Jahre 1967-1992, ab 1993 nur (Spät-)Aussiedler mit
deutscher Staatsangehörigkeit. In den Jahren unmittelbar vor und nach der Wiedervereinigung im
Jahr 1990 kam es zu Unregelmäßigkeiten der Statistik. Der Zuzug von (Spät-)Aussiedlern führte
damals in einigen Fällen zu erhöhten Zuzugszahlen, da diese sowohl in den Aufnahmeeinrichtungen
als auch nach Umzug innerhalb Deutschlands zweimal als Zuzüge erfasst wurden. Zur Bereinigung
der Statistik wurden diese Fälle nachträglich durch Fortzüge ‚rückgebucht', wodurch sich die
geringen bzw. im Jahr 1989 auch negativen Werte der Zuzüge von Deutschen erklären lassen.
Quelle: Statistisches Bundesamt, Bundesverwaltungsamt; eigene Berechnungen und Darstellung.

Zur Bewertung der internationalen Migration Deutscher und ihrer gesellschaftlichen und ökonomischen Konsequenzen reicht die Betrachtung der Auswanderung alleine nicht aus. Während internationale Migrationen noch im 19. Jahrhundert eher als zeitlich langfristige individuelle Entscheidungen getroffen
wurden, stellen Auslandsaufenthalte heute für viele Menschen in den Industrienationen nur noch kurzfristige Lebensphasen dar. Daher gilt es, den Umfang der
Rückwanderung zu beachten. Analog zur Auswanderung Deutscher stellt die
deutsche Wanderungsstatistik auch die Zuwanderung Deutscher aus dem Aus-

land dar. Zu diesem Personenkreis gehören die Rückwanderer, die in diesem Kontext von besonderem Interesse sind – also Deutsche, die nach einem zeitweiligen Aufenthalt im Ausland wieder nach Deutschland zurückkehren. Weiterhin erfasst die Statistik aber auch Nachkommen von Deutschen, die während des Aufenthalts der Eltern im Ausland geboren wurden. Abschließend gehören auch Aussiedler und (Spät-)Aussiedler zu der Gruppe der aus dem Ausland zuziehenden Deutschen.

Da die Wanderungsstatistik zwischen diesen Gruppen nicht unterscheidet, stellen die Zuwanderungszahlen nur einen sehr ungenauen Indikator für die Rückkehrquote von international mobilen Deutschen dar. Aus den Geschäftsstatistiken des Bundesverwaltungsamtes stehen Angaben über die Aufnahme von (Spät-)Aussiedlern zur Verfügung, so dass die Differenz zwischen den Zuzügen von allen deutschen Staatsangehörigen und den Zuzügen der (Spät-)Aussiedler eine relativ präzise Aussage über die Rückwanderung der Deutschen aus dem Ausland erlaubt. In Abbildung 3.1 sind sowohl Zuzüge von Aussiedlern ausgewiesen, die bis Ende 1992 nach § 1 Abs. 2 Nr. 3 des Bundesvertriebenengesetzes (BVFG) in die Bundesrepublik eingereist sind, als auch die (Spät-)Aussiedler, die nach §§ 4 und 7 des BVFG einreisten.[1] Danach zeigt sich, dass von den zwischen 1967 und 2008 erfassten 6,4 Mio. Zuzügen Deutscher ungefähr 3,8 Mio. als (Spät-)Aussiedler in die Statistik eingingen und bei etwa 2,6 Mio. Zuzügen von Deutschen auszugehen ist, die nach einem Auslandsaufenthalt nach Deutschland zurückkehren.

Gemäß dieser Unterscheidung von Zuwanderungen durch (Spät-)Aussiedler und eigentlichen Rückwanderern wird auch der Wanderungssaldo Deutscher differenziert ausgewiesen: Erstens als Saldo inklusive der (Spät-)Aussiedler, der die gesamten Zuzüge abzüglich der Fortzüge ausweist. Hier

---

[1] Durch das Kriegsfolgenbereinigungsgesetz (KfbG) vom 21. Dezember 1992 (BGBl. I S. 2094) wurden die Aufnahmevoraussetzungen grundlegend neu geregelt. Der bisherige Tatbestand des „Aussiedlers" nach § 1 Abs. 2 Nr. 3 BVFG wurde mit dem Stichtag 31. Dezember 1992 abgeschlossen. Für den Folgezeitraum wurde der Tatbestand des (Spät-)Aussiedlers in § 4 BVFG neu geschaffen (*BAMF* 2006: 39). (Spät-)Aussiedler in eigener Person nach § 4 (1) BVFG und Ehegatten und Abkömmlinge von (Spät-)Aussiedlern nach § 7 (2) BVFG gehen als deutsche Staatsangehörige in die Wanderungsstatistik ein. Sonstige nichtdeutsche Staatsangehörige (z.B. Schwieger- und Stiefkinder von (Spät-)Aussiedlern) können dagegen nur im Rahmen der ausländerrechtlichen Bestimmungen zum Familiennachzug zu Deutschen aussiedeln (§ 8 (2) BVFG) und gehen als ausländische Staatsangehörige in die Wanderungsstatistik ein (*Statistisches Bundesamt* 2006a). Diese Differenzierung ist jedoch erst mit den zuvor genannten gesetzlichen Änderungen ab dem Jahr 1993 möglich. Exakte Zahlen darüber, wie viele Aussiedler in den Jahren zuvor in die Wanderungsstatistik als deutsche Staatsbürger eingingen, liegen nicht vor. Aufgrund des Verhältnisses von (Spät-)Aussiedlern zu Miteinreisenden nicht-deutschen Verwandten, wie es sich Mitte der 1990er Jahre zeigte, ist allerdings zu vermuten, dass vor 1993 nahezu alle Aussiedler als deutsche Staatsbürger erfasst wurden.

zeigt sich, dass mit Ausnahme des Jahres 1967 und den Jahren von 2005 bis 2008 ein über fast vier Jahrzehnte positiver Wanderungssaldo von Deutschen vorlag, der insbesondere während der zahlenmäßig umfangreichen Zuwanderung von (Spät-)Aussiedlern in den 1990er Jahren zu einer hohen positiven jährlichen Wanderungsbilanz führte. Zweitens als Saldo ohne (Spät-)Aussiedler, der nur die Zuwanderung der eigentlichen Rückwanderer abzüglich aller Auswanderer ausweist. Dieser zweite Saldo zeigt dagegen ein vollständig anderes Bild, nachdem bereits während der gesamten letzten vier Jahrzehnte ein negativer Wanderungssaldo bestand, der zu einer durchschnittlichen jährlichen negativen Wanderungsbilanz von ca. -28.000 Deutschen führte. Auch wenn im Jahr 2008 ein negativer Saldo von -66.000 Personen den höchsten Wanderungsverlust von deutschen Personen seit 1950 darstellt (vgl. *Grobecker et al.* 2009), lässt sich zum einen festhalten, dass nur durch die massive Zuwanderung von Angehörigen deutscher Minderheiten aus Ost- und Mittelosteuropa ein in den vergangenen Jahrzehnten positiver Wanderungssaldo zu verzeichnen war. Zweitens zeigen diese Daten, dass die steigenden Auswanderungszahlen der vergangenen Jahre zwar tatsächlich zu einer zunehmend negativen Wanderungsbilanz führten, diese Steigerungen vor dem Hintergrund der Auswanderungen während der letzten vier Jahrzehnte aber deutlich relativiert werden müssen.

3.3 Auswanderung aus anderen Industriestaaten

Nachdem bisher die Entwicklung der Auswanderung aus Deutschland im Mittelpunkt des Kapitels stand, ist es das Ziel dieses letzten Abschnitts, den deutschen Fall in einen größeren, internationalen Kontext zu stellen. Wie ist es in anderen europäischen und weiteren Industriestaaten um die Auswanderung der eigenen Staatsbürger bestellt? Sind es vor allem Deutsche, die international mobil sind oder finden sich vergleichbare Entwicklungen auch in anderen hochentwickelten Staaten?

Bei einer Durchsicht der aktuellen Literatur überrascht es kaum, dass die Auswanderung der eigenen Staatsbürger und die Sorge über einen ‚brain drain' vor allem in solchen Industriestaaten eine wichtige Rolle spielt, die selbst noch bis vor wenigen Jahren als Auswanderungsländer galten. Ein europäisches Beispiel ist Italien, wo trotz der zunehmenden Einwanderung eine besondere Sorge über die Auswanderung eigener Universitätsabsolventen besteht. Nordamerika, Großbritannien als auch andere Mitgliedstaaten der EU stellen beliebte Zielländer für italienische Hochschulabsolventen dar und die internationale Migration hat sich während der 1990er Jahre deutlich erhöht (vgl. *Becker et al.*

2004; *Constant/D'Agosto* 2008; *Foadi* 2006). Die Sorge über eine zunehmende Auswanderung der eigenen Staatsbürger findet sich aber auch in den skandinavischen Staaten, in denen beispielsweise das dänische Wissenschaftsministerium eine Studie zu Humankapitalbilanzen der internationalen Migration und den ökonomischen Konsequenzen der Auswanderung erstellen ließ (*Jespersen et al.* 2007). Auch in Großbritannien findet das Thema, spätestens seitdem die BBC gemeinsam mit dem Institute for Public Policy Research im Jahr 2006 eine Umfrage zur Auswanderung erstellte, zunehmende politische und öffentliche Aufmerksamkeit (*Sriskandarajah/Drew* 2006). Selbst in den klassischen Einwanderungsländern stellt sich zwischenzeitlich die Frage nach der Auswanderung der eigenen Bevölkerung. So brachten die Studien von *Hugo* (2006) in Australien, Florida (2007) in den USA oder *Iqbal* (2000) für Kanada das Thema erstmals auf die politische Tagesordnung in diesen Ländern. Die Bedeutung des Themas zeigt sich aber auch an der zunehmenden Aufmerksamkeit, die der Auswanderung aus Industriestaaten durch internationale Organisationen entgegengebracht wird. Vor dem Hintergrund der Bedeutung Hochqualifizierter für die wirtschaftliche Entwicklung hat sich das Thema sowohl für die Internationale Arbeitsorganisation (*Kuptsch/Pang* 2006) als auch die OECD (*OECD* 2002; 2008b) zu einem wichtigen Schwerpunkt ihrer Arbeit entwickelt.

Bereits dieser kurze Literaturüberblick zeigt, dass die Auswanderung der eigenen Staatsbürger die Regierungen und die Öffentlichkeit in mehreren Industriestaaten zunehmend beschäftigt. Ein umfassender und systematischer internationaler Vergleich der Größenordnung und der Entwicklung der Auswanderung aus Industriestaaten wird durch die verfügbare Datenlage deutlich erschwert. Dennoch ist eine erste Einordnung der aktuellen Entwicklungen auf der Grundlage von Bestandsdaten von Auswanderern aus OECD-Mitgliedstaaten sowie zur Entwicklung der Auswanderung und des Wanderungssaldos für einige europäische Staaten durchaus möglich.

Die umfassendste Datengrundlage zum Vergleich der Auswanderung aus Industriestaaten stellt die „Database on Immigrants in OECD Countries (DIOC)" dar, die in den vergangenen Jahren von der OECD entwickelt und aufgebaut wurde. Für die Datenbank wurden die Migrantenpopulationen der OECD-Staaten auf Basis der im Ausland geborenen über 15-jährigen Personen mit Hilfe der Zensen des Jahres 2000 ermittelt. Die auf diese Weise bestimmten Populationen wurden über alle OECD-Staaten aggregiert, um so die Anzahl der Auswanderer eines bestimmten OECD-Landes in die übrigen OECD-Mitgliedstaaten zu berechnen. Damit wurde von der OECD ein methodisches Vorgehen aufgegriffen, das im Verlauf der 1990er Jahre insbesondere zur Analyse der Auswanderung aus Entwicklungsländern in die Industriestaaten entwickelt wurde. Erste Studien stammen vom Ende der 1990er Jahre von

Carrington und *Detragiache* (1998) und später von *Adams* (2003) sowie *Docquier* und *Marfouk* (2006) und *Beine et al.* (2006), die ursprünglich auf Grundlage der US-Zensen von 1990 bzw. 2000 und später auch unter Einbezug der Zensen weiterer wichtiger Zielländer versucht haben, Auswanderungsraten zu bestimmen. Schwerpunkt der im Kontext der Weltbank entstehenden Arbeiten war von Beginn an die Analyse der Auswanderung aus Entwicklungsländern, während im Mittelpunkt der DIOC in erster Linie die Migration zwischen den OECD-Staaten steht. Vorteil dieser Datenbank und ihrer Methodik ist, dass durch den Rückgriff auf Zensen und Mikrozensen eine verlässliche Datenquelle zur Bestimmung der Migrantenpopulationen verwendet wird. Problematisch ist jedoch, dass auch diese Statistiken nicht vollständig einheitlich sind, weshalb für einige Länder mit Schätzverfahren Anpassungen vorgenommen werden müssen (vergleiche zu den Schätzverfahren *Lemaître et al.* 2006). Ein weiteres Problem betrifft die Definition der Auswanderer, wobei auf das Kriterium des Geburtslandes und nicht auf die Staatsangehörigkeit zurückgegriffen wird. Dies führt im deutschen Fall beispielsweise dazu, dass eine größere Zahl der Kinder von in Deutschland stationierten US-Streitkräften fälschlicherweise als deutsche Auswanderer gezählt wird. Weitere Schwierigkeiten der Studie betreffen die Tatsache, dass die Zensen aus dem Jahr 2000 stammen, weshalb neuere Entwicklungen auf dieser Datenbasis nicht erfasst werden können.

Ungeachtet dieser methodischen Probleme bietet die DIOC-Datenbank einen ersten Eindruck der Auswanderung aus Industriestaaten. So lebten im Jahr 2000 knapp 32 Mio. Auswanderer aus OECD-Mitgliedstaaten in einem der jeweils anderen OECD-Staaten. Das entspricht insgesamt 4 % der Bevölkerung über 15 Jahren, die damit außerhalb ihres Geburtslandes leben. Zwischen den OECD-Staaten zeigen sich deutliche Differenzen. So stellen die Mexikaner mit 8,3 Mio. den weitaus größten Anteil der international mobilen Bevölkerung in der OECD, wobei der weitaus größte Teil dieser Gruppe in den USA lebt. In absoluten Zahlen folgen Großbritannien und Deutschland. In beiden Fällen leben etwas über 3 Mio. Briten bzw. Deutsche in einem anderen OECD-Staat. Auch für diese beiden Staaten stellen die USA mit einem Viertel bzw. einem Drittel eines der wichtigsten Zielländer dar. Alle drei genannten Staaten gehören zu den bevölkerungsreichsten Staaten der OECD, weshalb es nicht überrascht, dass sie in absoluten Zahlen einen großen Anteil an dem Wanderungsgeschehen zwischen den OECD-Staaten bestimmen. Ein anderes Bild bieten die USA und Japan – die beiden Staaten mit der größten Bevölkerung in der OECD – die mit 840.000 bzw. 570.000 Auswanderern deutlich unterdurchschnittliche Werte aufweisen. Diese Ergebnisse werden durch die Auswanderungsrate bestätigt. Auf dieser Datenbasis sind es in erster Linie Staaten mit einer geringen Bevölkerungszahl – z.B. Irland, Neuseeland, Portugal oder Luxemburg – bei denen im

Verhältnis zur Bevölkerung insgesamt die höchsten Anteile in anderen Staaten der OECD leben. Aus dieser Perspektive rangiert Deutschland zwischen den 26 analysierten OECD-Staaten auf Platz 13 und damit im Mittelfeld, während wie bereits erwähnt die US-Amerikaner und die Japaner die mit Abstand geringste Rate internationaler Migranten zwischen den Industriestaaten stellen (vgl. Abbildung 3.2).

Abbildung 3.2: Vergleich der Auswanderung und der Auswanderungsrate aus Staaten der OECD, nach Geburtsland der Auswanderer, etwa Jahr 2000*, in 1.000 bzw. Prozent

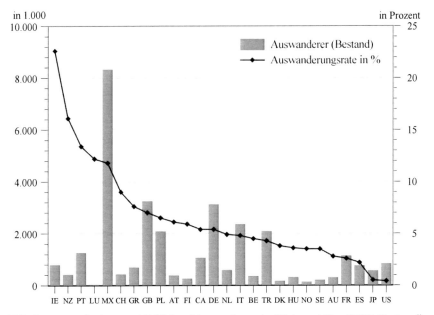

* Die Auswertung basiert ausschließlich auf Auswanderern der 26 dargestellten OECD-Staaten, die sich in einem der übrigen 25 OECD-Staaten aufhalten.
Quelle: Database on Immigrants in OECD Countries (DIOC), OECD; file_a_2_t.csv; eigene Berechnungen und Darstellung.

Neben dem Vergleich der Auswanderungsraten der OECD-Länder auf Basis von Bestandsdaten wird in einem zweiten Schritt die zeitliche Entwicklung der Auswanderung aus Deutschland mit der in anderen Staaten verglichen. Wie bereits in Kapitel 3.1 gesehen, zeigt der historische Vergleich, dass sich für einige der europäischen Staaten eine mit Deutschland vergleichbare Entwick-

lung für das 19. Jahrhundert und bis Mitte des 20. Jahrhunderts findet. Für einen
aktuellen systematischeren Vergleich liegen aufgrund der in Kapitel 2 beschriebenen Schwierigkeiten nur für relativ wenige Industrieländer konsistente Zeitreihen über die Auswanderung ihrer eigenen Staatsbürger vor. Ein erstes Beispiel stammt aus Australien, das sich in den vergangenen Jahren intensiv mit der
Zunahme der Auswanderung beschäftigt hat. Hier zeigen *Hugo et al.* (2001;
2003), dass es seit Mitte der 1980er und insbesondere seit Ende der 1990er
Jahre zu einer deutlichen Zunahme der Auswanderung von in Australien geborenen Personen und der australischen Bevölkerung gekommen ist; ähnliche
Ergebnisse liegen auch für die USA vor (vgl. *Woodrow-Lafield* 1996). Aufgrund der deutlichen Unterschiede hinsichtlich der Erhebungsmethodiken und
Erfassungskonzepte sind die meisten der vorliegenden Daten jedoch kaum
miteinander vergleichbar.

Für die europäischen Staaten gelten die genannten statistischen Probleme
in ähnlichem Maße, dennoch existieren hier zumindest für einige der EU-
Mitgliedstaaten längere Zeitreihen. Abbildung 3.3 vergleicht die Auswande-
rungsrate von fünf europäischen Mitgliedstaaten für die Jahre 1985 bis 2007.
Auch zwischen den europäischen Staaten bestehen deutliche Unterschiede in der
Erhebungsmethodik, weshalb weniger das Niveau als der Trend im Mittelpunkt
der Auswertungen steht. So basieren die Daten für Belgien, Deutschland, die
Niederlande und Schweden auf zentralen oder lokalen Einwohnermeldere-gi-
stern, wohingegen der Passengersurvey Grundlage der britischen Daten ist.
Auch das Verständnis von Auswanderung ist uneinheitlich – während in den
skandinavischen Staaten Auswanderung erst ab einem Aufenthalt im Ausland ab
zwölf Monaten erfasst wird, wird in den deutschen Daten jeder registrierte
Fortzug ins Ausland erfasst unabhängig von der Dauer des Auslandsaufenthaltes. Trotz dieser methodischen Schwierigkeiten ist das Ergebnis eindeutig: Im
Verlauf der vergangenen zwei Jahrzehnte kam es in einer Reihe von europäischen Staaten zu einem deutlichen Anstieg der Auswanderung ihrer eigenen
Staatsbürger. Am stärksten stieg die Auswanderung in Schweden an, wo sich
die Auswanderungsrate fast verdreifacht hat, aber auch in Deutschland kam es
insbesondere durch die Entwicklungen der vergangenen Jahre zu einer Auswanderungsrate, die etwa 2,5fach höher liegt als noch Mitte der 1980er Jahre.
Geringere, aber nach wie vor substantielle Steigerungen finden sich in den
Niederlanden, Großbritannien und Belgien, die ebenfalls Auswanderungsraten
aufweisen, die heute bis zu 80 % höher liegen als noch zwei Jahrzehnte zuvor.
In anderen europäischen Staaten wie z.B. Dänemark, Finnland, Luxemburg,
Norwegen oder auch der Schweiz zeigen sich weniger eindeutige Trends. Doch
auch wenn die Entwicklung der Auswanderung aus diesen Staaten nicht so stark
steigt wie in den in Abbildung 3.3 analysierten Staaten, liegt auch für diese

Länder die Zahl der Auswanderer im Jahr 2007 deutlich über den Werten aus Mitte der 1980er Jahre. Für alle europäischen Staaten, in denen Statistiken über die Auswanderung ihrer Staatsbürger über einen längeren Zeitraum vorliegen, lässt sich somit von einer Zunahme der Bedeutung der Auswanderung der eigenen Staatsangehörigen ausgehen.

Abbildung 3.3: Entwicklung der Auswanderungsrate der eigenen Staatsbürger für ausgewählte Mitgliedstaaten der Europäischen Union, 1985-2007, in Promille

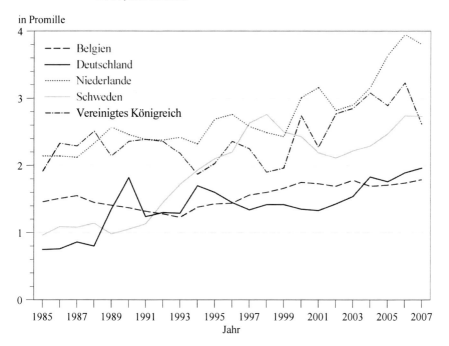

Quelle: Eurostat Datenbanken „migr_emictz" und „demo_ppavg" sowie Daten aus Publikationen von Eurostat (2000; 2001; 2002; 2004) und Statistics Belgium; eigene Berechnungen und Darstellung.

In einem letzten Schritt wird die Entwicklung der Differenz zwischen der Aus- und der Einwanderung der eigenen Staatsbürger – dem Wanderungssaldo – zwischen Deutschland und den europäischen Staaten dargestellt. Wie bereits in Kapitel 3.2 erwähnt, liegen für Deutschland erst seit dem Jahr 1993 Zahlen vor, die nicht durch die Auswirkungen der Wiedervereinigung auf die Wanderungsstatistik und insbesondere die hohe Zahl der (Spät-)Aussiedler Ungenauigkeiten aufweisen. Die Tabelle 3.1 vergleicht daher für die Jahre 1993 bis 2007 den Wanderungssaldo von zehn europäischen Staaten. Aus den zuvor bereits geschilderten Unterschieden hinsichtlich Erhebungsmethodik und -konzepten liegt der Schwerpunkt wiederum weniger auf dem Vergleich zwischen den Ländern als vielmehr auf dem Trend.

Tabelle 3.1: Entwicklung des Wanderungssaldos eigener Staatsbürger für ausgewählte europäische Staaten, 1993-2007, in 1.000

	BE	CH	DE*	DK	FI	GB	LU	NL	NO	SE
1993	-1,7	-5,4	-34,6	0,6	-1,0	-37,0	0,1	-5,4	1,0	-8,0
1994	-3,8	-7,1	-51,9	0,2	-3,2	10,0	0,1	-10,0	-0,8	-8,1
1995	-4,6	-7,1	-38,9	0,5	-2,6	-27,0	0,0	-12,5	-1,1	-8,8
1996	-5,0	-8,2	-38,9	-1,4	-1,8	-38,0	0,0	-11,3	-1,3	-8,8
1997	-6,2	-8,6	-13,0	-1,6	-2,9	-34,0	0,1	-7,2	-1,3	-11,8
1998	-5,8	-7,0	-16,8	-2,2	-3,3	0,1	0,2	1,5	-0,9	-10,7
1999	-6,2	-4,7	-11,8	-2,7	-3,2	0,7	-0,2	2,4	-0,5	-6,9
2000	-6,6	-4,7	-5,0	-4,8	-2,4	-57,2	-0,1	-6,4	-3,1	-5,5
2001	-6,2	-1,5	-2,2	-4,4	-3,1	-28,1	-0,1	-11,8	-2,2	-2,8
2002	-5,1	-2,6	-12,1	-3,6	-2,0	-70,2	-0,1	-10,9	-1,3	-2,3
2003	-5,3	-4,7	-21,8	-3,2	-1,4	-63,8	0,0	-16,1	-1,2	-4,1
2004	-4,7	-7,4	-22,5	-3,9	-0,6	-98,7	-0,1	-22,6	-0,8	-6,1
2005	-4,9	-8,5	-47,5	-3,8	-1,1	-85,2	-0,3	-30,5	-0,3	-8,3
2006	-5,5	-10,1	-59,0	-3,9	-0,8	-118,8	-0,7	-31,1	-1,2	-9,5
2007	-5,8	-7,7	-60,9	-1,7	-0,8	-87,9	-1,1	-25,7	-0,5	-9,0

* Der Wanderungssaldo für Deutschland ist abzüglich der (Spät-)Aussiedler dargestellt.
Quelle: Eurostat Datenbanken „migr_emictz" und „migr_immictz" sowie Daten aus Publikationen von *Eurostat* (2000; 2001; 2002; 2004), Statistics Belgium. Die Werte für Deutschland sind *Sauer/Ette* (2007) entnommen. Eigene Berechnungen.

Drei Schlussfolgerungen lassen sich aus dieser Tabelle ziehen: Erstens ist der Wanderungssaldo in etwa 90 % aller Zeitpunkte negativ, d.h. die Auswanderung eigener Staatsbürger übertrifft deren Zuwanderung. Zweitens nehmen die Auswanderungsverluste über die betrachteten 15 Jahre deutlich zu. Während sich zumindest in einigen Staaten noch Anfang der 1990er Jahre ein weitgehend ausgeglichener Wanderungssaldo zeigt, überwiegt mittlerweile die Auswanderung die Zuwanderung deutlich. Dies gilt insbesondere für Großbritannien, die Niederlande und auch Deutschland, während die skandinavischen Staaten noch immer weitgehend ausgeglichene Wanderungsbilanzen aufweisen. Der dritte Punkt betrifft den Vergleich zwischen den Ländern hinsichtlich der Größenordnung des Wanderungssaldos. Berücksichtigt man hierbei wiederum die Bevölkerungsgröße der jeweiligen Länder, sind es Großbritannien und die Niederlande, die die größten proportionalen Wanderungsverluste zu verzeichnen haben. Dagegen hat in den letzten Jahren Deutschland angesichts der Größe seiner Bevölkerung geringere Wanderungsverluste zu verzeichnen als die Schweiz oder auch Schweden. Selbst Luxemburg, das über den längsten Zeitraum hinweg einen kontinuierlich positiven Wanderungssaldo aufwies, erlebte innerhalb der vergangenen zwei Jahre den im europäischen Vergleich größten Wanderungsverlust im Vergleich zu seiner Bevölkerungsgröße.

3.4 Fazit: Auswanderungsland oder Rückkehr zur Normalität?

Ziel dieses Kapitels war es, die Entwicklung der Auswanderung deutscher Staatsbürger aus Deutschland zu beschreiben, in ihren historischen Kontext einzuordnen und sie mit den Erfahrungen anderer Industriestaaten zu vergleichen. Bevor in den folgenden Kapiteln Fragen der Selektivität der Auswanderung und der Bewertung eines möglichen ‚brain drain' im Vordergrund stehen, können bereits auf Grundlage dieser ersten Analysen eine Reihe von wichtigen Schlussfolgerungen festgehalten werden. Danach ist die Sorge über das „Auswanderungsland Deutschland" nicht neu, sondern prägte bereits das 19. und frühe 20. Jahrhundert. Ein zweiter Aspekt betrifft das heutige Niveau der Auswanderung. Während dieses im Vergleich mit den 1970er und 80er Jahren um ein Vielfaches höher liegt, ist die heutige internationale Migration Deutscher im historischen Vergleich noch immer gering. Ebenfalls wichtig ist die Besonderheit der Zuwanderung der (Spät-)Aussiedler. Der erstmals im Jahr 2005 negative Wanderungssaldo ist aus dieser Perspektive nicht als Kennzeichen eines Auswanderungslandes zu interpretieren. Vielmehr zeigt sich darin das Ende eines „Sonderweges" der deutschen Migrationsgeschichte. Gerade im internationalen Vergleich stellt ein negativer Wanderungssaldo in heutigen Industriestaaten eine weitgehende Normalität dar. Der internationale Vergleich macht des Weiteren deutlich, dass Deutsche zwar eine große Gruppe international mobiler Personen stellen, in Relation zur Bevölkerungsgröße des Landes aber nur einen durchschnittlichen Platz belegen. Abschließend zeigt sich, dass sich auch in anderen europäischen Staaten ebenso wie in traditionellen Einwanderungsländern wie Australien ein ähnlicher Trend zu einem höheren Niveau der internationalen Migration der eigenen Staatsbürger findet.

4 Die Geographie der Auswanderung

Im Mittelpunkt des vorherigen Kapitels standen die Entwicklung der deutschen Auswanderung und ihre Einordnung in einen historischen und internationalen Vergleich. Es wurde deutlich, dass die internationale Migration Deutscher gerade in den vergangenen Jahren deutlich angestiegen ist, wenn auch das heutige Niveau sowohl im Vergleich zu früheren Auswanderungsperioden als auch im Vergleich mit anderen Industriestaaten der OECD und der Europäischen Union nicht außergewöhnlich ist. Für die Beantwortung der Frage nach einem möglichen ‚brain drain' aus Deutschland ist neben der rein quantitativen Betrachtung auch die qualitative Komponente der Auswanderung von großer Bedeutung. Hier geht es um die Frage, wer auswandert: Wie unterscheiden sich deutsche internationale Migranten von der international nicht mobilen Bevölkerung? Welche demographischen und sozio-ökonomischen Charakteristika zeichnen die Auswanderer aus?

Wie bereits in Kapitel 2 ausführlich diskutiert, ist Migration meist ein selektiver Prozess, bei dem sich die Migranten sowohl in Bezug auf demographische Merkmale wie Alter, Geschlecht, Familienstand und Herkunftsregionen als auch sozio-ökonomische Merkmale wie Bildungsniveau, Berufsqualifikation oder Einkommen deutlich von der nicht mobilen Bevölkerung unterscheiden. In diesem Kapitel steht die Beschreibung der Selektivität der Auswanderung aus Deutschland in Bezug auf verschiedene demographische Merkmale im Mittelpunkt, während Fragen der sozio-ökonomischen Bestimmungsfaktoren der internationalen Migration Deutscher erst im folgenden Kapitel 5 analysiert werden. Vorliegende Untersuchungen zur demographischen Selektivität von Wanderungen Deutscher konzentrieren sich überwiegend auf interregionale Wanderungen und dokumentieren regelmäßig eine starke Altersselektivität der Migration. So wandert die junge und erwerbstätige Bevölkerung aus den Peripherräumen meist in die Verdichtungsräume ab, während umgekehrt aus diesen ein Teil der älteren, meist nicht mehr erwerbstätigen Bevölkerung in die Peripherräume abwandert (siehe für Deutschland z.B. *Gatzweiler* 1975; *Mai* 2003; *Schlömer* 2009).

Ziel dieses Kapitels ist es, die Struktur der Auswanderer auf Basis der deutschen Wanderungsstatistik zu beschreiben. Es ist wie folgt gegliedert: In Kapitel 4.1 wird die deutsche Wanderungsstatistik als wichtigste Datenquelle zur Analyse der Auswanderung aus Deutschland vorgestellt. Dabei wird insbesondere auf die Stärken und Schwächen dieser administrativen Datengrundlage eingegangen. Kapitel 4.2 widmet sich in einem ersten Schritt den demographischen Merkmalen der Auswanderer – der Geschlechterstruktur, dem Familienstand und insbesondere dem Alter der Migranten. Im Anschluss daran wird in Kapitel 4.3 die Geographie der Auswanderung analysiert und zwar hinsichtlich räumlicher Muster der Herkunftsregionen. Insbesondere die Unterschiede zwischen den alten und neuen Bundesländern sowie zwischen Stadt und Land stehen hier im Mittelpunkt. In einem letzten Schritt wird die Geographie der Auswanderung aus Sicht der Zielländer diskutiert. Neben dem Vergleich der aktuell wichtigsten Zielländer Deutscher interessiert hier insbesondere die zeitliche Entwicklung der wichtigsten Zielländer und Zielregionen. Insgesamt bietet die Wanderungsstatistik somit erste interessante Ergebnisse hinsichtlich der Selektivität und Geographie der Auswanderung.

4.1 Forschungskonzeption und Datengrundlage

Die deutsche Wanderungsstatistik ist die wichtigste Datenquelle, um einen ersten Überblick über Struktur und Dynamik der Auswanderung Deutscher zu erhalten. Methodisch basiert die Statistik auf den Daten der deutschen Einwohnermeldeämter (vgl. Kapitel 2.5.1 zu Bevölkerungsregistern). Ihre Erhebungsgrundlage sind die An- und Abmeldeformulare der Meldeämter, die nach den melderechtlichen Vorschriften bei einem Wechsel der Haupt- bzw. alleinigen Wohnung über die Gemeindegrenzen anfallen. Die Gemeinden registrieren die Wohnortwechsel in ihren kommunalen Melderegistern und reichen die Meldeformulare an die jeweils zuständigen Statistischen Landesämter weiter. Diese werten die Meldeformulare aus, wodurch Zu- und Fortzugstatistiken auf Länderebene entstehen. Das Statistische Bundesamt stellt die einzelnen Länderergebnisse zu einer Bundesstatistik zusammen und veröffentlicht sie in jährlichem Rhythmus. Anmeldungen von Ausländern oder Deutschen, die ihren letzten Wohnsitz im Ausland hatten, gelten demnach als „Zuzüge aus dem Ausland". Bei den Fortzügen werden in der amtlichen Wanderungsstatistik die Fälle erfasst, bei denen sich die Personen bei den Meldebehörden abmelden und dabei angeben, dass sie ins Ausland ziehen und keine weitere Wohnung im Bundesgebiet bewohnen (*Statistisches Bundesamt* 2006a). Neben den absoluten Zahlen der Zu- und Fortzüge werden bei der An- und Abmeldung nach §4 des Gesetzes über die Statistik der Bevölkerungsbewegung und die Fortschreibung des Bevölkerungsstandes (BevstatG) zudem folgende personenbezogene Merkmale erfasst: Geschlecht, Alter, Staatsangehörigkeit, Familienstand, Religionszugehörigkeit, Ziel- bzw. Herkunftsland und Ziel- bzw. Herkunftsgemeinde. Damit generiert diese Statistik zentrale Indikatoren für demographische und migrationssoziologische Analysen und kann für erste Auswertungen der strukturellen Charakteristika deutscher Auswanderer genutzt werden (*Lederer* 2004: 52-53).

Im Vergleich zu Staaten ohne Bevölkerungsregister bietet die deutsche Wanderungsstatistik einerseits eine verlässliche und detaillierte Datenquelle für die Migrationsforschung. Andererseits erfüllt die Wanderungsstatistik in erster Linie administrative Zwecke und weist daher eine Reihe von Einschränkungen auf, die es bei der wissenschaftlichen Analyse dieser Daten zu berücksichtigen gilt (vgl. Kapitel 2.5.1). Ein erstes Problem betrifft den Charakter der Wanderungsstatistik als Fallstatistik, in der jeder Zu- bzw. Fortzug als unabhängiges Ereignis ausgewertet wird. Während in einer Personenstatistik ein Bezug zu vorherigen Zu- und Fortzügen derselben Person hergestellt werden könnte, wird in der Wanderungsstatistik für eine Person, die mehrmals innerhalb eines Jahres umzieht, jeder Wohnsitzwechsel als separater Fall gezählt und fließt entsprechend mehrmals in diese Statistik ein. Hier ist eine gewisse Überschätzung im Fall von besonders mobilen Bevölkerungsgruppen zu erwarten.

Ein zweites Problem dieser amtlichen Statistik sind fehlende An- und Abmeldungen, weshalb zu Personen, die ins Ausland auswandern und sich nicht abmelden, keine Aussagen getroffen werden können. Gerade bei kurzzeitigen Aufenthalten im Ausland, oder wenn nur einzelne Personen eines Haushalts ins Ausland verziehen, unterbleiben solche Abmeldungen meist, weshalb hier für bestimmte Migrationsformen eine deutliche Unterschätzung zu erwarten ist. Im Kontext dieses Problems stehen weitere Verfahren, die den verwaltungstechnischen Charakter dieser Statistik deutlich machen. So können Personen „von Amts wegen" abgemeldet werden, bei denen durch nicht zustellbare Lohnsteuerkarten, Wahlbenachrichtigungen o.ä. offensichtliche Wegzüge ohne entsprechende Abmeldungen vorliegen (*Lederer* 2004: 49). Nach diesem Vorgehen werden deutsche Staatsangehörige, die sich nach einem Wegzug in keiner anderen deutschen Gemeinde anmelden, von Amts wegen durch die Kommunen ins „unbekannte bzw. ungeklärte Ausland" abgemeldet. Dieses Verfahren wurde in den vergangenen Jahren vor allem durch die Bundesländer Hessen und Rheinland-Pfalz angewendet. Weitere Abmeldungen „von Amts wegen" fanden auch aufgrund der bundesweiten Einführung der persönlichen Steuer-Identifikationsnummer im Jahr 2008 statt, durch die es zu umfangreichen Bereinigungen der Melderegister gekommen ist. Da der Umfang dieser Bereinigungen aus den Meldungen der Meldebehörden nicht ermittelt werden kann, bleibt der tatsächliche Umfang der Fortzüge im Jahr 2008 unklar (*Statistisches Bundesamt* 2009b). Ein ähnliches Problem betrifft (Spät-)Aussiedler, die sich teilweise sowohl bei der Erstaufnahme in den Grenzdurchgangslagern als auch später in ihren endgültigen Wohnorten als vom Ausland zuziehend angemeldet haben. Um diese Doppelerfassungen von Zuzügen aus dem Ausland zu bereinigen, fanden Rückbuchungen statt, die ebenfalls als „Fortzüge ins unbekannte/ungeklärte Ausland" erfasst wurden (vgl. Erläuterungen zu Abbildung 3.1).[2] Um trotz dieser Einschränkungen möglichst valide Daten zur internationalen Migration Deutscher auf Basis der Wanderungsstatistik gewinnen zu können, findet für die folgenden Analysen eine Konzentration auf den Durchschnitt der Jahre 2005-07 statt. Für die Betrachtung der zeitlichen Entwicklung wurde in einzelnen Fällen auch das Jahr 2008 berücksichtigt. Zudem werden die Fälle mit „Fortzug ins unbekannte oder ungeklärte Ausland" vollständig aus den Auswertungen ausgeschlossen (siehe hierzu auch *Grobecker et al.* 2009).

Ein letztes Problem der Wanderungsstatistik betrifft die geringe Anzahl von sozio-ökonomischen Variablen über die erfassten Migranten, weshalb im Folgenden nur auf die demographischen Merkmale eingegangen werden kann. Zukünftig wird es durch das Gesetz zur Änderung des Bevölkerungsstatistikgesetzes vom 18. Juli 2008, das am 1. August 2008 in Kraft getreten ist[3], aber zumindest eine leichte Verbesserung dieser Situation geben. Auf dieser neuen gesetzlichen Grundlage werden Angaben zum Geburtsort und Geburtsstaat erhoben. Weiterhin wird bei Zuzügen aus dem Ausland auch das Datum des dem Zuzug vorangegangenen Fortzugs erfasst, so dass Aussagen zur Dauer des Aufenthalts zwischen zwei Wanderungsbewegungen einer Person möglich werden.

4.2 Demographische Merkmale deutscher Auswanderer

Die Selektivität der Auswanderung aus Deutschland wird in einem ersten Schritt anhand der in der Wanderungsstatistik erfassten drei demographischen Merkmale – Geschlecht, Alter und Familienstand – analysiert. Die Gruppe der deutschen internationalen Migranten wird hierfür mit der nicht mobilen Wohnbevölkerung und den Binnenwanderern verglichen. Danach sind Auswanderer aus Deutsch

---

[2]   Die folgenden Analysen basieren auf den durch die Forschungsdatenzentren der Statistischen Ämter des Bundes und der Länder bereitgestellten Daten der Wanderungsstatistik. Auf dieser Grundlage wurden zusätzliche Auswertungen zu Zu- und Fortzügen aus bzw. in das „unbekannte und ungeklärte Ausland" durchgeführt. Diese Fälle zeigten insgesamt deutlich von den übrigen deutschen Migranten abweichende Angaben zu Geschlecht und Alter, weshalb hier fehlerhafte Buchungen unterstellt werden müssen. Weiterhin entsprechen die Abmeldungen „von Amts wegen" nicht dem tatsächlichen Zeitpunkt des Wanderungsereignisses, sondern dem Zeitpunkt der Entdeckung des nicht registrierten Wohnortswechsels einer Person, so dass auch aus diesem Grund keine sinnvolle Auswertung dieser Fälle erfolgen kann.

[3]   Vgl. BGBl. I 2008 S. 1290.

land zu 54 % Männer und weisen eine zumindest geringfügig andere Geschlechterstruktur auf als die nicht mobile deutsche Wohnbevölkerung und die deutschen Binnenwanderer, bei denen im Durchschnitt der Jahre 2005-07 der Anteil der Frauen in beiden Fällen mit jeweils 51 % leicht überwiegt. Das war nicht immer so, denn bis Ende der 1980er Jahre dominierten Frauen auch das deutsche Auswanderungsgeschehen. Erst seit Anfang der 1990er Jahre stellen Männer den größeren Anteil der Auswanderer.

Abbildung 4.1: Altersstruktur deutscher Auswanderer, deutscher Binnenwanderer und der nicht mobilen deutschen Wohnbevölkerung, nach Geschlecht, Durchschnitt der Jahre 2005-07, in Prozent

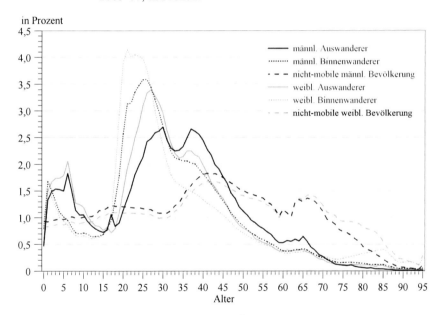

Quelle: Forschungsdatenzentrum der Statistischen Ämter des Bundes und der Länder; eigene Berechnungen und Darstellung.

Eine Differenzierung nach Altersgruppen zeigt, dass bei den unter 40-jährigen Auswanderern das Geschlechterverhältnis im Durchschnitt der Jahre 2005-07 relativ ausgewogen ist (bei den 19- bis 24-Jährigen sogar der Anteil der Frauen überwiegt), während bei den älteren Altersgruppen der Männeranteil ausgeprägter ist. So sind 62 % der Altersgruppe der 40- bis 64-jährigen Auswanderer

Männer. In der Altersgruppe der über 65-Jährigen nimmt der Anteil der Männer wieder auf 55 % ab. Eine Differenzierung nach einzelnen Zielländern zeigt weiterhin, dass es bestimmte Länder sind, die durch einen überproportional hohen Frauen- bzw. Männeranteil unter den Auswanderern gekennzeichnet sind. So betrug der Männeranteil der deutschen Auswanderer nach Polen in den 1970er Jahren noch knapp 40 %, während seitdem ein kontinuierlicher Anstieg des Männeranteils auf 70 % im Durchschnitt der Jahre 2005-07 festzustellen ist. Dagegen ist für die USA, Italien und die Türkei ein höherer Frauenanteil zu verzeichnen. Waren in den 1970er Jahren noch 64 % der Auswanderer in die USA Frauen, so ist dieser Anteil zwischenzeitlich – ähnlich wie für den italienischen Fall – auf 54 % im Durchschnitt der Jahre 2005-07 gesunken. Der Anteil deutsch-amerikanischer binationaler Ehen, mit meist deutschen Frauen und amerikanischen Männern, war in den vergangenen Jahrzehnten relativ hoch, weshalb hier insbesondere von Heiratsmigration z.B. bedingt durch in Deutschland stationierte amerikanische Soldaten auszugehen ist (vgl. *Berthiaume Shukert/Smith Scibetta* 1988; *Esser* 2003; *Statistisches Bundesamt* 2006b). Eine zeitlich umgekehrte Entwicklung zeigt sich im Fall der Türkei, in die der höhere Anteil von auswandernden Frauen erst ab dem Jahr 1998 einsetzte und im Durchschnitt der Jahre 2005-07 immerhin 53 % betrug.

Ein Großteil der Auswanderer aus Deutschland ist noch sehr jung. So liegt das Durchschnittsalter der auswandernden Männer für die Jahre 2005-07 bei 33,0 Jahren und das der Frauen bei 30,5 Jahren, während die Vergleichswerte der nicht mobilen deutschen Wohnbevölkerung bei 41,4 Jahren bei den Männern und 44,7 Jahren bei den Frauen liegen. Damit sind die internationalen Migranten deutlich jünger als die Wohnbevölkerung und – zumindest im Fall der Frauen – auch jünger als die weiblichen Binnenwanderer mit 32,4 Jahren (Männer: 31,7 Jahre).

Internationale Migration ist, wie auch Wanderungsbewegungen im Allgemeinen, an bestimmte Lebensphasen gekoppelt. Auf Grundlage einer Reihe empirischer Studien lässt sich belegen, dass die sich mit dem Alter verändernde soziale Lage eine zentrale Bedingung von Migrationsentscheidungen und somit einen wichtigen Faktor bei der Erklärung der Altersselektivität darstellt (vgl. *Wagner* 1990). Ein Vergleich der Altersstruktur zwischen den Auswanderern, der nicht mobilen Wohnbevölkerung und den Binnenwanderern lässt sich am besten durch die relative Häufigkeitsverteilung der Anteile je Einzelalter in Relation zur Gesamtzahl der jeweiligen Gruppe veranschaulichen (siehe Abbildung 4.1). Wird die Gesamtbevölkerung betrachtet, ergibt sich für die unterschiedlichen Altersgruppen durch die Addition der Einzelalter folgendes Bild: Danach waren 20 % der männlichen und 17 % der weiblichen deutschen nicht mobilen Wohnbevölkerung im Durchschnitt der Jahre 2005-07 im Alter von 18

Jahren oder jünger. Ähnliche Anteile finden sich auch bei den Auswanderern (21 % Männer, 23 % Frauen) und den Binnenwanderern (18 % Männer, 17 % Frauen). Im Vergleich zu der gleichmäßigen Verteilung bei der nicht mobilen Bevölkerung sind es bei den Migranten aber insbesondere die unter 6-Jährigen, die einen erhöhten Anteil bei den Aus- und Binnenwanderern stellen. Mit Beginn der Schulzeit nimmt der Anteil hingegen deutlich ab. Ein deutlicher Anstieg findet sich erst wieder nach Abschluss der Schulzeit. So liegt der Anteil männlicher und weiblicher Binnenwanderer in der Altersgruppe der 19- bis einschließlich 25-Jährigen bedingt durch den Auszug aus dem Elternhaus, (Aus-)Bildungswanderungen und die Mobilität im Zuge der Aufnahme einer (ersten) Erwerbstätigkeit mit 21 % bzw. 27 % am höchsten. Im Vergleich dazu sind die Auswanderer etwas älter. Bei ihnen findet sich eine deutlich erhöhte Zahl von Wanderungen erst bei der Gruppe der 26- bis 30-Jährigen, der 13 % der Männer und 16 % der Frauen angehören. Während bei den Binnenwanderern nach dem 27. Lebensjahr die Anzahl der Wanderungen mit steigendem Alter kontinuierlich sinkt, zeigt sich insbesondere bei den männlichen Auswanderern eine bimodale Verteilung, bei der die 36- bis 38-Jährigen einen Anteil von 8 % an den Auswanderern stellen. Die bimodale Verteilung sowie das tendenziell etwas höhere Alter der internationalen Migranten spricht dafür, dass es sich bei der Auswanderung weniger um Auszüge aus dem Elternhaus handelt. Ein Großteil dieser Migration wird im Kontext universitärer Bildungswanderungen stehen, vor allem aber durch die Aufnahme einer ersten bzw. weiteren Erwerbstätigkeit im Ausland im Zuge der Karriereplanung bedingt sein. Im Weiteren zeigt sich eine mit zunehmendem Alter kontinuierliche Abnahme der Zahl der Migration. Nur bei den 61- bis 66-Jährigen steigt die relative Häufigkeit der Wanderungen nochmals an. Dies ist bei den männlichen Auswanderern am stärksten ausgeprägt, findet sich aber in ähnlicher Form auch bei den Frauen und den Binnenwanderern, wobei als Migrationsmotiv hier meist die Ruhesitzwanderung vermutet werden kann.

Die Betrachtung der Auswanderungsrate, berechnet als Quotient der Anzahl der Auswanderer je Einzelalter und der nicht mobilen deutschen Wohnbevölkerung des gleichen Alters, bestätigt weitgehend das bisherige Bild. In Relation zur immobilen deutschen Wohnbevölkerung waren im Durchschnitt der Jahre 2005-07 insgesamt zwei von 1.000 Männern und 1,6 von 1.000 Frauen international mobil. Bei der Altersgruppe der 25- bis 39-jährigen Männer sowie Frauen waren jeweils zwischen drei und etwa vier von 1.000 bzw. sogar vier bis fünf von 1.000 (26 bis 30 Jahre) international mobil.

Migration ist nicht nur hinsichtlich Geschlecht und Alter ein deutlich selektiver Prozess. Auch der Familienstand hat einen erheblichen Einfluss auf die Migrationsentscheidung. So zeigt sich für den Durchschnitt der Jahre 2005-07, dass es insbesondere ledige Menschen sind, die innerhalb Deutschlands oder auch grenzüberschreitend wandern. Während 45 % der männlichen und 36 % der weiblichen nicht mobilen Wohnbevölkerung angeben, ledig zu sein, liegt der Anteil der Ledigen unter den männlichen deutschen Auswanderern bei ca. 58 % und bei den weiblichen bei 60 %, was sicherlich auch durch den hohen Anteil der unter 18-Jährigen an den Auswanderern begründet ist. Die vergleichbaren Werte für die Binnenmigranten sind sogar nochmals leicht erhöht. Die Selektivität des Familienstandes scheint aber insbesondere durch die Geschlechts- und Altersstruktur der Migranten bedingt zu sein. So kommt dem Familienstand, unter Berücksichtigung des Alters, bei den Männern eine geringere Bedeutung zur Erklärung der Wanderungen zu als bei den Frauen: 57 % der nicht mobilen deutschen Männer zwischen 25 und 39 Jahren sind ledig, während die Vergleichswerte für Auswanderer mit 63 % und Binnenwanderer mit 68 % nur leicht erhöht sind. Anders stellt sich die Situation für die 25- bis 39-jährigen Frauen dar. Hier liegt der Anteil der ledigen nicht mobilen Wohnbevölkerung nur bei 43 %, während die Vergleichswerte mit 57 % bei den Auswanderern und 60 % bei den Binnenwanderern deutlich darüber liegen.

4.3 Auswanderung aus den Städten: Räumliche Muster der Migration

Neben der demographischen Selektivität findet sich auch in Bezug auf die regionale Verteilung der Herkunftsregionen der Auswanderer ein deutliches selektives Muster. Insbesondere die Unterschiede zwischen der Auswanderung aus den alten und den neuen Bundesländern, den grenznahen oder grenzfernen Landkreisen und Städten sowie zwischen ländlichen und städtischen Gebiete geben zusätzliche Hinweise, welche Bevölkerungsgruppen Deutschland verlassen. Augenscheinlichstes Ergebnis der regionalen Verteilung der Auswanderung sind die Ungleichheiten zwischen den alten und den neuen Bundesländern. So wanderten im Durchschnitt der Jahre 2005-07 jährlich ca. 116.500 Personen aus Westdeutschland aus, während aus Ostdeutschland (mit Ausnahme von Berlin) nur 12.000 Personen sich für eine internationale Migration entschieden. Auch unter Berücksichtigung der Auswanderungsrate besteht ein äußerst signifikanter Unterschied: Danach sind es durchschnittlich weniger als eine von 1.000 Personen in den neuen Bundesländern, während in den alten Bundesländern diese Rate mit zwei von 1.000 Personen fast doppelt so hoch ist (Abbildung 4.2). Sowohl die Stadtstaaten Berlin und Hamburg als auch die süddeutschen Bundesländer – Baden-Württemberg, Hessen und Bayern – weisen ein besonders hohes Wanderungsvolumen mit bis zu drei Personen pro 1.000 Einwohner auf.

Abbildung 4.2: Auswanderungsrate deutscher Staatsangehöriger, nach
Landkreisen und kreisfreien Städten, Durchschnitt der Jahre
2005-07, in Promille*

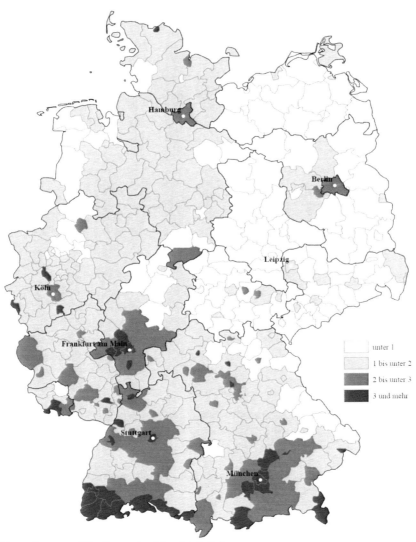

*Anmerkungen und Quellenangabe siehe nächste Seite

Anmerkung: Da im Jahr 2007 in Sachsen-Anhalt eine Kreisgebietsreform in Kraft trat, die dazu führte, dass einige Landkreise zusammengelegt, andere neu aufgeteilt wurden, beziehen sich die Angaben für Sachsen-Anhalt nur auf das Jahr 2007.
Quelle: Forschungsdatenzentrum der Statistischen Ämter des Bundes und der Länder; eigene Berechnungen und Darstellung.

Doch auch innerhalb der Bundesländer zeigen sich deutliche regionale Differenzen. Ein erster Unterschied stellt die Entfernung zur Grenze da. So kommt es insbesondere sowohl in den Grenzgebieten zwischen Deutschland und den Benelux-Staaten, Frankreich, der Schweiz und Österreich als auch auf geringerem Niveau in den Grenzgebieten zwischen Deutschland und Dänemark zu einer erhöhten internationalen Migration deutscher Staatsbürger. Aus diesen Regionen findet die Auswanderung insbesondere in die angrenzenden Nachbarstaaten statt. Beispielhaft sind Lörrach und der Bodenseekreis, Aachen aber auch Garmisch-Partenkirchen und das Berchtesgadener Land zu nennen. Vergleichbare Migrationsbeziehungen finden sich zwischen den grenznahen Regionen in den neuen Bundesländern und den neuen EU-Mitgliedstaaten im Osten – Polen und Tschechien – noch nicht. Die deutlichsten regionalen Unterschiede unterhalb der Ebene der Bundesländer finden sich zwischen städtisch und ländlich geprägten Räumen. Insbesondere die Großstädte und Ballungsräume weisen ein hohes Wanderungsvolumen mit dem Ausland auf. Dazu zählen neben den bereits genannten Städten Berlin und Hamburg insbesondere Frankfurt, München, Stuttgart und Köln. Aber auch kleinere Städte – und hier insbesondere Universitätsstädte – wie Bamberg, Heidelberg, Freiburg, Mainz und Tübingen haben überdurchschnittlich hohe Auswanderungsraten. Dieses räumliche Muster bestätigt den bereits bei der Altersstruktur ersichtlichen engen Zusammenhang zwischen der Auswanderung und insbesondere der universitären Ausbildung. Weiterhin ist zu vermuten, dass gerade Großstädte und Ballungsräume mit einer vergleichsweise großen Zahl an transnationalen Unternehmen zu einer erhöhten Auswanderung aus diesen Regionen beitragen.

4.4 Europäisierung der Auswanderung: Zielländer und -regionen

Die Auswanderung aus Deutschland ist nicht nur hinsichtlich der Herkunftsregionen, sondern auch in Bezug auf die Zielländer und -regionen ein stark selektiver Prozess. Einen ersten Überblick über das räumliche Muster der Auswanderung zeigt Abbildung 4.3, in der für den Durchschnitt der Jahre 2005-07 die Auswanderung Deutscher in die verschiedenen Zielländer dargestellt wird.

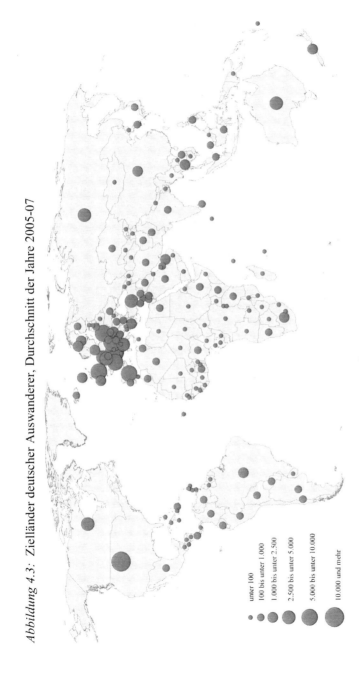

Abbildung 4.3: Zielländer deutscher Auswanderer, Durchschnitt der Jahre 2005-07

unter 100
100 bis unter 1.000
1.000 bis unter 2.500
2.500 bis unter 5.000
5.000 bis unter 10.000
10.000 und mehr

Quelle: Forschungsdatenzentrum der Statistischen Ämter des Bundes und der Länder; eigene Berechnungen und Darstellung.

Von durchschnittlich ca. 137.000 Auswanderern pro Jahr wandern knapp unter 70 % in die europäischen Staaten aus, wobei sich rund 53.000 in die alten Mitgliedstaaten der EU-14 und weitere ca. 13.000 in die neuen Beitrittstaaten (EU-12) aus den Erweiterungsrunden der Jahre 2004 und 2007 orientieren. Weitere ca. 28.000 Deutsche wandern in die übrigen europäischen Staaten aus, wobei hier die Schweiz mit etwa 19.000 Auswanderern im Durchschnitt der Jahre 2005-07 das mit Abstand wichtigste Zielland darstellt. Außerhalb Europas sind es die Russische Föderation und die klassischen Einwanderungsstaaten wie die USA, Kanada und Australien, in die ebenfalls noch eine größere Zahl von Deutschen auswandert. In Asien sind es weiterhin China (2.206 Auswanderer) und Thailand (1.123 Auswanderer). Sämtliche Staaten Südamerikas und Afrikas stellen mit Ausnahme Südafrikas (1.055 Auswanderer) nur unbedeutende Zielregionen für deutsche Auswanderer dar.

Die Stellung Europas als wichtigste Zielregion deutscher Auswanderer hat sich erst in den vergangenen Jahrzehnten entwickelt. Wie bereits in Kapitel 3.1 diskutiert, hatte die Auswanderung Deutscher während des 19. Jahrhunderts und noch bis zur Mitte des 20. Jahrhunderts einen stark transatlantischen Charakter, während die Migration in andere europäische Staaten eine nur untergeordnete Rolle spielte. Die Europäisierung der Auswanderung aus Deutschland ist somit ein noch vergleichsweise junger Prozess, der sich erst im Laufe der vergangenen vier Jahrzehnte entwickelt hat. Noch in den 1960er Jahren lag der Umfang der Auswanderung in die klassischen Einwanderungsländer – USA, Kanada, Australien und Neuseeland – und in die 14 Staaten der Europäischen Union auf gleichem Niveau. So wanderten im Jahr 1967 in beide Staatengruppen jeweils ca. 26.000 Deutsche aus, was jeweils etwa 35 % an der damaligen Gesamtauswanderung entsprach. Weitere 10.000 Auswanderer entfielen auf die EFTA-Staaten und nur ca. 500 auf die späteren EU-Beitrittsstaaten der Jahre 2004 und 2007 (siehe Abbildung 4.4). Vom Jahr 1967 bis Mitte der 1970er Jahre war die Auswanderung deutscher Staatsbürger aus Deutschland stark rückläufig (siehe auch Kapitel 3.2) und stabilisierte sich in den 1970er Jahren bei etwa 50.000 Auswanderern pro Jahr (ohne unbekanntes und ungeklärtes Ausland). Während die Auswanderung in die EU-14-Staaten zu dieser Zeit in etwa gleich blieb, ist die Auswanderung in die vier klassischen Einwanderungsländer zunächst deutlich auf ca. 13.000 Personen jährlich abgesunken, bevor es seit Ende der 1970er Jahre wieder zu einem kontinuierlichen moderaten Anstieg kam. Erst in den Jahren 2007 und 2008 erreichte die Auswanderung in die klassischen Einwanderungsländer in etwa wieder das gleiche Niveau, das sie bereits in den 1960er Jahren einmal hatte. Im Unterschied dazu hat sich die Auswanderung nach Europa von Anfang der 1970er Jahre (ca. 30.000 Auswanderer jährlich) auf etwa 97.000 Auswanderer im Jahr 2007 und 112.000 Auswanderer im Jahr

2008 mehr als verdreifacht. Von der Europäisierung konnten sowohl die alten Mitgliedstaaten der EU profitieren als auch die EFTA-Staaten – die Schweiz, Island, Norwegen und Liechtenstein – und insbesondere auch die neuen EU-Mitgliedstaaten. So wanderte im Jahr 2008 mit 61.714 Deutschen die mit Abstand größte Gruppe in die EU-14 aus. Weiterhin kam es insbesondere durch die Zunahme der Auswanderung in die Schweiz bei den Fortzügen in die EFTA-Staaten im Verlauf der vergangenen 40 Jahre zu einer Verdreifachung. Den prozentual deutlichsten Anstieg erlebten die 12 EU-Beitrittsstaaten, auf die in den 1960er Jahren nur wenige hundert Auswanderer entfielen, sich zwischenzeitlich aber bereits 10 % der Fortzüge Deutscher auf diese Region vereinen.

Abbildung 4.4: Entwicklung der wichtigsten Zielregionen deutscher Auswanderer, 1967-2008, in 1.000

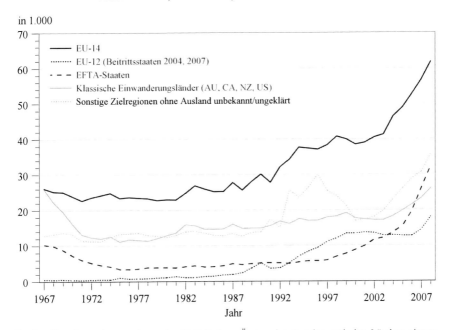

Quelle: Forschungsdatenzentrum der Statistischen Ämter des Bundes und der Länder; eigene Berechnungen und Darstellung.

Ungeachtet der deutlichen Zunahme der Auswanderung insgesamt als auch der Veränderungen hinsichtlich der wichtigsten Zielregionen zeigt sich eine erstaunliche Konstanz bei der Bedeutung der wichtigsten Zielländer deutscher Auswanderer. So waren die USA über fast vier Jahrzehnte das wichtigste Zielland Deutscher und wurde erst in den vergangenen Jahren von der Schweiz in dieser Rolle abgelöst. Doch auch die Schweiz fand sich während der gesamten Zeit bereits unter den wichtigsten fünf Zielländern. Konsequent an Bedeutung verloren haben die klassischen Einwanderungsländer wie Kanada und Australien, aber auch Staaten wie Brasilien und Südafrika. Letztere finden sich seit Anfang der 1990er Jahre nicht mehr unter den 15 wichtigsten Zielländern. Hingegen haben insbesondere die östlichen Staaten an Bedeutung gewonnen. Bei Betrachtung von Tabelle 4.1 wird die steigende Bedeutung Polens seit Ende der 1970er Jahre sowie Kasachstans und der russischen Föderation seit Anfang der 1990er Jahre deutlich. Insbesondere bei den beiden zuletzt genannten kann davon ausgegangen werden, dass Deutsche, die ursprünglich unter aussiedlerrechtlichen Regelungen nach Deutschland einreisten, mittlerweile wieder in ihre ehemaligen Heimatländer zurückkehren (*Schönhuth* 2008). Seit Ende der 1990er Jahre kam es durch den Anstieg der Auswanderungszahlen in die Türkei und nach China zu weiteren Veränderungen, die insbesondere auf die wirtschaftliche Entwicklung in beiden Staaten, aber auch auf die steigenden Zahlen eingebürgerter türkischer Rückwanderer zurückzuführen sind.

Tabelle 4.1:   Entwicklung der 15 wichtigsten Zielländer deutscher
                 Auswanderer, 1967-2008, 6-Jahresgruppen

Rang-folge	1967-1972	1973-1978	1979-1984	1985-1990	1991-1996	1997-2002	2003-2008
1.	US	US	US	US	US	US	CH
2.	CH	AT	FR	FR	FR	PL	US
3.	AT	NL	CH	CH	NL	CH	PL
4.	CA	FR	AT	NL	CH	ES	AT
5.	FR	CH	NL	ES	PL	FR	GB
6.	NL	IT	IT	AT	ES	GB	ES
7.	AU	BE	GB	GB	AT	AT	FR
8.	IT	GB	BE	IT	KZ	NL	CA
9.	GB	ES	ES	PL	GB	IT	NL
10.	ZA	CA	AU	BE	IT	KZ	IT
11.	BE	AU	CA	CA	BE	BE	TR
12.	ES	ZA	ZA	AU	RU	CA	AU
13.	BR	BR	PL	ZA	CA	AU	BE
14.	SE	IR	BR	GR	AU	RU	RU
15.	DK	DK	GR	BR	ZA	TR	CN

Quelle: Forschungsdatenzentrum der Statistischen Ämter des Bundes und der Länder; eigene Berechnungen.

4.5 Fazit: Auswanderung der Young Urban Male Professionals?

Im Mittelpunkt des Buches steht die Frage nach einem ‚brain drain' aus Deutschland. Nach der Beschreibung der zunehmenden Auswanderung in Kapitel 3 standen die qualitativen Aspekte und die Frage nach dem ‚wer' im Mittelpunkt dieses Kapitels. Für die Analyse sowohl der demographischen Charakteristika als auch der Geographie der Auswanderung für Herkunftsregionen und Zielländer wurde auf die Daten der deutschen Wanderungsstatistik zurückgegriffen. Trotz einiger methodischer Einschränkungen ist sie die wichtigste Referenzstatistik zur Analyse der Auswanderung aus Deutschland, da nur auf dieser Grundlage die internationale Migration Deutscher über einen längeren Zeitraum analysiert werden kann.

Die Ergebnisse der vorherigen Analysen zeigen einerseits eine erstaunlich große Heterogenität der Auswanderung aus Deutschland: Auswanderer gibt es in allen Altersstufen, vom Kleinkind bis zum Greis. Es finden sich Auswanderer aus allen Regionen Deutschlands und mit über 200 verschiedenen Zielländern leben Deutsche in allen Staaten der Erde. Diese Heterogenität spricht für eine große Vielfalt an Migrationsmotiven, die zur Erklärung der zunehmenden Auswanderung aus Deutschland berücksichtigt werden müssen. Andererseits entsprechen die Auswanderer in keiner Weise der international nicht mobilen Bevölkerung. Die Analysen der demographischen Merkmale zeigten, dass die internationale Migration Deutscher genauso wie Binnenwanderungen auch eng an bestimmte Lebensphasen gekoppelt ist: Auswanderer sind daher durchschnittlich deutlich jünger als die nicht mobile Bevölkerung. Gleichzeitig sind deutsche Auswanderer zu einem höheren Anteil ledig, während der Anteil der Verheirateten unter der nicht mobilen Bevölkerung deutlich höher liegt. Weiterhin zeigten die Analysen, dass es ausgeprägte geschlechtsspezifische Unterschiede gibt. Dies betrifft einerseits den höheren Anteil der Männer unter den Auswanderern, obwohl sich unter der nicht mobilen deutschen Wohnbevölkerung als auch unter den interregionalen Migranten mehr Frauen als Männer finden. Dies zeigt sich ebenfalls bei der Altersstruktur und dem Familienstand, was für unterschiedliche Bestimmungsfaktoren von Migrationsentscheidungen bei Frauen und Männern spricht. Auch der Wohnort in Deutschland macht einen deutlichen Unterschied: Bewohner der alten Bundesländer entscheiden sich eher für eine Migration ins Ausland als Personen aus den neuen Bundesländern, und Bewohner von Ballungsregionen, Großstädten und Universitätsstädten wandern ebenfalls weitaus häufiger aus als Bewohner ländlicher Regionen. Ein deutliches räumliches Muster zeigte sich bei den Zielregionen deutscher internationaler Migranten, bei denen in den vergangenen vier Jahrzehnten eine erhebliche Europäisierung der Auswanderung zu verzeichnen war.

Fasst man diese Ergebnisse zusammen, zeigt sich trotz der insgesamt großen Heterogenität eine deutlich selektive Auswanderung, die insbesondere durch den jungen, städtischen, meist männlichen Migranten mit einem Zielland innerhalb Europas geprägt ist. Dieses Muster entspricht den Annahmen der in Kapitel 2.3 diskutierten neo-klassischen Theorien selektiver Migration, die davon ausgehen, dass Wanderungen eine Investition in Humankapital darstellen und sich aus individueller Sicht am Beginn des Erwerbslebens am ehesten lohnen. Gleichzeitig sind die lokalen Bindungen – sei es in Form des ortsgebundenen Kapitals oder sozialer, familiärer Beziehungen – in jener Phase des Lebensverlaufs vergleichsweise gering. Ob es sich bei den Auswanderern aus Deutschland tatsächlich in erster Linie um die Young Urban Professionals handelt, musste bei den bisherigen Analysen offen bleiben, da die Wanderungsstatistik keine Informationen über den sozio-ökonomischen Hintergrund der Migranten beinhaltet. Die Erwerbstätigkeit von Auswanderern im Allgemeinen und insbesondere die Professionals im Sinne der Höherqualifizierten werden daher im Mittelpunkt der folgenden beiden Kapitel stehen.

5 ,Brain Drain' oder ,Brain Circulation'? Internationale Migration hochqualifizierter Deutscher

Im Mittelpunkt der beiden vorherigen Kapitel stand die Frage, wie viele und welche Personen aus Deutschland auswandern. Ziel war es, auf Basis der deutschen Wanderungsstatistik sowohl einen Überblick über den Umfang und die Dynamik als auch über die Struktur der Auswanderung zu gewinnen. Deutlich wurde erstens, dass es im Verlauf der letzten Jahre zu einem erheblichen Anstieg der Auswanderung von Deutschen gekommen ist. Zweitens zeigten die Analysen, dass die Auswanderung aus Deutschland ein stark selektiver Prozess ist, insbesondere hinsichtlich des Alters, aber auch hinsichtlich der Bedeutung einzelner wichtiger Zielländer, bestimmter Herkunftsregionen oder auch des Familienstandes der Migranten. Die Selektivität der internationalen Migration Deutscher steht auch im Mittelpunkt der folgenden beiden Kapitel. Während die bisherigen Analysen sich auf die demographischen Charakteristika der Auswanderer konzentrierten, werden nun das Bildungs- und Qualifikationsniveau der Migranten näher betrachtet. Hintergrund ist die Annahme, dass angesichts des im historischen und internationalen Vergleich hohen aber nicht ungewöhnlichen Umfangs der Auswanderung, die gesellschaftlichen und wirtschaftlichen Konsequenzen nicht unerheblich wären, wenn insbesondere Hochqualifizierte Deutschland verlassen würden. Damit ist die Frage nach einem möglichen ,brain drain' in Deutschland – der Auswanderung von überdurchschnittlich qualifizierten Personen – aufgeworfen, wie wir sie in Kapitel 2.2 bereits diskutiert haben. Aus dieser Perspektive liegt die Relevanz der internationalen Migration Deutscher weniger in ihrer Quantität als vielmehr in ihrer Qualität.

Bei einer Betrachtung des Forschungsstandes zur Auswanderung von Hochqualifizierten wird schnell deutlich, dass es zwar eine umfangreiche konzeptionelle und empirische Literatur zu ,brain drain' gibt, diese sich aber fast ausschließlich auf die Auswanderung aus weniger entwickelten in höher entwickelte Staaten und Regionen bezieht. Die Migration zwischen wirtschaftlich vergleichbaren Regionen und insbesondere zwischen Industriestaaten hat bisher wenig Aufmerksamkeit erfahren. Versucht man, die spezifische Situation Deutschlands und der international mobilen Deutschen auf der Basis der vorhandenen Literatur zu erfassen, gerät man schnell an seine Grenzen (siehe hierzu auch *Sauer/Ette* 2007). So liegen zum einen nur sehr wenige Studien zu diesem Thema vor, zum anderen kommen die vorhandenen Arbeiten in vielen Fällen zu widersprüchlichen Ergebnissen. Hintergrund der differierenden Befunde sind meist methodische Unterschiede, die sich aus den verschiedenen Datengrundlagen erklären lassen. Auswanderungsintentionen, wie sie im Rahmen von Bevölkerungsumfragen erhoben werden, stellen methodisch eine völlig andere Datengrundlage dar als Datensätze, die auf der Grundlage von im Ausland lebenden Deutschen erstellt werden. Wieder andere Beiträge konzentrieren sich ausschließlich auf bestimmte Bevölkerungs- und Berufsgruppen wie beispielsweise Studierende, Wissenschaftler oder Manager. Weiterhin unterscheiden sich auch die untersuchten Zielregionen der Auswanderer zwischen den vorhandenen Studien grundlegend. Insgesamt gibt es zwar eine weitgehende Übereinstimmung hinsichtlich einer prinzipiell höheren Qualifikation der internationalen Migranten im Vergleich mit der nicht mobilen Bevölkerung, doch bereits hinsichtlich der Frage nach der zeitlichen Entwicklung der Bildungsselektivität deutscher Auswanderer kommen die vorliegenden Untersuchungen zu weitgehend widersprüchlichen Ergebnissen.

Um die Frage zu beantworten, ob im Hinblick auf die Auswanderung aus Deutschland von einem ,brain drain' gesprochen werden sollte, sind drei Aspekte von besonderem Interesse:

1. Ein erster Aspekt betrifft die Analyse des Qualifikationsniveaus der Auswanderer im Vergleich mit der nicht mobilen Bevölkerung in Deutschland. Ziel sollte eine differenzierte Analyse des Qualifikationsniveaus sein, wobei nicht nur das Bildungsniveau, sondern auch die Zugehörigkeit zu einzelnen, durch wissensintensive Dienstleistungen geprägte, Wirtschaftszweige und vor allem die Berufsqualifikation mit einbezogen werden sollte: Einerseits impliziert ein hoher Bildungsabschluss nicht zwangsläufig, dass das damit erworbene Humankapital auch tatsächlich produktiv eingesetzt wird. Andererseits scheint es erhebliche Unterschiede zwischen Personen in verschiedenen Berufen und Wirtschaftsbereichen hinsichtlich ihrer internationalen Mobilität zu geben.

2. Ein zweiter Aspekt betrifft den Vergleich des Qualifikationsniveaus der Auswanderer mit dem der Rückwanderer. Wie bereits in Kapitel 2.1 argumentiert, ist gerade bei der internationalen Migration zwischen den Industriestaaten davon auszugehen, dass ein wachsender Anteil von Wanderungen von zeitlich abnehmender Dauer ist. Auch im Fall der Auswanderung von Deutschen ist zunehmend von temporären Auslandsaufenthalten auszugehen, die es bei der Analyse der Selektivität zu berücksichtigen gilt. So

argumentiert *Gans* (2000: 77) in seiner Übersicht zu zentralen offenen Fragen der Migrationsforschung, dass „today, the selectivity question is also complicated by the fact that many [...] immigrants come as transnationals and that others come at least with the intention to be temporary, that is sojourners". Umso wichtiger ist es, sich nicht wie gewöhnlich auf die Analyse der Qualifikationsstruktur der Auswanderer zu beschränken. Da durch die Rückwanderung eine ursprüngliche Selektivität der Auswanderung sowohl verstärkt als auch abgeschwächt werden kann, ist die Qualifikation der Rückwanderer analog zur Auswanderung zu untersuchen. Diesen Zusammenhang gilt es später noch theoretisch abzuleiten, er soll hier aber bereits an zwei möglichen Szenarien verdeutlicht werden: Im ersten Fall weisen die Rückwanderer eine niedrigere Qualifikationsstruktur auf als die Auswanderer. Damit verstärkt sich die ursprüngliche Selektion, denn es sind die Bestqualifizierten, die längerfristig im Ausland bleiben, während die „Schlechtesten der Besten" zurückkehren. Im zweiten Fall ist es umgekehrt: Rückwanderer haben eine höhere Qualifikation als die Auswanderer – womit sich die ursprüngliche Selektion reduziert, denn die Höchstqualifizierten und damit die „Besten der Besten" kehren zurück, während weniger Qualifizierte längerfristig im Ausland verbleiben. Während der erste Fall tatsächlich einen längerfristigen Verlust an hochqualifizierten Personen bedeutet, ließe sich im zweiten Fall eher von einer ‚brain circulation' der Hochqualifizierten sprechen. Die Rückwanderer haben sich durch ihren Auslandsaufenthalt neue Erfahrungen und Qualifikationen aneignen können, die – je nach Alter der rückkehrenden Person – dem Arbeitsmarkt im Herkunftsland wieder zur Verfügung stehen.

3. Ein letzter Aspekt betrifft die geographische und zeitliche Erweiterung der Analyse der Selektivität deutscher Auswanderer. Geographisch gilt es, die wichtigsten Zielländer und -regionen differenziert zu untersuchen und sich nicht nur auf die Analyse eines vermeintlich wichtigen Ziellands zu konzentrieren. Aus zeitlicher Perspektive ist die Entwicklung der Selektivität zu analysieren. Ist der ansteigende Trend der Auswanderung aus Deutschland durch eine höhere internationale räumliche Mobilität gerade auf Seiten der Hochqualifizierten zu erklären?

Zur Beantwortung dieser Forschungsfragen ist es das Ziel der folgenden beiden Kapitel, auf der Basis allgemeiner Bevölkerungsumfragen repräsentative und belastbare Zahlen zum Bildungs- und Qualifikationsniveau der Aus- und Rückwanderer zu bestimmen. Aufgrund der Schwierigkeiten, geeignete Datengrundlagen für die nötigen Analysen zu finden, werden die Forschungsfragen in den folgenden zwei Kapiteln teilweise getrennt voneinander bearbeitet. Während im fünften Kapitel am Beispiel der Europäischen Union als wichtigster Zielregion deutscher Auswanderer die Frage des Qualifikationsniveaus der Auswanderer sowie der Vergleich mit den Rückwanderern im Mittelpunkt steht, wird die zeitliche Entwicklung des Qualifikationsniveaus im darauf folgenden Kapitel 6 am Beispiel der zwei wichtigsten Zielländer deutscher Auswanderer – der USA und der Schweiz – analysiert.

Das vorliegende fünfte Kapitel ist wie folgt gegliedert: In einem ersten Schritt wird der Forschungsstand zur Auswanderung aus hoch entwickelten Staaten im Allgemeinen und aus Deutschland im Besonderen dargestellt. Angesichts der methodisch eingeschränkten Aussagefähigkeit der vorhandenen Studien und ihrer widersprüchlichen Ergebnisse wird die Relevanz einer repräsentativen Analyse für die wichtigste Zielregion Deutscher deutlich (Kapitel 5.1). In einem zweiten Schritt werden aufbauend auf den Überlegungen aus Kapitel 2.3 zentrale Determinanten der Auswanderungs- und der Rückwanderungsentscheidung diskutiert (Kapitel 5.2), bevor anschließend die Forschungskonzeption und Datengrundlage der späteren Analysen vorgestellt wird. Bereits deutlich wurde, dass die deutsche Wanderungsstatistik keine Informationen zum Bildungs- und Qualifikationsniveau zur Verfügung stellt, weshalb sämtliche Analysen des Kapitels auf dem European Union Labour Force Survey (EULFS), der europäischen Arbeitskräfteerhebung, basieren. Ziel des Unterkapitels ist es, die Möglichkeiten und Grenzen dieses Datensatzes für vergleichende Migrationsstudien in Europa darzustellen (Kapitel 5.3). In Kapitel 5.4 werden die deskriptiven Ergebnisse zum Bildungs- und Qualifikationsniveau sowohl der deutschen Auswanderer als auch der deutschen Rückwanderer vorgestellt, bevor in Kapitel 5.5 die multivariaten Ergebnisse zur Aus- und Rückwanderungsentscheidung von Deutschen innerhalb Europas präsentiert werden. Trotz des insgesamt negativen Saldos der Aus- und Rückwanderung Deutscher in Europa wird in diesen Analysen deutlich, dass die alleinige Betrachtung der Auswanderung zu kurz greift. Vielmehr zeigen sich qualifikationsspezifische Muster, nach denen bestimmte Qualifikationsgruppen höhere Chancen einer dauerhaften Auswanderung aufweisen, während andere Berufsgruppen scheinbar verstärkt temporäre Auslandsaufenthalte bevorzugen. Abschließend werden die zentralen Ergebnisse hinsichtlich einer notwendigerweise differenzierteren Beurteilung eines ‚brain drains' in Deutschland diskutiert.

5.1 Forschungsstand: Qualifikationsniveau deutscher Auswanderer

Das Thema der Auswanderung aus höher entwickelten Staaten wurde in der Migrationsforschung für lange Zeit vernachlässigt. Während es zur Auswanderung aus weniger entwickelten in höher entwickelte Staaten und zur Qualifikationsstruktur dieser Migranten eine umfassende Literatur gibt (siehe z.b. *Jasso/Rosenzweig* 1988; *Massey/Espinosa* 1997; *Portes/Rumbaut* 1996), ist der Forschungsstand zum Bildungs- und Qualifikationsniveau von Auswanderern aus Industriestaaten nicht sehr ausgeprägt und liefert weitgehend widersprüchliche Ergebnisse. Ziel dieses Unterkapitels ist es daher, für die folgenden Analysen in Kapitel 5 und 6 einen Überblick über den Forschungsstand zur Qualifikation deutscher Auswanderer zu geben. Neben Aussagen zum Qualifikationsniveau insgesamt stehen insbesondere die zeitliche Entwicklung wie auch der Vergleich mit den Rückwanderern im Mittelpunkt. In einem ersten Schritt werden Ergebnisse von weitgehend repräsentativen Studien zur Auswanderung aus Deutschland vorgestellt (Kapitel 5.1.1), bevor in den folgenden Unterkapiteln auf die Situation von zwei spezifischen Berufsgruppen eingegangen wird: die räumliche Mobilität von Fach- und Führungskräften (Kapitel 5.1.2) sowie von Studierenden und Wissenschaftlern (Kapitel 5.1.3). Hintergrund ist, dass ein Großteil der vorliegenden Studien zur internationalen Migration Hochqualifizierter sich meist nur auf das Bildungsniveau im Sinne des formal höchsten abgeschlossenen Bildungsabschlusses konzentriert. Diese analytische Vereinfachung verdeckt jedoch, dass die internationale räumliche Mobilität verschiedener Gruppen von Hochqualifizierten sich deutlich unterscheidet und auf unterschiedlichen Motivationen basiert (zu unterschiedlichen Motivationen im Rahmen der internationalen Mobilität und verschiedenen Typologien von Hochqualifizierten siehe z.b. *Mahroum* 1999; *Salt* 1997: 7-8; *Solimano* 2008: 4).

5.1.1 Repräsentative Studien zum Bildungs- und Qualifikationsniveau international mobiler Deutscher

Die ersten Studien, die Emigrationsraten differenziert nach Qualifikationsniveau bestimmt haben, stammen aus dem Kontext der Entwicklungsländerforschung und sind in etwa zehn Jahre alt. Sie basieren auf Arbeiten der Weltbank und des Internationalen Währungsfonds, die das Ziel verfolgten, auf Basis der Zensen der international wichtigsten Zielländer der Migranten Aussagen über den ‚brain drain' aus weniger entwickelten Staaten zu treffen (vgl. *Adams* 2003; *Carrington/Detragiache* 1998; *Docquier/Marfouk* 2007, siehe auch die Ausführungen zu diesen Studien in Kapitel 3.3). Mit dem ansteigenden Interesse der Industriestaaten an der Auswanderung ihrer eigenen Staatsbürger begann auch die OECD in den letzten Jahren mit vergleichbarer Methodik eine Datenbank zur Migration zwischen den OECD-Staaten unter Berücksichtigung des Bildungsniveaus der jeweiligen Auswanderer zu erstellen (vgl. *Dumont/Lemaître* 2008). Nach dieser Studie lebten im Jahr 2000 3,1 Mio. in Deutschland geborene Personen im Alter über 15 Jahren in anderen OECD-Staaten. Hinsichtlich der Qualifikation der international mobilen Deutschen weisen 28 % einen tertiären Bildungsabschluss auf im Vergleich zu nur 20 % der in Deutschland lebenden Deutschen dieser Altersgruppe, womit Hochqualifizierte unter den deutschen Auswanderern zwar nicht in absoluten Zahlen die größte Gruppe, aber zumindest einen überproportionalen Anteil stellen (siehe auch *Sauer/Ette* 2007: 52f.). Während die OECD-Daten nur Aussagen über das Jahr 2000 zulassen, ermöglichen die Daten der Weltbank auch Aussagen über die zeitliche Entwicklung der Bildungsselektivität. Für diesen Zweck werteten *Docquier* und *Marfouk* (2006: 180ff.) mit vergleichbarer Methodik die Ergebnisse der Volkszählungsrunde 1990 und 2000 aus. Im Verlauf dieser zehn Jahre hat sich sowohl der Bestand an in Deutschland geborenen und in einem anderen OECD-Land lebenden Personen leicht erhöht, als auch der Anteil der Personen mit einem tertiären Bildungsabschluss um etwa ein Zehntel zugenommen. Die Bildungsselektivität deutscher Auswanderer ist nach diesen Ergebnissen leicht angestiegen. Unter Berücksichtigung des Auswanderungsalters zeigt der Vergleich der Jahre 1990 und 2000 jedoch eine Abnahme des Anteils der hochqualifizierten auswandernden Deutschen, weil ein bedeutender Teil der Migranten seine höhere Bildung bereits im Ausland erworben hat (*Beine et al.* 2006).

Weitere Studien auf Basis von Zensusdaten konzentrieren sich auf die USA als einem der wichtigsten Zielländer (siehe z.B. *European Economic Advisory Group* 2003; *Saint-Paul* 2004; *Diehl/Dixon* 2005; *Tritah* 2008). Die genannten Studien basieren meist auf Auswertungen mehrerer US-Zensen im Zeitvergleich – in der Regel der Jahre 1990 und 2000. Sie zeigen, dass deutsche Auswanderer in die USA deutlich höher qualifiziert sind als die jeweilige Referenzgruppe der international nicht mobilen Deutschen. Hinsichtlich der zeitlichen Entwicklung zeigen sie leicht widersprüchliche Ergebnisse, wonach im Zeitverlauf der Anteil der Personen mit einem tertiären Bildungsabschluss an den Auswanderern zugenommen hat (*European Economic Advisory Group* 2003; *Saint-Paul* 2004; *Diehl/Dixon* 2005) bzw. unter Berücksichtigung des Umfangs der Auswanderung etwa gleich geblieben ist (*Tritah* 2008). Auch in Bezug auf bestimmte Berufsgruppen wie Naturwissenschaftler, Informatiker, Mathematiker, Ingenieure und Hochschullehrer kann ein im Zeitverlauf steigender Anteil nachgewiesen werden. Einige Autoren folgern daraus einen Anstieg des ‚brain drain' aus Deutschland in die USA (*European Economic Advisory Group* 2003: 119), während andere durch weitergehende Analysen darauf verweisen, dass die Auswanderung deutscher Hochqualifizierter in die USA noch immer hauptsächlich ein temporäres Phänomen ist, bei dem die entsprechenden Personen nach einem zeitweiligen Aufenthalt in den USA wieder nach Deutschland zurückkehren (*Diehl/Dixon* 2005: 727).

Ebenfalls repräsentative Ergebnisse zum Qualifikationsniveau deutscher Auswanderer stehen auf der Grundlage von Bevölkerungsumfragen zur Verfügung. Aufgrund der Seltenheit internationaler Wanderungen werden auf Basis von Surveydaten meist die von den Befragten geäußerten Auswanderungsabsichten analysiert. Aus methodischer Sicht sind solche Studien auf der Basis von Wanderungsintentionen problematisch, da zum einen unklar ist, ob und teilweise auch wann die Absicht in tatsächliche Migration mündet und vor allem, für welche Dauer der Auslandsaufenthalt geplant wird. Andererseits stellen Studien auf der Basis von Intentionen wertvolle Informationen bereit, die aus den meisten anderen Studien nicht zur Verfügung stehen: Insbesondere beinhalten sie detaillierte Angaben zu den Humankapitalcharakteristika potenzieller Migranten. So wurden auf Basis der Daten des Sozio-oekonomischen Panels (SOEP) neben Studien zur Rückkehrabsicht von Migranten (z.B. *Haug* 2001) mittlerweile auch Analysen zur internationalen Migration Deutscher vorgelegt. Die Arbeiten von *Niefert et al.* (2001) und *Übelmesser* (2006) basieren auf den drei bzw. vier Wellen des SOEP in den 1990er Jahren, in denen die Frage nach zukünftigen Wanderungsabsichten gestellt wurde. Hinsichtlich der Selektivität der Auswanderung zeigt sich, dass es insbesondere jüngere Personen sind - ohne eigene Kinder und mit überdurchschnittlichem Bildungsniveau, die entweder als Selbständige oder als höhere Angestellte beschäftigt sind -, die eine deutlich höhere Auswanderungsneigung aufweisen (*Übelmesser* 2006: 224ff.). Im Zeitvergleich zwischen 1993 bis 1998 zeigt sich für die westdeutsche Bevölkerung ein geringer Anstieg der Auswanderungsbereitschaft von 34,7 % auf 36,7 % (*Niefert et al.* 2001: 320). Aktuellere Daten aus dem Sozio-oekonomischen Panel zu Auswanderungsintentionen liegen auch aus einer Pilotstudie aus dem Jahr 2007 vor. Die Angaben zu den Wanderungsgedanken liegen hier mit etwa einem Viertel der Befragten deutlich unter den früheren Werten, sind aber aufgrund der geänderten Frageformulierung nicht direkt vergleichbar. Während auch diese aktuellere Auswertung die bereits bekannten Einflussfaktoren auf die Auswanderungsabsichten weitgehend bestätigt, lassen sich auf Basis dieser Studie erstmals Rückschlüsse auf das Rückkehrverhalten der Migranten und ihre Qualifikation ziehen. Die Ergebnisse zeigen, dass gerade Personen mit Hochschulabschluss besonders selten über eine dauerhafte Auswanderung nachdenken, was eine positive Selektion der Rückwanderer vermuten lässt (*Diehl et al.* 2008: 54).

Aufgrund des Panelcharakters des SOEP und des Stichprobenumfangs lassen sich in begrenztem Maße nicht nur Auswanderungsintentionen, sondern auch internationale Migrationsereignisse direkt analysieren. Grundlage für solche Untersuchungen sind die im Rahmen des Weiterverfolgungskonzeptes recherchierten Gründe für Panelausfälle, die sowohl für Studien zur Rückwanderung von Migranten in Deutschland (z.b. *Constant/Massey* 2002) als auch aktuell für einige Arbeiten zur Auswanderung von Deutschen nutzbar sind. Zu letzteren gehört die Arbeit von *Schupp et al.* (2005), die auf Grundlage der Befragungswellen zwischen 1985 und 2002 ins Ausland verzogene Deutsche identifizieren konnte. Die Ergebnisse zeigen, dass sich für Deutsche im Zeitverlauf kein zunehmender Auswanderungstrend belegen lässt, und dass der Anteil Höherqualifizierter während dieser 17 Jahre nicht gestiegen ist. Sowohl für den Zeitraum 1984 bis 1995 als auch für die Jahre 1996 bis 2002 lag der Anteil von Personen mit akademischem Abschluss bei etwa einem Fünftel aller deutschen Auswanderer (siehe auch *Erlinghagen et al.* 2009, die aktuellere und inhaltlich vergleichbare Ergebnisse auf gleicher methodischer Grundlage ermittelten).

5.1.2 Internationale Migration von Fach- und Führungskräften

Die zuvor dargestellten Ergebnisse zum Qualifikationsniveau deutscher Auswanderer basieren auf Zensusdaten oder allgemeinen Bevölkerungsbefragungen, um anhand repräsentativer Daten Aussagen über die gesamte Bevölkerung treffen zu können. Abgesehen von der tendenziell höheren Qualifikation der Auswanderer im Vergleich zur Bevölkerung in Deutschland kommen die Studien zu deutlich voneinander abweichenden Einschätzungen insbesondere in Bezug auf die zeitliche Entwicklung der Qualifikation der Auswanderer. Hinsichtlich der Frage nach der Qualifikation der Rückwanderer konnten die meisten der vorliegenden Studien aufgrund der jeweiligen Forschungskonzeption keine Aussagen treffen. Aufgrund dieses widersprüchlichen und begrenzten Forschungsstandes werden in zwei weiteren Schritten Studien zu bestimmten Bevölkerungs- und Berufsgruppen vorgestellt. Dafür wird Bezug genommen auf die international vergleichsweise mobilen Gruppen der Fach- und Führungskräfte sowie der Studierenden und Wissenschaftler, in beiden Fällen handelt es sich um hochqualifizierte Personengruppen. Für diese Gruppen liegen detailliertere Datengrundlagen vor, was zum einen daran liegt, dass Hochqualifizierte im nationalen und internationalen Kontext deutlich mobiler sind als ihre geringer qualifizierten Kollegen und zum anderen, dass auch der Forschungsstand zu geringer qualifizierten Personengruppen weit weniger entwickelt ist. Mit Ausnahme einiger Studien zur internationalen Migration innerhalb des Gesundheits- und Bausektors sowie unter Facharbeitern ist dieser Bereich der arbeitsbezogenen Auswanderung aus Deutschland noch deutlich unterbelichtet (siehe z.B. *Balch et al.* 2004; *den Adel et al.* 2004; *Mau et al.* 2007).

Aber auch die empirischen Untersuchungen zur internationalen Migration deutscher Fach- und Führungskräfte sind bisher nur auf einige wenige Analysen begrenzt. Eine aktuelle Studie basiert auf den Daten der US-amerikanischen National Science Foundation und zeigt, dass ca. 60.000 Deutsche im Jahr 2003 in den USA im Bereich „Science and Technology" beschäftigt waren. In absoluten Zahlen stellt Deutschland nach China, Großbritannien und Kanada das viertwichtigste Herkunftsland von Beschäftigten in diesem Sektor in den USA dar, wobei in Deutschland selbst der Anteil von in diesem Bereich in Deutschland Beschäftigten im Vergleich mit anderen OECD-Ländern mit ca. 18 % leicht unterdurchschnittlich ist (*Docquier/Rapoport* 2009: 680ff.). Andere Studien haben ihren Ausgangspunkt im universitären Kontext und basieren auf Nachkontakten zu Promovierten bzw. von Wissenschaftsförderorganisationen Geförderten (z.B. *Backhaus et al.* 2002; *Enders/Bornmann* 2002). Die in diesem Kontext aufschlussreiche „Kasseler Promoviertenstudie" fragt, in welchem Umfang promovierte Personen – als gleichsam höchstqualifizierte Teilgruppe der Hochschulabsolventen – in ihrem weiteren Karriereweg innerhalb oder außerhalb der Wissenschaft international mobil geworden sind. Die Studie basiert auf Informationen über 2.200 Promovierte von westdeutschen Hochschulen in den Fächern Biologie, Elektrotechnik, Germanistik, Mathematik, Sozialwissenschaften und Wirtschaftswissenschaften aus den Abschlussjahrgängen 1979/80, 1984/85, 1989/90. Mehr als ein Viertel der Biologen, Mathematiker und Wirtschaftswissenschaftler, ein Fünftel der Sozialwissenschaftler sowie ein Sechstel der Elektrotechniker und Germanisten waren nach der Promotion im Laufe ihrer beruflichen Karriere im Ausland tätig, wobei die Promovierten mit Auslandserfahrung im Durchschnitt eine positiv selektierte Gruppe darstellen, die im Durchschnitt eine bessere Promotionsnote aufweisen als ihre international immobilen Kollegen. Dafür spricht auch, dass die Habilitationsneigung bei den international mobilen Promovierten stärker ausgeprägt ist als bei den Promovierten ohne Auslandserfahrung (vgl. *Enders/Bornmann* 2002).

Auf Basis der Kasseler Promoviertenstudie lassen sich auch erstmals spezifischere Aussagen zur Qualifikation der Rückwanderer treffen. Während die Mehrheit der Rückwanderer nach dem Auslandsaufenthalt innerhalb des universitären Bereichs arbeitete, sind im Schnitt mehr als die Hälfte der Promovierten, die der Fragebogen im Ausland erreichte, außerhalb von Hochschule und Forschung beschäftigt (Biologen 69 %, Sozialwissenschaftler 67 % und Wirtschaftswissenschaftler 85 %). Daraus lässt sich schließen, dass im universitären Bereich beschäftigte Personen tendenziell eher kurzzeitig und temporär mobil sind, während in der Privatwirtschaft angestellte Akademiker vermehrt für längerfristige oder dauerhafte Migrationsformen votieren. Aktuellere Ergebnisse zur Qualifikation der Rückwanderer lassen sich auch einem Gutachten für das

Bundesministerium für Wirtschaft und Technologie entnehmen, das auf einer, allerdings nicht-repräsentativen, Online-Umfrage unter hochqualifizierten Fach- und Führungskräften basiert. Von Interesse ist hier, dass es die besonders Hochqualifizierten sind, die nach Deutschland zurückkehren wollen, während bei Personen mit nicht-akademischen Abschlüssen der Anteil der dauerhaften Auswanderung deutlich überwiegt (*Prognos* 2008: 40ff.).

Hinsichtlich der zeitlichen Entwicklung finden sich in den Studien zu Fach- und Führungskräften ebenfalls widersprüchliche Ergebnisse. Während die Kasseler Promoviertenstudie im Vergleich zwischen den Kohorten keine Zunahme der internationalen Mobilität feststellt (*Enders/Bornmann* 2002), zeigt sich in der Studie von *Diehl* und *Dixon* (2005) eine deutliche Zunahme. Die beiden Autoren der Studie greifen zur Abschätzung der Selektivität deutscher Auswanderer u.a. auf Visastatistiken der USA zurück und zeigen einen deutlichen Anstieg der jährlich vergebenen temporären Visa an hochqualifizierte Deutsche. So kam es zwischen 1990 und 2000 zu einer Steigerung um etwa 50 %, wobei allerdings hinzuzufügen ist, dass trotz dieser Zunahme in den entsprechenden Visakategorien die absoluten Zahlen noch immer sehr gering sind (*Diehl/Dixon* 2005: 726).

Die widersprüchlichen Ergebnisse zur zeitlichen Entwicklung setzen sich auch bei Betrachtung von zwei Berufsgruppen fort, die in den vergangenen Jahren besonders viel Aufmerksamkeit im Kontext der Auswanderungsdebatte erfahren haben – Ärzte und Führungskräfte in der Privatwirtschaft. So stellen die Ärzte eine vergleichsweise gut untersuchte Gruppe im Hinblick auf ihre internationale Mobilität dar (siehe z.B. *Hoesch* 2009; *Ray et al.* 2006; *Blitz* 2005), bei der sich in Deutschland ein noch vor wenigen Jahren bestehender Ärzteüberschuss innerhalb relativ kurzer Zeit zu einem regional bereits feststellbaren Mangel an Ärzten entwickelt hat. Nach den neuesten Angaben der jeweiligen ärztlichen Vereinigungen in den Zielländern zeigt sich, dass in den EU-14-Staaten sowie der Schweiz und den USA insgesamt knapp 20.000 deutsche Ärzte beschäftigt sind (*Kopetsch* 2009: 34). Einen Zeitvergleich ermöglicht für diese Berufsgruppe die Datenbank von *Bhargava et al.* (2010) für zehn EU-14-Staaten, die vier klassischen Einwanderungsländer USA, Kanada, Australien und Neuseeland sowie die Schweiz und Norwegen. Dabei ist die Anzahl der in Deutschland ausgebildeten und mittlerweile in einem der o.g. Zielländer tätigen Ärzte von etwas weniger als 9.000 im Jahr 1991 auf ca. 13.500 im Jahr 2004 angestiegen, was einer Zunahme von ca. 3,4 auf etwa 4,8 % aller in Deutschland ausgebildeten Ärzte entspricht.

Die zweite Gruppe, der eine zunehmende internationale räumliche Mobilität zugeschrieben wird, sind die Führungskräfte internationaler oder transnationaler Unternehmen. Im Kontext des Globalisierungsdiskurses wird argumentiert, dass die zunehmende Bedeutung von globalen Unternehmen zu einem internationalen oder transnationalen Management geführt hat, dessen räumliche Mobilität nicht durch die Grenzen der Nationalstaaten beschränkt ist (z.B. *Beck* 1997: 17). Die Karrieremuster können in diesem Kontext als „boundaryless careers" oder „global careers" verstanden werden (vgl. *Arthur* 1994; *Delfillippi/Arthur* 1994). Empirische Studien zeigen entgegen dieser Annahmen des überwiegenden Teils der Globalisierungsliteratur eine nur sehr begrenzte Internationalisierung des Managements. Zwar sind kurzzeitige Auslandsaufenthalte deutscher Führungskräfte in den vergangenen zehn Jahren spürbar angestiegen, sie sind aber lediglich Teil einer im Übrigen in Deutschland absolvierten Karriere. Die Internationalisierung findet somit eher in Form einer Entsendedynamik zwischen einzelnen Unternehmen bzw. Unternehmensteilen und zum ganz überwiegenden Teil im Rahmen temporärer Auslandsaufenthalte statt. Von einer weitergehenden Form der Transnationalisierung von Karrieren als dominantem Muster lässt sich nicht sprechen (vgl. *Hartmann* 2007; *Pohlmann* 2009; *Pohlmann/Bär* 2009).

5.1.3 Internationale Mobilität von Wissenschaftlern

Das vorherige Kapitel machte deutlich, dass durch die Diskussion speziellerer Studien zur internationalen Mobilität von Fach- und Führungskräften - trotz der differierenden Forschungsergebnisse - zusätzliche Erkenntnisse hinsichtlich der Qualifikation von Aus- und Rückwanderern und ihrer zeitlichen Entwicklung gewonnen werden konnten. Aus diesem Grund sollen bei vergleichbarem Vorgehen Ergebnisse zur internationalen Mobilität von Wissenschaftlern präsentiert werden. Aufgrund des meist temporären Charakters der internationalen Migration dieser Berufsgruppe wurde deren internationale räumliche Mobilität lange Zeit wenig beachtet (vgl. *King* 2002; *Koser/Salt* 1997). Es überrascht daher wenig, dass erste Studien nicht im Kontext der Migrationsforschung, sondern im Rahmen der Hochschulforschung vorgelegt wurden (siehe z.B. *Altbach* 1989; *Blumenthal et al.* 1996).

Allgemein lässt sich die internationale Migration von Wissenschaftlern als ein besonderer Fall der Wanderung Hochqualifizierter betrachten, wobei der wissenschaftliche Arbeitsmarkt in seiner Gesamtheit sowohl kleiner als auch stärker internationalisiert ist als der der Privatwirtschaft (*Ackers* 2005). Besonders stark ist in den vergangenen Jahren die internationale Mobilität von Studierenden gestiegen, was im Wesentlichen auf die zunehmende Internationalisierung der universitären Ausbildung und die veränderten politischen und institutionellen Rahmenbedingungen zurückzuführen ist (siehe z.B. *Pépin* 2007). In den vergangenen zwei Jahrzehnten hat sich sowohl die absolute Zahl als auch der Anteil an den Studierenden jeweils knapp verdreifacht (*Statistisches Bundesamt* 2009a; vgl. *BMBF* 2000; zu den methodischen Grundlagen dieser Daten siehe *Leidel* 2004; *Buchholt/Schmitz* 2006). Im Jahr 1991 hielten sich ca. 33.000 deutsche Studierende im Ausland auf, was einem Anteil von etwa 2 % entspricht. Im Jahr 2007 waren es ca. 90.000 deutsche Studierende, womit sich etwa 5,3 % aller Studierenden an deutschen Hochschulen im Ausland aufhielten. Parallel dazu stieg der Anteil der Studierenden, die während ihres Studiums einen studienbezogenen Auslandsaufenthalt durchgeführt haben, seit Beginn der Erhebung dieser Information durch die Sozialerhebung des Deutschen Studentenwerkes Mitte der 1990er Jahre bis 2003 kontinuierlich an und verblieb seitdem auf ungefähr gleichem Niveau (1994: 24 %, 1997: 27 %, 2000: 29 %, 2003: 30 % und 2006: 29 %) (vgl. *Isserstedt/Schnitzer* 2005; *Isserstedt et al.* 2007). Einen eher schwankenden Verlauf zeigt dagegen die Analyse der Zahl deutscher Nachwuchswissenschaftler im Ausland. Hierzu liegen Zahlen auf Basis von Förderstatistiken der Stipendienorganisationen vor. Danach sank seit dem Jahr 2002, in dem fast 5.500 deutsche Wissenschaftler einen von einer Förderorganisation geförderten Forschungsaufenthalt im Ausland absolvierten, deren Zahl bis zum Jahr 2004 auf ca. 4.060 Personen. In den Folgejahren stieg die Zahl deutscher Wissenschaftler im Ausland wieder bis auf ca. 5.500 im Jahr 2007 an (*DAAD* 2009). Die Gesamtzahl deutscher Wissenschaftler im Ausland wird von den Förderstatistiken der Stipendieninstitutionen jedoch erheblich unterschätzt, da bei weitem nicht alle längeren Studien- oder Forschungsaufenthalte über ein deutsches Stipendium finanziert werden. So werden Personen, die von ihren Gastinstitutionen bzw. von internationalen Förderinstitutionen gefördert werden, nicht erfasst. Um dieses Problem zu umgehen, wurden in einer früheren Studie – für die USA als wichtigstem Zielland deutscher Wissenschaftler – weitere Informationen erfasst (*Buechtemann* 2001). Anhand der Zahl von in den USA durch Deutsche abgeschlossenen Promotionen lässt sich eine Zunahme der Auswanderung deutscher Akademiker ableiten. So haben zwischen 1990 und 1998 über 2.000 Deutsche an einer amerikanischen Hochschule promoviert, diese Zahl weist seit Anfang der 1980er Jahre eine starke Aufwärtstendenz auf. Allerdings ist sie 1998 mit 228 gemessen sowohl an allen in den USA promovierenden Ausländern (1998: 8.642) als auch an allen in Deutschland bestandenen Doktorprüfungen (1998: 24.890) nach wie vor, sehr niedrig (*Buechtemann* 2001).

Ziel dieser Übersicht über den Forschungsstand war es, Erkenntnisse über das Bildungs- und Qualifikationsniveau von Aus- und Rückwanderern aus höher entwickelten Staaten im Allgemeinen und Deutschland im Besonderen und dessen zeitliche Entwicklung darzustellen. Gemeinsam sind den verschiedenen Studien die Ergebnisse hinsichtlich des Qualifikationsniveaus. Sie kommen zu dem Schluss, dass Auswanderer eine positiv selektierte Gruppe darstellen. Dies gilt sowohl im Vergleich zur Bevölkerung allgemein als auch innerhalb der Gruppe der Hochqualifizierten, in der beispielsweise international mobile Promovierende signifikant bessere Promotionsnoten aufweisen. Doch bereits bei der Frage, wie sich die Selektivität im Verlauf der Zeit entwickelt hat, liegen widersprüchliche Forschungsergebnisse vor. So hat die Anzahl und der Anteil von hochqualifizierten Deutschen in den OECD-Staaten zwar in den Jahren zwischen 1990 und 2000 zugenommen, doch bereits unter Kontrolle des Zuwanderungsalters verkehren sich diese Ergebnisse ins Gegenteil. Werden beispielsweise die USA als eines der wichtigsten Zielländer berücksichtigt, so zeigen sich im Zeitverlauf – je nach Untersuchungszeitpunkten – ebenfalls widersprüchliche Ergebnisse. Ein Vergleich zwischen den Aus- und Rückwanderern fällt aufgrund einer geringen Anzahl an Studien schwer. Die vorliegenden Ergebnisse lassen den Schluss zu, dass die Rückwanderer tendenziell ebenfalls eine positiv selektierte Gruppe sind (vgl. die Studien von *Diehl et al.* 2008; und *Prognos* 2008), es jedoch vermutlich Unterschiede zwischen verschiedenen Berufsgruppen gibt, wofür Hinweise aus der Kasseler Promoviertenstudie vorliegen.

Als Hintergründe für diese widersprüchlichen Ergebnisse lassen sich unterschiedliche Erhebungszeitpunkte und unterschiedliche Zielregionen deutscher Auswanderer anführen. Von größerer Bedeutung für die Widersprüchlichkeit sind aber die methodisch äußerst unterschiedlichen Datenquellen, die von Vergleichen zwischen Beständen an Migranten auf Basis der Zensen bis zu Auswanderungsintentionen im Rahmen von allgemeinen Bevölkerungsumfragen reichen. Methodisch stellen die Studien auf Basis von Wanderungsintentionen mit Sicherheit die differenziertesten Ergebnisse zur Verfügung. Aus theoretischen und empirischen Arbeiten zur Konzeptionalisierung von Wanderungsentscheidungen als mehrstufigem Prozess wird jedoch deutlich, wie sehr die ursprünglichen Intentionen von der Realisierung der eigentlichen Wanderung abweichen (z.B. *Kalter* 1997). Aus diesem Grund fordert *Übelmesser* (2006: 226) zu Recht, dass die Studien auf Basis von Wanderungsintentionen in einem nächsten Schritt durch quantitative Analysen auf Basis tatsächlicher Migrationsereignisse ergänzt werden müssten. In den folgenden Kapiteln wird dieser Forderung nachgekommen mit dem Ziel, belastbare Daten zur Selektivität der Aus- und Rückwanderung Deutscher und ihrer zeitlichen Entwicklung zu erhalten.

5.2 Determinanten der Aus- und Rückwanderungsentscheidung

Ausgehend von dem Forschungsstand zur Qualifikation internationaler deutscher Migranten, ist es das Ziel dieses Kapitels, den bisherigen Kenntnisstand hinsichtlich mehrerer Aspekte zu erweitern. Ein erster Punkt betrifft den Rückgriff auf Daten zum Wanderungsereignis. In der Forschungsübersicht wurde deutlich, dass die in der Regel genutzten Daten entweder auf Bestandsdaten oder Auswanderungsintentionen beruhen. Im Mittelpunkt der folgenden Analysen stehen hingegen erstmals Daten zu eigentlichen Migrationsereignissen, die zusätzlich detaillierte Informationen zu den sozio-ökonomischen Charakteristika enthalten. Ein zweiter Aspekt, der in den bisherigen Analysen fast ausnahmslos unberücksichtigt blieb, ist der Vergleich der Auswanderung mit der Rückwanderung. Sowohl die Beantwortung der Frage des ‚brain drains' – im Sinne eines dauerhaften Verlusts – als auch die der Selektivität der Migration ist ohne Angaben zur Rückwanderung unvollständig. Im Folgenden wird die Rückwanderung erstmals nicht in Form von Wanderungsabsichten, sondern als tatsächlich erfolgte Rückwanderungen analysiert. Ein letzter Punkt betrifft die geographische Erweiterung bisheriger Studien, die sich meistens auf die USA als traditionell wichtigstem Zielland deutscher Auswanderer konzentrierten. In den vergangenen Jahren hat sich Europa und insbesondere die Europäische Union zur mit Abstand wichtigsten Zielregion Deutscher entwickelt (vgl. Kapitel 4.4), weshalb die EU-14-Staaten im Mittelpunkt der folgenden Untersuchungen stehen.

Bevor in einem nächsten Schritt die dafür genutzten Daten und die Forschungskonzeption vorgestellt wird, gilt es einige theoretische Überlegungen zu zentralen Erklärungsfaktoren der internationalen Migration anzustellen. Wie bereits in Kapitel 2.3 vorgestellt, basieren die folgenden Analysen im Wesentlichen auf der ökonomischen Theorie der Migration und dem Humankapitalansatz (*Sjaastad* 1962). Zur Erklärung der Migrationsentscheidung geht das grundlegende ökonomische Modell von einer rationalen Kosten-Nutzen-Erwägung aus, wonach in erster Linie Humankapitalcharakteristika die entscheidenden Faktoren zur Erklärung der individuellen Migrationsentscheidung darstellen. Individuen berechnen in Abhängigkeit von der jeweiligen Humankapitalausstattung den Wert des erwarteten Einkommens im Heimatland und in jedem potenziellen Zielland, wobei sich eine Person für eine Wanderung entscheiden wird, wenn das erwartete Einkommen im Zielland abzüglich der Kosten der Migration größer ist als im Heimatland. Auch wurde bereits diskutiert, wie das ökonomische Modell der Migration zur Erklärung der Selektionseffekte der Auswanderung beiträgt. So zeigte *Borjas* (1987), dass die empirisch vorfindbare Selbstselektion letzten Endes von der Entlohnung des Humankapitals in Herkunfts- und

Zielland abhängig ist. Auf Basis dieser theoretischen Überlegungen lassen sich drei grundlegende Forschungshypothesen ableiten, die im Laufe dieses Kapitels überprüft werden. Danach ist zu erwarten, dass Deutsche, die sich für eine internationale Migration entscheiden (1) durchschnittlich jünger sind, da die Zeitspanne, in der sich die Migrationskosten wieder amortisieren, länger ist; (2) sie tendenziell eher keine Kinder oder sonstige familiäre Bindungen in Form von Partnerschaft und Ehepartnern haben, da dies die Kosten einer internationalen Wanderung deutlich erhöhen würde; (3) sie eine durchschnittlich höhere Bildung und ein durchschnittlich höheres Qualifikationsniveau aufweisen, da die Gewinne einer Migration mit steigendem Anforderungsprofil der Berufe erwartbar höher sind.

Während wir die Determinanten der Auswanderung bereits intensiver in Kapitel 2.3 diskutiert haben, gilt das für die Erklärungsfaktoren der Rückwanderung nicht. Daher wird im Folgenden ein kurzer Überblick über vorliegende Arbeiten zur Rückwanderung internationaler Migranten und ihrer theoretischen Bestimmungsfaktoren gegeben. Generell liegen zur Rückkehr internationaler Migranten im Vergleich zur Auswanderung deutlich weniger theoretische und empirische Arbeiten vor. So beschreibt *King* (2000: 7) Rückwanderungen als „the great unwritten chapter in the history of migration". Erst ab den späten 1960er Jahren begann die eigentliche wissenschaftliche Auseinandersetzung mit dem Phänomen der Rückkehr, da es in Folge der Rezession Anfang der 1970er Jahre zu einer Umkehrung der Wanderungsbewegungen kam – die ehemaligen Arbeitsmigranten aus den Aufnahmeländern Westeuropas und Nordamerikas kehrten zurück in ihre Herkunftsländer.

Bei der Erklärung der Rückwanderung wird einerseits darauf verwiesen, dass Rückkehr stark von den ursprünglichen Motiven der Auswanderung beeinflusst ist, weshalb Rückwanderung nicht ohne Betrachtung der ursprünglichen Auswanderung zu verstehen ist (*Ghosh* 2000: 185). Andererseits gilt Remigration als Spezialfall der Migrationsentscheidung, weshalb allgemeine Erklärungsmodelle der Migration angewendet werden können (*Haug* 2001: 243). Somit liegen parallel zu den Theorien internationaler Migration diesen vergleichbare Ansätze zur Rückwanderung vor (für einen Überblick siehe *Cassarino* 2004; darauf aufbauend *Currle* 2006). Analog zur Erklärung der Auswanderung entlang des Humankapitalansatzes ist zu erwarten, dass die Rückwanderungsentscheidung stark vom Alter, dem Familienstand und dem Bildungs- sowie Qualifikationsniveau beeinflusst wird. Insbesondere hinsichtlich des Bildungs- und Qualifikationsniveaus gab es gerade im amerikanischen Kontext eine intensive Debatte, da sich hier zahlreiche widersprüchliche Forschungsergebnisse fanden. Während beispielsweise *Chiswick* (1986) keine spezielle Selektivität in Bezug auf Bildung nachweisen konnte, kommen *Jasso* und *Rosenzweig*

(1988) zu dem Ergebnis, dass qualifizierte Migranten die höchste Wahrscheinlichkeit der Rückkehr aufweisen. *Lindstrom* und *Massey* (1994) registrieren
hingegen für mexikanische Rückkehrer aus den USA sowie *Borjas* (1989) für
rückkehrende Natur- und Sozialwissenschaftler sowie Ingenieure eine negative
Selektivität der Rückkehrer in Bezug auf Humankapital und Entlohnung. In dem
Versuch, diese unterschiedlichen empirischen Befunde in einem gemeinsamen
theoretischen Rahmen zu interpretieren, argumentierten *Borjas* und *Bratsberg*
(1996), dass Rückkehrmigration die ursprüngliche Selektion der Wandernden
verstärkt. War der ursprüngliche Migrationsstrom positiv selektiert und steigt
das erwartete Einkommen im Herkunftsland, dann werden sich diejenigen für
eine Rückkehr entscheiden, die an der unteren Skala der Einkommensverteilung
stehen. In diesem Fall sind die Rückkehrenden als die „Schlechtesten der
Besten" charakterisiert. Waren die Rückflüsse für Humankapital im Herkunftsland höher als im potenziellen Zielland, dann verbleiben hochqualifizierte
Personen in ihrer Heimat. Die ursprüngliche Selektion der Migranten war daher
negativ. Verändern sich die Bedingungen im Herkunftsland dann werden die
„Besten der Schlechtesten" wieder zurückkehren.

  Studien zur Rückwanderung im Kontext Deutschlands beziehen sich fast
ausnahmslos auf die Rückkehr der ausländischen Bevölkerung aus Deutschland
in ihre Herkunftsländer (siehe für einen Überblick *Dustmann* 1996;
Diehl/Preisendörfer 2007; *Pagenstecher* 1996; *Constant/Massey* 2002; *Jankowitsch et al.* 2000; *Haug* 2001). Wie bereits im vorherigen Unterkapitel deutlich
wurde, liegen zur Rückwanderung Deutscher aus dem Ausland hingegen kaum
wissenschaftliche Erkenntnisse vor (siehe auch Kapitel 7.1). Ziel des folgenden
Kapitels wird es sein, eine Datengrundlage und Forschungskonzeption vorzustellen, auf deren Grundlage die Aus- und Rückwanderung von Deutschen
innerhalb eines vergleichbaren Untersuchungsdesigns analysiert werden kann.

5.3 Forschungskonzeption und Datengrundlage

Als Datengrundlage für die Analysen wurde der European Union Labour Force
Survey (EULFS) gewählt, die zwischenzeitlich in 32 europäischen Staaten
durchgeführte Arbeitskräfteerhebung. Der EULFS hat sich seit den 1960er
Jahren, zuerst in den Mitgliedstaaten der Europäischen Union und später auch in
weiteren europäischen Staaten, als Stichprobenbefragung von Privathaushalten
entwickelt. Erfragt werden zentrale demographische, soziale und wirtschaftliche
Merkmale für Erwerbstätige, Arbeitslose und Nicht-Erwerbspersonen im Alter
von 15 Jahren und älter. Aus den ursprünglich sehr heterogenen nationalen
Befragungen hat sich insbesondere seit Beginn der 1980er Jahre ein zunehmend

vereinheitlichtes Erhebungsinstrument entwickelt, mit dem im Jahr 2006 Informationen über 1,809 Mio. Personen erfasst wurden (vgl. *Eurostat* 2003; *European Commission* 2008). Ursprünglich diente der EULFS der Erfassung der Entwicklungen auf den nationalen Arbeitsmärkten. Das zunehmend umfangreichere Fragenprogramm umfasst seit den 1990er Jahren durch die verpflichtende Einführung von zwei zusätzlichen Fragen auch detaillierte Informationen für Migrationsstudien. Die erste Frage wurde bereits 1992 eingeführt und erfasst die Aufenthaltsdauer von Ausländern im jeweiligen Mitgliedstaat. Die zweite Frage wurde im Jahr 1996 verbindlich implementiert und enthält Angaben zum Wohnort der befragten Person zwölf Monate vor der aktuellen Befragung. In beiden Fällen wird internationale Migration retrospektiv erfasst: So lassen sich bei der ersten Frage beispielsweise internationale Migranten identifizieren, die innerhalb der vergangenen fünf Jahre in das entsprechende Zielland zugewandert sind. Bei der zweiten Frage hingegen werden alle internationalen Migranten erfasst, die angeben, noch zwölf Monate zuvor ihren Wohnsitz im Ausland gehabt zu haben. Beide Fragen sind klassische Konzeptionalisierungen von räumlicher Mobilität, wie sie in einer Vielzahl anderer Bevölkerungsumfragen und Zensen gleichfalls umgesetzt werden (vgl. *Ellis/Wright* 1998).

Grundlage der Analysen im Rahmen dieses Kapitels stellt die Konzeptionalisierung internationaler Migration im Sinne der zweiten Frage – dem Wohnsitz zwölf Monate zuvor – dar. Während die Frage zur Aufenthaltsdauer nur Personen mit ausländischer Staatsangehörigkeit gestellt wird und somit nur zur Analyse der Auswanderung geeignet ist, ermöglicht die an alle Befragten gestellte Frage nach dem Wohnsitz zwölf Monate zuvor auch die Erfassung der Rückwanderung. Die Abbildung 5.1 zeigt schematisch, wie mit Hilfe dieser Frage im Rahmen des EULFS die Auswanderung Deutscher in die europäischen Mitgliedstaaten wie auch umgekehrt die Rückwanderung von Deutschen aus Europa zurück nach Deutschland erfasst werden kann. Neben diesen beiden Migrantengruppen sind im EULFS weiterhin zwei Referenzgruppen erfassbar, nämlich sowohl die international nicht mobilen, in Deutschland wohnenden Deutschen als auch deutsche Staatsbürger, die längerfristig im europäischen Ausland leben. Innerhalb der Abbildung stellt der große Kasten auf der linken Seite die deutsche, international nicht mobile Wohnbevölkerung in Deutschland dar. Sie ist definiert als deutsche Staatsbürger, die bereits zwölf Monate vor der Befragung in Deutschland lebten. Weiterhin ist es mittlerweile üblich, mittels des EULFS auch die ausländische Wohnbevölkerung zu analysieren. Dies ist in den drei Kästchen auf der rechten Seite der Abbildung dargestellt, wobei hier in den europäischen Mitgliedstaaten jeweils die Wohnbevölkerung mit deutscher Staatsbürgerschaft interessiert, die angibt, bereits zwölf Monate zuvor im jeweiligen Land gelebt zu haben. Für solche Analysen der Wohnbevölkerung

wie auch des Bestandes von bestimmten Migrantengruppen stellt der EULFS bereits traditionell eine gute Datengrundlage für europäische Vergleiche dar. Für Studien zur Analyse räumlicher Mobilität – wie sie in der Abbildung durch die Pfeile symbolisiert werden – gilt das weitaus weniger. Werden zuerst die Pfeile von links nach rechts betrachtet – von Deutschland zu einem der europäischen Mitgliedstaaten – so lässt sich die Gruppe der ausgewanderten Deutschen definieren als in einem der europäischen Mitgliedstaaten befragte Personen, die angeben, zwölf Monate zuvor noch in Deutschland gelebt zu haben und die deutsche Staatsangehörigkeit zu besitzen. Ähnlich verhält es sich mit den deutschen Rückwanderern – den Pfeilen von rechts nach links. Diese lassen sich anhand derselben Frage identifizieren und zwar als in Deutschland befragte deutsche Staatsbürger, die angeben, zwölf Monate zuvor noch in einem der europäischen Nachbarstaaten gelebt zu haben.

In den vergangenen Jahren wurde der EULFS vermehrt als Datenquelle für vergleichende Untersuchungen von Migrantenbevölkerungen in europäischen Staaten genutzt, wobei häufig der Fokus auf ausländischen Arbeitnehmern im Allgemeinen lag (*Eurostat* 2006; *Kiehl/Werner* 1998; *Werner/König* 2001). Erst in den letzten Jahren wurde der EULFS als Datenquelle zur Analyse intraeuropäischer Migration entdeckt. So liegen mittlerweile Untersuchungen zur innereuropäischen Migration von Briten (*Rendall et al.* 2003) und von Italienern (*Becker et al.* 2004) vor. Auch zum Bestand von deutschen Migranten in Europa existieren mittlerweile vergleichbare Untersuchungen von *Mytzek* und *Brzinsky* (2004), die für die Jahre 1992 bis 2000 die Qualifikation von Deutschen im europäischen Ausland analysiert haben. Diese Studien basieren jedoch auf dem Bestand bestimmter Migrantengruppen, weshalb zum aktuellen Migrationsgeschehen auf dieser Grundlage nur in äußerst begrenztem Umfang Aussagen getroffen werden können. Bezieht man hingegen die Frage nach dem Wohnsitz vor zwölf Monaten mit ein, existiert eine gute Operationalisierung für die Analyse von Migrationsereignissen. Die Verwendung dieser Datengrundlage wie auch der hier präsentierten Forschungskonzeption steht in der europäischen Migrationsforschung aber noch ganz am Anfang (siehe *Diehl/Grobecker* 2006; *Schündeln* 2007).

Abbildung 5.1: Konzeptionelle Darstellung zur vergleichenden Untersuchung
von Aus- und Rückwanderungen Deutscher innerhalb des
europäischen Migrationssystems

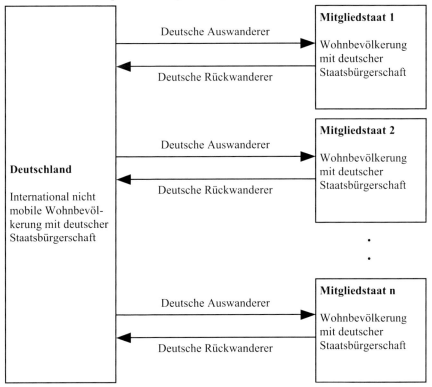

Quelle: eigene Darstellung.

Für die internationale Migration Deutscher innerhalb des europäischen Migrationssystems steht mit dem EULFS somit eine gute Datengrundlage zur Verfügung, die bisher kaum in der Migrationsforschung Verwendung gefunden hat. Trotz des hohen Grades an Vergleichbarkeit innerhalb der nationalen Arbeitskräfteerhebungen, existieren einige Besonderheiten, die es bei der Analyse und Interpretation der Daten zu beachten gilt. (1) Ein Aspekt betrifft die retrospektive Erfassung von Migrationsereignissen, die im Vergleich zu administrativen Datengrundlagen wie der Wanderungsstatistik zu Abweichungen führen. Während die deutsche Wanderungsstatistik auf der Grundlage der kommunalen Einwohnermeldeämter Migration direkt zum Zeitpunkt ihres Entstehens erfasst, kann es im Fall der retrospektiven Datenerfassung durch Erinnerungsfehler zu Ungenauigkeiten kommen. Weiterhin sind Selektionseffekte durch besonders kurzfristige Auslandsaufenthalte zu erwarten. Danach sind Auslandsaufenthalte mit einer Dauer von unter zwölf Monaten untererfasst, da diese Personen eine höhere Wahrscheinlichkeit haben, zum Zeitpunkt der Befragung entweder wieder rückgewandert zu sein oder der Auslandsaufenthalt lag genau zwischen diesen beiden relevanten Zeitpunkten. (2) Ein weiterer Aspekt hängt ebenfalls eng mit der retrospektiven Erfassung der Migration zusammen. Insbesondere die Angaben zur Beschäftigung beziehen sich ausschließlich auf die aktuelle Situation und lassen keine direkten Aussagen über die Beschäftigung in Deutschland vor der Auswanderung bzw. in einem der EU-Staaten vor der Rückwanderung zu.[4] (3) Ein dritter Aspekt bezieht sich auf die Häufigkeit internationaler Migration. Selbst in umfangreichen internationalen Stichproben wie dem EULFS ist internationale räumliche Mobilität ein äußerst seltenes Ereignis, weshalb es schnell zu Fallzahlproblemen kommt. Dieses Problem wird zumindest in einer Reihe von Mitgliedstaaten durch die Rotationsverfahren der Stichprobenziehungen weiter verschärft. In einigen Ländern kann es zudem aufgrund der Freiwilligkeit der Fragen zu vergleichsweise hohen Antwortausfällen kommen (vgl. *Martí/Ródenas* 2007). Um dieses Problem der kleinen Fallzahlen zumindest teilweise zu umgehen, wurden alle Analysen für den gesamten Zeitraum durchgeführt. (4) Ein letzter Aspekt betrifft die Datenverfügbarkeit, da nicht in allen Ländern und zu allen Zeitpunkten Informationen zum Wohnort vor zwölf Monaten erfasst wurden. Dies betrifft sämtliche neuen Mitgliedstaaten der EU-12, die erst im Jahr 2004 bzw. 2007 der Union beigetreten sind, aber auch für einige der älteren Mitgliedstaaten der EU-15 fehlen Daten zu bestimmten Erhebungszeitpunkten. Tabelle 5.1 gibt einen detaillierten Überblick über die Verfügbarkeit von Informationen zum Wohnort zwölf Monate vor der Befragung sowie zur Staatsangehörigkeit der Befragten. In die weiteren Analysen wurden nur die zwölf Staaten einbezogen, zu denen aus den möglichen elf Erhebungszeitpunkten zwischen 1996 und 2006. Daten aus mindestens der Hälfte der jährlichen Befragungen vorliegen. Für die weiteren Analysen bezieht sich die Abkürzung EU-11 somit auf folgende Mitgliedstaaten: Belgien, Dänemark, Finnland, Frankreich, Griechenland, Luxemburg, Österreich, Portugal, Schweden, Spanien und Großbritannien.

---

4   Der EULFS erhebt ebenfalls Angaben zur Erwerbstätigkeit zwölf Monate vor der aktuellen Befragung. Aufgrund des bisherigen Zugangs zu den Daten des EULFS konnten diese Angaben im Rahmen dieses Projektes noch nicht berücksichtigt werden.

Tabelle 5.1: Verfügbarkeit von Angaben zum Wohnort zwölf Monate zuvor und zur Staatsangehörigkeit im EULFS, nach Mitgliedstaaten, 1996-2006

	96	97	98	99	00	01	02	03	04	05	06	Ges.
BE	x	x	x	x			x	x	x	x	x	9
DK	x	x	x	x	x	x	x					7
DE	x	x	x	x	x	x	x	x	x	x	x	11
FI	x	x	x	x	x	x	x	x	x	x	x	11
FR	x	x	x	x	x	x	x				x	8
GR	x	x	x	x	x	x	x	x	x	x	x	11
IE												0
IT										x	x	2
LU	x	x	x		x	x	x	x	x	x	x	10
NL			x								x	2
AT	x	x	x	x	x	x	x	x	x	x	x	11
PT				x	x	x	x	x	x	x		7
SE		x	x	x	x	x	x					6
ES	x	x	x	x	x	x	x	x	x	x	x	11
GB	x	x	x	x	x	x	x	x	x	x	x	11

Quelle: European Union Labour Force Survey; eigene Berechnungen.

Die zuvor diskutierten Einschränkungen lassen eine Untererfassung internationaler Migration durch den EULFS erwarten, die sich in einer vertiefenden Analyse der deutschen Teilstudie bestätigte. Allerdings zeigte die Studie eine zwischen EULFS und Wanderungsstatistik weitgehende Übereinstimmung hinsichtlich der Struktur und damit der Selektivität von Wanderungen (*Ette et al.* 2008). Insgesamt kann der EULFS somit als eine einmalige vergleichbare Datengrundlage zum Wanderungsverhalten Deutscher innerhalb der Europäischen Union angesehen werden. Er stellt für die vergangenen fünfzehn Jahre weitgehend vergleichbare Informationen zur wichtigsten Zielregion deutscher Auswanderer zur Verfügung. Insbesondere drei Vorteile des EULFS gegenüber anderen Surveys sollen hier nochmals betont werden:

1. Der EULFS ist vergleichsweise gut geeignet, auch kurzfristigere Migrationsprozesse zu erfassen, die in den bisherigen administrativen Datenquellen nur ungenügend registriert werden. So argumentiert *King* (2002: 101), dass „many of the new forms of migration/mobility [...] are inadequately captured by statistics, if at all". Gerade temporäre Auslandsaufenthalte füh-

ren in vielen Fällen nicht zur Abmeldung aus den Melderegistern und werden daher auch nicht als internationale Migration ausgewiesen. Mit der Frage nach dem Wohnort vor zwölf Monaten werden zwar sehr kurzfristige Auslandsaufenthalte tendenziell unterschätzt. Es bestehen aber keine melderechtlichen Einschränkungen oder Definitionen, die solche Formen internationaler Mobilität bereits konzeptionell aus der Erfassung im Rahmen des EULFS ausschließen würden, wie bei administrativen Datenquellen regelmäßig geschieht.

2. Ein weiterer Vorteil des EULFS betrifft die methodisch vergleichbare Erfassung der Aus- und Rückwanderer im Rahmen der gleichen Erhebung. Damit können sowohl die durch die Rückwanderung bedingten Selektionseffekte als auch die wesentlichen Determinanten beider Wanderungsentscheidungen analysiert werden.

3. Ein letzter Aspekt bezieht sich auf den Surveycharakter des EULFS. Auch wenn dieser Teil der amtlichen Statistik ist, erfasst er eine im Vergleich mit Zensen und melderechtlichen Systemen hohe Zahl möglicher Kovariaten. Insbesondere erlaubt dieser Datensatz eine differenzierte Analyse der sozio-ökonomischen Bedingungen der Auswanderung aus Deutschland. Neben der Analyse des Bildungsniveaus lassen sich auf Basis des EULFS auch Aussagen zur Berufsqualifikation auf Basis von Angaben zum ausgeübten Beruf und dem Wirtschaftszweig sowie möglichen weiteren Bestimmungsfaktoren von Migration treffen. Dies ist ein deutlicher Fortschritt im Vergleich zu einem Großteil der Studien zu sozio-ökonomischen Bedingungen internationaler Migration. So hat sich in aktuellen Studien zur Auswanderung und zum ‚brain drain' in den vergangenen Jahren der formal höchste abgeschlossene Bildungsabschluss als meist einziger Indikator für die Analyse des Qualifikationsniveaus von Migranten durchgesetzt. Ein tertiärer Bildungsabschluss gilt hier in der Regel als einziges Merkmal hochqualifizierter Migranten. Für die Industriestaaten ist dieser Indikator aber zu undifferenziert, da hier etwa ein Drittel der Erwerbsbevölkerung einen solchen Abschluss vorweist. Ein weiteres Problem der Konzentration auf das Bildungsniveau besteht darin, dass solch generelle Auswanderungsraten die Unterschiede zwischen Wirtschaftszweigen und Berufen nicht erfassen. Auswanderung scheint häufig in vergleichsweise kleinen Bereichen des Arbeitsmarktes zu einem potenziellen Mangel an Fachkräften zu führen, die auf der Grundlage solch allgemeiner Maßzahlen nicht erfasst werden können (vgl. *Docquier/Rapoport* 2009: 3). In den folgenden Analysen wird daher einerseits das Bildungsniveau in Form der International Standard Classification of Education (ISCED) berücksichtigt, wobei eine hohe Bildung den ISCED Levels 5 und 6 und damit mindestens einem Fach-

hochschul- bzw. Hochschulabschluss entspricht während ein mittleres Bildungsniveau gleichbedeutend ist mit ISCED 3 und 4 (*UNESCO* 1997). Zusätzlich wird bei den Erwerbstätigen die Berufsqualifikation gemäß der jeweiligen Komplexität der Aufgaben und Pflichten einer Tätigkeit durch die International Standard Classification of Occupations (ISCO) erfasst. Hier sind es meist die beiden ersten Berufshauptgruppen – die „Angehörigen gesetzgebender Körperschaften, leitende Verwaltungsbedienstete und Führungskräfte in der Privatwirtschaft" sowie „Wissenschaftler" – die im Folgenden als Hochqualifizierte bezeichnet werden (*ILO* 1990). Abschließend werden auch die Wirtschaftszweige auf Basis der Nomenclature statistique des activités économiques dans la Communauté européenne (NACE) berücksichtigt, wobei hier ein besonderer Schwerpunkt auf dem Abschnitt K liegt, der unter anderem mit dem Bereich „Forschung und Entwicklung" einen großen Teil wissensintensiver Tätigkeiten umfasst (siehe hierzu auch *Auriol/Sexton* 2001 sowie die Ausführungen in Kapitel 6).

Ausgehend von diesen theoretischen und konzeptionellen Überlegungen werden sich die folgenden empirischen Analysen in einem ersten Schritt sowohl auf die Beschreibung der Selektivität deutscher Auswanderer im Vergleich zur deutschen Wohnbevölkerung als auch auf den Vergleich der deutschen Rückwanderer im Vergleich zum Bestand an Deutschen in den Mitgliedstaaten der Europäischen Union für den Zeitraum 1996 bis 2006 konzentrieren (Kapitel 5.4). In einem zweiten Schritt (Kapitel 5.5) steht dann die multivariate Analyse der Auswanderungs- bzw. Rückwanderungsentscheidung entlang der zentralen theoretischen Faktoren zur Erklärung der Migrationsentscheidung im Mittelpunkt.

5.4 Selektivität international mobiler Deutscher

Ausgehend vom Forschungsstand zum Qualifikationsniveau deutscher Aus- und Rückwanderer sowie den theoretischen und methodischen Überlegungen der vorherigen Abschnitte, ist es das Ziel, die Selektivität der international mobilen Deutschen im Folgenden empirisch zu analysieren. Sind die Deutschen, die in den vergangenen Jahren ins europäische Ausland verzogen sind, eine hinsichtlich ihres Bildungsniveaus und ihrer Berufsqualifikation positiv selektierte Gruppe? In welchen Wirtschaftszweigen sind deutsche Auswanderer besonders häufig berufstätig? Analoge Fragen stellen sich für die Rückwanderung: Welche Deutschen bleiben tendenziell langfristig oder sogar für immer im europäischen Ausland und wer kommt wieder zurück nach Deutschland? Lassen sich hier signifikante Unterschiede bei Bildung, Qualifikation und Wirtschaftszweigen zwischen den Aus- und Rückwanderern feststellen? Verstärkt die Rückwanderung die ursprüngliche Selektivität oder wird sie dadurch eher abgeschwächt? Auf Basis dieser Fragen wird im Folgenden die Gruppe der erwerbstätigen Personen im Alter zwischen 25 und 64 Jahren näher untersucht. Die Analyse konzentriert sich in einem ersten Schritt auf die Deutschen, die zwischen 1996 und 2006 in einen der elf europäischen Mitgliedstaaten ausgewandert sind. In einem zweiten Schritt stehen die Rückwanderer im Mittelpunkt, d.h. die Deutschen, die während der gleichen Zeitspanne aus einem dieser elf Staaten zurück nach Deutschland gewandert sind.

Nach den Daten der Wanderungsstatistik sind während des gesamten Zeitraums 219.000 Deutsche im Alter von 25-64 Jahren aus Deutschland in einen der genannten elf Nachbarstaaten ausgewandert. Umgekehrt sind während des gleichen Zeitraums 171.000 Deutsche in der gleichen Altersgruppe aus diesen EU-11 Staaten zurück nach Deutschland migriert, was einem negativen Wanderungssaldo von insgesamt -48.000 Personen während dieses Jahrzehnts entspricht.[5] Das Problem der Untererfassung von Migration durch den EULFS wurde bereits zuvor diskutiert. Die auf dieser Basis hochgerechneten Zahlen liegen erwartungsgemäß deutlich unter den Angaben aus der Wanderungsstatistik und umfassen 74.000 Auswanderer und 87.000 Rückwanderer.[6] Wie bereits diskutiert, ist der EULFS damit kaum zur exakten Schätzung des Wanderungsvolumens geeignet. Mit der Erfassung etwa eines Drittels aller Auswanderer und der Hälfte aller Rückwanderer liegt aber eine Datenquelle vor, auf deren Grundlage die Selektivität der internationalen Migration Deutscher hinreichend genau untersucht werden kann.

---

[5]   Die Wanderungsstatistik weist erst seit dem Jahr 2003 Informationen zum Alter der Wandernden differenziert nach Herkunfts- bzw. Zielländern aus. Die altersspezifischen Angaben zu Fort- und Zuzügen aus der Wanderungsstatistik wurden daher auf Basis der Ergebnisse der Jahre 2003 bis 2006 und unter Annahme einer gleichbleibenden Altersstruktur berechnet. Danach waren während dieser vier Jahre 64,7 % der Auswanderer im Alter zwischen 25 und 64 Jahren und 63,4 % der Rückwanderer hatten das gleiche Alter. Diese Werte wurden zur Hochrechnung für die gesamten elf Jahre genutzt. Weiterhin wurde für den Vergleich der beiden Datenquellen berücksichtigt, dass innerhalb des EULFS nicht für alle Zeitpunkte Daten vorliegen. Diese Zeitpunkte wurden auch bei der Berechnung der Wanderungen auf Basis der Wanderungsstatistik nicht berücksichtigt.

[6]   Die Schätzung der Zahl der Auswanderer liegt beim EULFS niedriger als die Zahl der Rückwanderer, während dies bei der Wanderungsstatistik umgekehrt ist. Hauptgrund dafür ist die Erfassung der Rückwanderer zu allen elf Zeitpunkten durch die deutsche Studie des EULFS, während in den Zielländern deutscher Auswanderer einzelne Zeitpunkte fehlen (vgl. Tabelle 5.1).

5.4.1 Selektivität deutscher Auswanderer

In einem ersten Schritt wird das Bildungsniveau der deutschen Auswanderer mit dem der international nicht mobilen deutschen Wohnbevölkerung in Deutschland verglichen. Wie im Forschungsstand beschrieben, liegen hierzu bereits eine Reihe von Veröffentlichungen auf Basis anderer Datenquellen vor, die alle zu dem Schluss eines durchschnittlich höheren formalen Bildungsabschlusses der Auswanderer kommen. Daher überrascht es nicht, dass auch auf Basis des EULFS die deutschen Auswanderer hinsichtlich der Bildung eine deutlich positiv selektierte Gruppe darstellen. Während unter den 25- bis 64-jährigen erwerbstätigen deutschen Auswanderern mit 49 % fast die Hälfte einen tertiären Bildungsabschluss in Form einer Hochschulbildung vorweisen, ist dies mit 29 % unter der deutschen Wohnbevölkerung nur etwa jeder Dritte bis Vierte (vgl. Tabelle 5.2, Spalte 1 und 2).

Auch die Verteilung deutscher Auswanderer auf die verschiedenen Wirtschaftszweige zeigt ein in der Tendenz vergleichbares Bild. Während in den Medien zwischenzeitlich nicht nur über die Bedeutung der Auswanderung für hochqualifizierte Personen berichtet wird, sondern zunehmend auch auf die Relevanz der Auswanderung für Wirtschaftssektoren hingewiesen wird, in denen überwiegend geringer qualifizierte Personen beschäftigt sind (z.B. Bau- und Gastgewerbe), lassen sich diese Vorstellungen auf Grundlage des EULFS nur bedingt bestätigen. Danach arbeitet mit nur 1 % ein äußerst geringer Anteil der deutschen Auswanderer im ‚Baugewerbe (NACE F)' während es in der deutschen Vergleichsgruppe immerhin 8 % sind. Für das ‚Beherbergungs- und Gaststättengewerbe (NACE H)' zeigt sich ein solcher Zusammenhang schon eher: Hier ist der Anteil mit 6 % unter den Auswanderern immerhin dreimal so hoch wie unter der nicht mobilen Bevölkerung in Deutschland. Insgesamt setzt sich das hohe Bildungsniveau aber weitgehend bei den Wirtschaftszweigen fort. Im Bereich ‚Forschung und Entwicklung (NACE K)', in dem besonders viele Personen wissensintensive Dienstleistungen erbringen, sind mit 17 % der Auswanderer mehr als doppelt so viele beschäftigt wie unter der nicht mobilen Vergleichsgruppe. Weiterhin ist bemerkenswert, dass im Bereich des ‚Verarbeitenden Gewerbes (NACE D)' sowohl unter der deutschen Wohnbevölkerung mit 23 % als auch unter den Auswanderern mit 20 % die jeweils größte Gruppe in diesem Wirtschaftszweig tätig ist. Die Industrie stellt daher, zumindest gemessen am Umfang, den wichtigsten Motor der Auswanderung deutscher Beschäftigter dar.

Tabelle 5.2: Bildungsniveau, Berufsqualifikation und Wirtschaftszweige Deutscher nach Migrationsstatus, 1996-2006, in Prozent [25-64 Jahre, erwerbstätig]

		Nicht Mobile	Aus- wanderer	EU-11	Rück- wanderer
Bildung (ISCED)	Hoch (5/6)	29	49	46	53
	Mittel (3/4)	61	43	41	42
	Niedrig (0-2)	10	9	13	5
Berufsqualifikation (ISCO)	Führungskräfte (1)	6	17	16	7
	Wissenschaftler (2)	15	36	26	35
	Techniker (3)	22	19	17	18
	Bürokräfte (4)	13	9	11	13
	Dienstleistungsberufe (5)	11	8	11	13
	Fachkräfte Landwirtschaft (6)	2	2	1	1
	Handwerksberufe (7)	16	2	7	9
	Maschinenbediener (8)	7	4	4	1
	Hilfsarbeitskräfte (9)	7	1	6	2
	Soldaten (0)	0	2	0	1
Wirtschaftszweige (NACE)	Verarbeitendes Gewerbe (D)	23	20	18	22
	Handel (G)	14	15	12	10
	Gesundheitswesen (N)	10	14	10	6
	Öffentliche Verwaltung (L)	9	2	3	7
	Forschung und Entwicklung (K)	8	17	16	19
	Baugewerbe (F)	8	1	4	4
	Erziehung und Unterricht (M)	6	6	9	8
	Verkehr (I)	6	6	6	4
	Sonst. Dienstleistungen (O)	5	6	6	7
	Versicherungsgewerbe (J)	4	3	4	4
	Landwirtschaft etc. (A/B/C)	3	2	2	2
	Gastgewerbe (H)	2	6	7	6
	Sonst. Wirtschaftszweige (E/P/Q)	1	4	3	0

Quelle: European Union Labour Force Survey; eigene Berechnungen.

Die Differenzierung deutscher Auswanderer nach den Wirtschaftssektoren vermittelt in erster Linie Informationen über die internationale Verflechtung einzelner Wirtschaftszweige.[7] Die ISCO-Klassifikation verschiedener Berufsgruppen bietet hingegen, wie zuvor bereits das Bildungsniveau, einen besseren Einblick in das Qualifikationsniveau deutscher Auswanderer. Hier finden sich die bisherigen Ergebnisse weitgehend bestätigt: Am auffälligsten ist der weit überproportionale Anteil der beiden, hinsichtlich der Komplexität der Aufgaben und Pflichten in der Berufshierarchie am höchsten stehenden Berufsgruppen – den ‚Führungskräften (ISCO 1)' und den ‚Wissenschaftlern (ISCO 2)'. Deutlich über 50 % der in die EU auswandernden Deutschen sind in einer dieser beiden Berufsqualifikationsgruppen beschäftigt. Im Vergleich dazu liegt der Anteil in der deutschen Wohnbevölkerung bei etwa einem Fünftel. Umgekehrt sind bei den Auswanderern sowohl die ‚Handwerksberufe (ISCO 7)' als auch die am unteren Ende der Berufshierarchie stehenden ‚Hilfsarbeitskräfte (ISCO 9)' deutlich unterproportional vertreten. Abschließend sei noch auf die Gruppe der ‚Anlagen- und Maschinenbediener (ISCO 8)' hingewiesen: Hier zeigt sich ein etwas ausgewogeneres Verhältnis, das vermutlich auf die steigende Bedeutung unternehmensinterner internationaler Mobilität von Facharbeitern zurückzuführen ist. Zusammenfassend lässt sich festhalten, dass die deutschen Auswanderer eine deutlich positiv selektierte Gruppe darstellen. Dies gilt insbesondere für das Bildungsniveau und die Berufsqualifikationen, zeigt sich aber tendenziell auch bei einer Differenzierung nach Wirtschaftszweigen.

5.4.2 Selektivität deutscher Rückwanderer

Nach der Selektivität der in die EU-11 auswandernden Deutschen steht im Mittelpunkt des folgenden Abschnitts die Selektivität der aus den EU-11-Staaten rückwandernden Deutschen. Sowohl der Umfang der Rückwanderung als auch das Qualifikationsniveau dieser Gruppe ist von grundlegender Bedeutung für die Beantwortung der Frage nach einem ‚brain drain' aus Deutschland. Dennoch liegen hierzu, mit Ausnahme einiger weniger Angaben aus Studien zu Rückwanderungsabsichten oder zur geplanten Dauer des Auslandsaufenthaltes, bisher keinerlei belastbaren Informationen vor.

Zur Bewertung des Qualifikationsniveaus der Rückwanderer werden sowohl Angaben über die nicht mobile deutsche Wohnbevölkerung als auch über

---

[7] Die Angaben zu den Wirtschaftszweigen liegen in den hier genutzten EULFS Daten nur als 1-stelliger Buchstabencode vor. Prinzipiell ist die Zuweisung einzelner NACE-Klassen zu bestimmten Qualifikationsniveaus möglich, was hier aufgrund der geringen Fallzahlen aber nicht weiter verfolgt wurde (siehe hierzu aber Kapitel 6).

die seit mehr als einem Jahr in der EU-11 lebenden Deutschen herangezogen. Vergleichbar mit den bisherigen Ergebnissen zur Auswanderung zeigt sich sowohl bei den längerfristig im europäischen Ausland lebenden Deutschen als auch bei den Rückwanderern ein außerordentlich hohes Bildungsniveau. So weisen 46 % der im EU-Ausland lebenden Deutschen und mit 53 % sogar mehr als jeder zweite der Rückwanderer einen Hochschulabschluss auf (vgl. Tabelle 5.2, Spalte 3 und 4). Auch die Rückwanderer sind angesichts ihres Bildungsniveaus eine deutlich positiv selektierte Gruppe. Angesichts dieses Ergebnisses eines hohen Bildungsniveaus bei Aus- und Rückwanderern lässt sich vermuten, dass es gerade die Hochqualifizierten sind, die zwar tendenziell häufiger, aber dafür auch nur zeitlich befristet für einen Auslandsaufenthalt votieren. Dieses Ergebnis einer ,brain circulation' stimmt auch mit Befunden von Neuzuwandererbefragungen überein, die bei steigendem Qualifikationsniveau der Migranten eine abnehmende Bleibeabsicht dokumentieren (vgl. *Diehl/Preisendörfer* 2007; *Massey/Redstone Akresh* 2006: 962f.).

Auch bei Betrachtung der Wirtschaftssektoren, in denen die Rückwanderer beschäftigt sind, zeigen sich ähnliche Resultate. Mit 18 % der im EU-Ausland lebenden Deutschen und 22 % der Rückwanderer ist der jeweils größte Anteil im Bereich des ,Verarbeitenden Gewerbes' tätig. Der zweitwichtigste Wirtschaftssektor ist auch hier wieder der Bereich der ,Forschung und Entwicklung', in dem 19 % der Rückwanderer und 16 % der im EU-Ausland lebenden Deutschen beschäftigt ist. Auffallend sind die Ergebnisse für zwei weitere Wirtschaftszweige: Im Gesundheitswesen tätige Personen weisen mit 6 % einen deutlich geringeren Anteil unter den Rückwanderern als mit 10 % unter den im EU-Ausland lebenden Deutschen auf. Während der Jahre 1996 bis 2006 sind somit weitaus mehr in diesem Bereich Beschäftigte ausgewandert als im gleichen Zeitraum zurückkehrten. Ein umgekehrter Zusammenhang zeigt sich in der öffentlichen Verwaltung. In diesem Wirtschaftszweig sind nur 3 % der in der EU-11 lebenden Deutschen beschäftigt, während 7 % der Rückwanderer diesem Bereich angehören. Da die Staatsbürgerschaft meist noch ein wichtiges Einstellungskriterium für die öffentliche Verwaltung darstellt, scheint sich hier eine Schwäche der Erhebungsmethodik des EULFS zu zeigen. Wie bereits zuvor diskutiert, beziehen sich die Angaben zur Beschäftigung der Rückwanderer auf die aktuelle Beschäftigung. Es bleibt zu vermuten, dass die nach ihrer Rückkehr nach Deutschland in der öffentlichen Verwaltung beschäftigten Personen während ihres Aufenthaltes in den EU-Staaten in anderen Wirtschaftssektoren beschäftigt waren.

Die bisherigen Ergebnisse zum Bildungsniveau und den Wirtschaftszweigen lassen für die Gruppe der Hochqualifizierten den Schluss zu, dass hier eher von einer ,brain circulation' als von einem ,brain drain' zu sprechen ist. Dieses

Ergebnis gilt es angesichts des Qualifikationsniveaus der ausgeübten Berufe weiter zu differenzieren. Im vorherigen Unterkapitel wurde deutlich, dass die ‚Führungskräfte' zusammen mit den ‚Wissenschaftlern' über 50 % der deutschen Auswanderer stellen. Dieses Ergebnis spiegelt sich in der Struktur der Berufsqualifikation unter den im EU-Ausland lebenden Deutschen wider. Hier sind es immerhin noch 42 %, die einer dieser beiden Gruppen angehören. Während jedoch beide Gruppen eine hohe Wahrscheinlichkeit der Auswanderung aus Deutschland aufweisen, zeigen sich deutliche Unterschiede zwischen beiden Gruppen hinsichtlich des Rückwanderungsverhaltens. Bei den Wissenschaftlern ist der Anteil der Rückwanderer mit 35 % im Vergleich mit den 26 % unter den im EU-Ausland lebenden Deutschen sogar leicht erhöht. Ein deutlich unterproportionaler Wert findet sich bei den ‚Führungskräften'. Nur 7 % der Rückwanderer fallen in diese Berufsqualifikationsgruppe, während 16 % unter den dauerhaft im Ausland lebenden Deutschen hier beschäftigt sind. Während die ‚Wissenschaftler' das bisherige Muster der ‚brain circulation' weitgehend bestätigen, scheint das Rückwanderungsverhalten der ‚Führungskräfte' für längerfristige Auslandsaufenthalte und eine geringere Zahl von Rückkehrern zu sprechen. Dieses Muster entspricht eher einem ‚brain drain' und findet sich neben dieser hochqualifizierten Gruppe in ähnlicher Weise nur noch bei den ‚Anlagen- und Maschinenbedienern' sowie den ‚Hilfsarbeitskräften'. Auch diese Gruppen haben sowohl im Vergleich mit der nicht mobilen Bevölkerung in Deutschland als auch den in der EU lebenden Deutschen eine geringe Wahrscheinlichkeit der Rückkehr.

5.4.3 Auswirkungen der Rückwanderung auf die ursprüngliche Selektivität der Auswanderung

Abschließend soll die Frage beantwortet werden, ob die Rückwanderung, entsprechend der Annahmen von *Borjas* und *Bratsberg* (1996), die ursprünglich positive Selektivität der Auswanderung weiter verstärkt. Oder findet sich, dieser Annahme widersprechend, ein im Vergleich zur Auswanderung größerer Anteil Höherqualifizierter unter den Rückwanderern womit die ursprüngliche Selektivität eher abgeschwächt würde? Dafür werden nicht wie bisher Anteile von Hochqualifizierten unter den Aus- und Rückwanderern miteinander verglichen, sondern der eigentliche Umfang. In der Diskussion der Möglichkeiten und Grenzen des EULFS in Kapitel 5.3 wurde bereits darauf hingewiesen, dass die unterschiedlichen Stichproben- und Rotationsverfahren des EULFS bei der Frage nach dem Wohnort zwölf Monate zuvor zu unterschiedlichen Auswahlwahrscheinlichkeiten von internationalen Migranten in den nationalen Befragungen führen kann. Um dennoch zu Schätzungen über den tatsächlichen Umfang der in den Jahren 1996-2006 ausgewanderten Deutschen differenziert nach Bildungsniveau, Berufsqualifikation und Wirtschaftszweigen zu kommen, wurden für Tabelle 5.3 Angaben aus den Daten der Wanderungsstatistik über den Umfang und aus den Daten des EULFS über die sozio-ökonomischen Charakteristika der Aus- und Rückwanderung ermittelt.

Nach diesen Berechnungen sind während dieser Zeit insgesamt 122.000 erwerbstätige Deutsche im Alter zwischen 25-64 Jahren in einen der EU-11-Staaten ausgewandert und 95.000 Deutsche sind während dieser Zeit zurück gewandert. Dies entspricht einer Rückwanderungsquote von etwa 78 % der Auswanderer, die durch die Rückwanderung kompensiert wurde.[8] So sind beispielsweise zwischen 1996 und 2006 59.000 Deutsche mit tertiärem Bildungsabschluss in Richtung der EU-11 ausgewandert, während gleichzeitig 50.000 Deutsche mit dem gleichen Bildungsniveau zurückgewandert sind. Hinsichtlich des Effekts der Rückwanderung zeigt sich, dass Deutschland während dieser elf Jahre netto nur -9.000 Hochschulabsolventen in Richtung der EU-11 verloren hat. Zusätzlich zeigt sich, dass die Rückwanderungsquote mit 85 % über der durchschnittlichen Quote von 78 % liegt, d.h. die Rückwanderung der Hochschulabsolventen führt zu einer weitgehenden Kompensation der ursprünglichen Auswanderung. Gleichzeitig reduziert die Rückwanderung die ursprüngliche Selektivität, da ein im Vergleich mit den Auswanderern höherer Anteil der Rückwanderer einen Hochschulabschluss aufweist und nur ein unterproportionaler Anteil an Personen mit niedrigem Bildungsniveau wieder zurückkehrt. Entgegen der Annahmen von *Borjas* und *Bratsberg* führt die Rückwanderung im Fall der internationalen Migration Deutscher in Europa zu einer Reduzierung der ursprünglichen Selektivität, indem sich unter den Rückwanderern ein zumindest leicht überproportionaler Anteil an Hochqualifizierten und ein unterproportionaler Anteil von Personen mit geringerem Bildungsniveau findet.

---

[8]   Diese Werte unterscheiden sich von den Angaben in Kapitel 5.4. Während zuvor alle Personen im Alter zwischen 25 und 64 Jahren berücksichtigt wurden, liegt diesen Angaben nur die jeweilige erwerbstätige Bevölkerung zu Grunde.

Tabelle 5.3: Auswanderung Deutscher in die EU-11 und Rückwanderung Deutscher aus der EU-11 sowie Rückwanderungsquote, nach ausgewählten Bildungsniveaus, Berufsqualifikationen und Wirtschaftszweigen, 1996-2006, in 1.000 [25-64 Jahre, erwerbstätig]*

		Aus-wanderer	Rück-wanderer	Rückwande-rungsquote
		[in 1.000]		[in Prozent]
Bildung (ISCED)	Hoch (5/6)	59	50	85
	Mittel (3/4)	52	40	77
	Niedrig (0-2)	11	5	43
Berufsqualifikation (ISCO)	Führungskräfte (1)	21	7	33
	Wissenschaftler (2)	45	33	74
	Techniker etc. (3)	23	17	77
	Bürokräfte (4)	10	12	119
	Dienstleistungsberufe (5)	9	12	131
	Sonstige	14	13	93
Wirtschaftszweige (NACE)	Verarbeitendes Gewerbe (D)	25	21	86
	Handel (G)	18	9	52
	Gesundheitswesen (N)	17	5	33
	Forschung und Entwicklung (K)	21	18	84
	Erziehung (M)	7	7	102
	Verkehr (I)	7	4	58
	Sonst. Dienstleistungen (O)	7	7	98
	Gastgewerbe (H)	7	6	81
	Sonstige	14	18	128

* Grundlage dieser Angaben sind die bereits in Tabelle 5.2 vorgestellten Angaben zur Qualifikationsstruktur sowie der auf Basis der Wanderungsstatistik ermittelte Umfang der Aus- und Rückwanderung. Für die Berechnungen wurde eine zwischen Aus- und Rückwanderern identische Erwerbstätigenquote angenommen.
Quelle: European Union Labour Force Survey; Statistisches Bundesamt; eigene Berechnungen.

Die bisherigen Ergebnisse finden sich in Tabelle 5.3 weitgehend bestätigt. Das Beispiel des Bildungsniveaus wurde bereits diskutiert. Ähnliches zeigt sich auch für das weitgehend ausgeglichene Verhältnis zwischen der Aus- und Rückwanderung von ‚Wissenschaftlern' oder auch für den Wirtschaftszweig ‚Forschung und Entwicklung'. Auch wenn es in allen drei Fällen noch immer zu einem Netto-Verlust an Hochschulabsolventen, ,Wissenschaftlern' sowie von im Bereich ,Forschung und Entwicklung' Beschäftigten kommt, zeigen sich doch sehr hohe Rückwanderungsquoten, die den bisherigen Befund der ,brain circulation' unter diesen Gruppen von Hochqualifizierten stützen. Umgekehrt zeigen sich in anderen Bereichen deutliche Hinweise für einen ,brain drain'. Dies betrifft in erster Linie den ,Gesundheitsbereich' sowie die ,Führungskräfte', bei denen in beiden Fällen nur etwa ein Drittel der ursprünglichen Auswanderer nach Deutschland zurückkehrt.

5.5 Multivariate Ergebnisse zu den Bestimmungsfaktoren internationaler Migration

Die bisherigen Befunde zu den sozio-ökonomischen Charakteristika deutscher Auswanderer konzentrierten sich ausschließlich auf bivariate Analysen. Bereits in Kapitel 4 haben die Daten der Wanderungsstatistik gezeigt, dass die international mobile Bevölkerung auch hinsichtlich verschiedener demographischer Merkmale eine selektive Gruppe darstellt. Sämtliche bisherige Analysen werden aus diesem Grund auf Basis eines multivariaten Modells nochmals überprüft. Im Mittelpunkt steht der Einfluss des Bildungs- und Qualifikationsniveaus sowie der Wirtschaftszweige auf die Migrationsentscheidung unter Kontrolle weiterer sozio-ökonomischer und demographischer Variablen. Die Auswanderung und die Rückwanderung werden als zwei voneinander unabhängige Entscheidungen modelliert. Die Auswanderung betrifft die Entscheidung zwischen der Option, während des Untersuchungszeitraums aus Deutschland in einen der elf europäischen Staaten auszuwandern oder der alternativen Möglichkeit, international nicht mobil zu werden. Die Rückwanderung beinhaltet ebenfalls die Entscheidungen zwischen zwei Optionen und bezieht sich auf Deutsche, die in einem der elf europäischen Staaten leben. Diese Gruppe konnte wählen, ob sie während des Untersuchungszeitraums zurück nach Deutschland wandern oder aber in einem der europäischen Staaten weiterleben. Zur Modellierung beider Entscheidungssituationen wurden logistische Regressionsmodelle hinsichtlich der zwei binären abhängigen Variablen (Migration vs. Nicht-Migration) geschätzt.

Aufgrund der Beschränkungen des EULFS hinsichtlich möglicher weiterer Kovariaten konzentrieren sich die Modelle auf die bereits bekannten demographischen und sozio-ökonomischen Variablen – Geschlecht, Alter, Familienstand, Bildung, Berufsqualifikation und Wirtschaftszweig. Die in den verschiedenen Theorien zur internationalen Migration genannten weiteren Bestimmungsfaktoren von Migrationsentscheidungen – Netzwerkeffekte, Haushaltskonstellationen, frühere Auslandserfahrungen, die Aufenthaltsdauer vor der Rückkehr, Sprachkenntnisse oder auch die Zufriedenheit mit dem Leben in Deutschland bzw. im Ausland, um nur einige wenige zu nennen (vgl. Kapitel 2) – können aufgrund der Einschränkungen des verwendeten Datensatzes nicht weiter überprüft werden. Da für die Modellierung der Aus- und Rückwanderungsentscheidung nicht nur das Bildungsniveau berücksichtigt wird, sondern auch Angaben zur Berufsqualifikation und Arbeitsmarktposition, werden für Frauen und Männer jeweils separate Modelle geschätzt, um keine arbeitsmarktspezifischen Geschlechtereffekte abzubilden.

Tabelle 5.4 stellt die Ergebnisse der vier identischen Regressionsmodelle in Form der Effekt-Koeffizienten dar. Analog zu den theoretischen Überlegungen in Kapitel 5.2 zeigt sich, dass sowohl für Männer als auch Frauen die Chance der Migration mit zunehmendem Alter abnimmt. Die höchste Mobilität findet sich sowohl bei der Auswanderungs- als auch der Rückwanderungsentscheidung bei der jüngsten Altersgruppe. Bereits in der mittleren Altersgruppe der 25- bis 39-Jährigen sinkt insbesondere die Chance für eine Rückwanderung deutlich ab und liegt nur noch etwa doppelt so hoch wie bei der Gruppe der über 40-Jährigen, was tendenziell als Beleg für eine steigende Aufenthaltsdauer mit zunehmendem Alter gilt.

Auch der bereits aus Kapitel 4.2 bekannte negative Zusammenhang zwischen wachsenden familiären Bindungen und der Abnahme der Migrationswahrscheinlichkeit findet sich hier bestätigt. Es sind insbesondere die Alleinlebenden, die zu einer internationalen Migration tendieren. Dabei sind es auch unter Kontrolle weiterer Variablen die Frauen, die im Fall einer Heirat eine deutlich reduzierte Chance für eine internationale Migration aufweisen. Der EULFS bietet zusätzliche detaillierte Angaben zur Haushaltszusammensetzung – z.B. zur Anzahl und dem Alter der Kinder –, so dass weitere Analysen zur Bedeutung des Haushaltes für die Migrationsentscheidung auf Basis dieses Datensatzes prinzipiell möglich wären. Für die große Zahl an Ländern und vor allem angesichts der vergleichsweise langen Zeitspanne lagen vergleichbare Informationen jedoch nicht vor, weshalb nur der Familienstand als Proxy für familiäre Bindungen im Allgemeinen genutzt werden konnte. In separaten, hier nicht weiter dargestellten, Ergebnissen auf Basis von kürzeren Untersuchungszeiträumen zeigt sich aber, dass es insbesondere die Kinder im Haushalt sind, die eine Entscheidung für internationale Migration unwahrscheinlicher werden lassen.

Tabelle 5.4: Ergebnisse logistischer Regressionsmodelle zur Chance deutscher Staatsbürger, aus Deutschland in die EU-11 auszuwandern bzw. aus der EU-11 nach Deutschland rückzuwandern, 1996-2006*

| | Auswanderung | | Rückwanderung | |
| | Männer | Frauen | Männer | Frauen |
	Exp(B)		Exp(B)	
Alter				
Ref. 40+				
25-39	4,950	3,992	2,474	2,400
15-24	7,020	7,486	5,726	9,305
Familienstand				
Ref. verheiratet				
Single	1,752	2,344	1,666	3,658
Bildung				
Ref. niedrig				
mittel	1,503	2,203	3,388	2,076
hoch	1,374	5,088	2,912	1,874
Berufsqualifikation				
Ref. Sonstige				
Führungskräfte	7,644	3,224	0,734	0,966
Wissenschaftler	6,285	2,634	1,792	2,215
Techniker	2,412	1,170	1,089	2,888
Bürokräfte	2,667	1,348	2,549	2,080
Dienstleistungsberuf	0,737	1,294	1,643	2,462
Wirtschaftszweig				
Ref. Sonstige				
Gastgewerbe	2,089	3,649	1,043	0,701
Erziehung	1,412	1,111	1,248	0,799
Gesundheitswesen	1,153	1,209	1,526	0,593
Öff. Verwaltung	0,346	0,347	1,669	1,337
R^2	0,072	0,073	0,096	0,156
Ereignisse	26.991	24.197	33.903	31.243

* alle präsentierten Werte sind statistisch auf dem 1 %-Niveau signifikant
Quelle: European Union Labour Force Survey; eigene Berechnungen.

Weiterhin finden sich die theoretischen Annahmen zum Bildungs- und Qualifi-kationsniveau bestätigt, nach dem mit höherer Bildung die erwartbaren Gewinne einer Migration und damit auch die Chance für eine positive Migrationsent-scheidung steigen. Hier zeigt sich ein weiterer deutlicher Unterschied zwischen

Männern und Frauen: Zwar steigt auch für Männer die Chance internationaler Mobilität bei höherer Bildung im Vergleich zu einem niedrigeren Bildungsniveau, jedoch ist dieser Einfluss mit einer Erhöhung um nur 37 % vergleichsweise gering. Bei den Frauen zeigt sich ein deutlich stärker ausgeprägter Einfluss der Bildung. So liegt die Chance der Auswanderung der Frauen mit hohem Bildungsniveau um das Fünffache höher als bei Frauen mit niedrigem Bildungsabschluss. Von besonderem Interesse ist wiederum der Vergleich zwischen der Aus- und der Rückwanderungsentscheidung. Während bei der Auswanderung sich ein deutlich stärkerer Einfluss der Bildung auf die internationale Mobilität von Frauen als von Männern abzeichnet, dreht sich dieses Verhältnis bei der Rückwanderungsentscheidung um. Hier sind es die Männer, deren Rückwanderung bei mittlerer und höherer Bildung tendenziell wahrscheinlicher ist als bei Frauen des gleichen Bildungsniveaus.

Eines der wichtigsten Ergebnisse dieser Analyse ist mit Sicherheit, dass sich der bereits bivariat angedeutete Einfluss der Berufsqualifikation auf die Aus- und Rückwanderungsentscheidung auch unter Kontrolle potenzieller weiterer Variablen bestätigt findet – allerdings nur für die Männer, während die Frauen ein davon abweichendes Verhalten zeigen. So haben Männer, die in den beiden obersten ISCO-Berufshauptgruppen beschäftigt sind, eine sechs- bis siebenfach höhere Chance der Auswanderung aus Deutschland im Vergleich zu solchen, die nur geringere Berufsqualifikationen vorweisen. Bei der Rückwanderungsentscheidung dreht sich dieses Muster bei ‚Führungskräften' jedoch weitgehend um. Jetzt haben Männer in Führungspositionen im Vergleich zu Männern mit geringeren Berufsqualifikationen eine geringere Chance der Rückwanderung. Im Umkehrschluss sind es also insbesondere Männer, die im Ausland Führungspositionen begleiten, die eine geringere Chance der Rückkehr nach Deutschland aufweisen. Wie bereits bei den bivariaten Analysen zeigt sich dieses Ergebnis eines möglichen ‚brain drain' nur für die ‚Führungskräfte' während die Gruppe der ‚Wissenschaftler' ein davon abweichendes Verhalten aufweist. Die Chance der Auswanderung wie auch der Rückwanderung liegt bei dieser Gruppe im Vergleich zu Personen mit geringeren Berufsqualifikationen deutlich höher, was das bisherige Ergebnis einer ‚brain circulation' bestätigt. Dieses Ergebnis zeigt sich in ähnlicher Form auch für die Frauen, wobei gerade für die Rückwanderungsentscheidung die Effekte weniger eindeutig sind.

Abschließend sei noch der Einfluss einer Beschäftigung in verschiedenen Wirtschaftszweigen erwähnt. Hier zeigt sich ein nur geringer Einfluss auf die Aus- und Rückwanderungsentscheidung, der im Wesentlichen auf die hier verwendeten sehr groben Kategorien der NACE-Klassifikation zurückzuführen ist. Wenig überraschend ist die Bestätigung des bisherigen Befunds, dass Personen im öffentlichen Dienst eine geringere internationale Mobilität aufweisen.

Die in der Öffentlichkeit viel diskutierte internationale Migration im Bereich des Gesundheitssektors und des Gastgewerbes zeigt sich ebenfalls bestätigt, allerdings weisen in diesen Sektoren beschäftigte Personen eine nur geringfügig erhöhte Chance der Auswanderung auf. Bildungs- und Qualifikationsniveau scheinen insgesamt einen deutlich größeren Einfluss auf die Migrationsentscheidung zu haben als der Wirtschaftssektor.

5.6   Fazit: ‚Brain Drain' hochqualifizierter Führungskräfte – ‚Brain Circulation' in der Wissenschaft

Ziel dieses Kapitels war es, eine Antwort auf die Frage nach einem möglichen ‚brain drain' aus Deutschland zu finden. Nach den demographischen Merkmalen der Migranten in Kapitel 4 standen jetzt die sozio-ökonomischen Charakteristika im Mittelpunkt. Auf Basis der internationalen Migration Deutscher innerhalb der EU wurde das tatsächliche Wanderungsverhalten und nicht – wie meist üblich – Wanderungsintentionen analysiert. Durch die bi- und multivariaten Auswertungen konnten eine Reihe bereits bekannter Sachverhalte bestätigt werden: So weisen Auswanderer aus Deutschland ein ausgesprochen hohes Bildungsniveau auf. Etwa die Hälfte der Migranten hat einen Hochschulabschluss, während dies nur für etwas über ein Viertel der Vergleichsgruppe der nicht mobilen deutschen Wohnbevölkerung zutrifft. Die weitere Differenzierung des Qualifikationsniveaus entlang der vorliegenden Berufsqualifikation bestätigte ebenfalls die Bedeutung Höherqualifizierter bei der Erklärung der gegenwärtigen Auswanderung aus Deutschland. Über die Hälfte der Auswanderer sind in einer der beiden, hinsichtlich Aufgaben und Pflichten einer Person, höchsten Berufsgruppen – den ‚Führungskräften' bzw. den ‚Wissenschaftlern' – beschäftigt, während der Vergleichswert für die international nicht mobilen Personen bei nur etwa einem Fünftel liegt.

Für die Beantwortung der Frage nach dem ‚brain drain' reicht der ausschließliche Verweis auf das hohe Qualifikationsniveau der Auswanderer aber nicht aus. Auf Basis des European Union Labour Force Survey konnte für das europäische Migrationssystem die Aus- und Rückwanderung von Deutschen erstmals vergleichend analysiert werden. Hier zeigte sich, dass auch die Rückwanderer ein sehr hohes Bildungsniveau aufweisen, welches dem der Auswanderer weitgehend entspricht bzw. sogar nochmals leicht erhöht ist. Im Gegensatz zu den Ergebnissen von *Borjas* und *Bratsberg* reduziert die Rückwanderung der „Besten der Besten" damit die ursprünglich deutlich positive Selektivität der Auswanderung. Angesichts der überwiegend temporären Auslandsaufenthalte und der hohen Rückwanderungsrate gilt es, die Selektivität der Rückwanderer in zukünftigen Analysen immer zu berücksichtigen.

Bei der vergleichenden Analyse der Berufsqualifikation von Aus- und Rückwanderern zeigte sich jedoch ein auch in multivariaten Analysen bestätigtes deutlich unterschiedliches Migrationsmuster zwischen 'Wissenschaftlern' auf der einen und 'Führungskräften' auf der anderen Seite. So liegt der Anteil an 'Wissenschaftlern' mit 36 % bei den Auswanderern auf dem gleichen Niveau wie bei den Rückwanderern mit 35 %. Dieser Befund ist ein deutlicher Beleg dafür, dass es sich bei der internationalen Migration von Wissenschaftlern eher um eine 'brain circulation' handelt, also überwiegend zirkuläre internationale Wanderungen mit kurzzeitigen Auslandsaufenthalten und einem auch quantitativ nur geringem absoluten Verlust. Deutlich anders gelagert ist der Fall der 'Führungskräfte': Hier liegt der Anteil der 'Führungskräfte' an den Auswanderern mit 17 % mehr als doppelt so hoch wie bei den Rückwanderern mit nur 7 %, was als Beleg für einen 'brain drain' in dieser Berufsqualifikationsgruppe gedeutet werden muss, d.h. tendenziell längerfristige Auswanderungen und ein umfangreicher Verlust von Personen dieser Gruppe, bei dem nur etwa ein Drittel der ursprünglichen Auswanderer zurückkehren. Die internationale Mobilität von 'Wissenschaftlern' entspricht somit eher einer individuellen Strategie zur Investition in Bildung und Ausbildung, von der die Gesellschaft und Wirtschaft in Deutschland nach Rückkehr dieser Personen potenziell profitieren werden. Anders der Fall der Führungskräfte, wo die geringere Chance der Rückkehr nach Deutschland zu einem auch langfristigen Verlust für den deutschen Arbeitsmarkt führt. Auch wenn diese Ergebnisse aufgrund der Datengrundlage und ihrer Besonderheiten bei der Erfassung von internationalen Migranten mit einer gewissen Vorsicht interpretiert werden müssen, ist *Faist* (2007: 378) zuzustimmen, der argumentiert, dass „die in den Gegensatzpaaren von 'brain drain' als Humankapitalverlust für die Sendeländer und von 'brain gain' als Gewinn angenommene Wirkung […] nur dann empirisch solide erfasst werden (kann), wenn das Phänomen der 'brain circulation' ausreichend berücksichtigt wird, das heißt die außerordentlich hohe Bereitschaft von Migranten zu Rückkehrmigration". Bezogen auf die Frage nach dem 'brain drain' aus Deutschland und der aktuellen Debatte muss zukünftig sehr viel stärker zwischen einzelnen Berufsgruppen unterschieden werden. Ein allgemeiner 'brain drain' lässt sich auf Grundlage dieser Daten nicht konstatieren, ein berufsqualifikations- und wirtschaftssektorspezifischer aber sehr wohl.

Die dargestellten Ergebnisse des EULFS zeigen das Potenzial dieses Datensatzes auch für zukünftige Migrationsstudien. Der EULFS erfasst noch eine große Zahl weiterer Erklärungsfaktoren, die aufgrund des bisherigen Datenzugangs aber noch nicht berücksichtigt werden konnten. Der Datensatz bleibt allerdings auf die Analyse der Migrationsbewegungen innerhalb Europas beschränkt, er deckt damit aber die wichtigste Zielregion Deutscher ab. Nichtsdestotrotz lässt sich argumentieren, dass dadurch die USA, als für lange Zeit wichtigstes Zuwanderungsland Deutscher, nicht berücksichtigt wird. Schon allein aufgrund der geographischen Nähe zwischen den europäischen Staaten ist es naheliegend, hier von anderen Migrationsmustern auszugehen als denen zwischen Deutschland und einem klassischen Einwanderungsland. Auch in der Literatur finden sich Hinweise darauf, dass die Beantwortung der Frage nach dem ‚brain drain' aus Deutschland mit einem ausschließlichen Fokus auf Europa zu kurz greifen könnte. So argumentiert eine aktuelle Studie zur Auswanderung von Hochqualifizierten aus Europa, dass die EU-15 im Jahr 2000 einen Nettoverlust von 120.000 Hochschulabsolventen mit den restlichen OECD-Staaten zu verzeichnen hatte. Die Autoren schlussfolgern, dass Europa insbesondere unter einer Auswanderung in die USA leidet (*Docquier/Rapoport* 2009: 18ff.). Aus diesen Gründen gilt es im nächsten Kapitel zwei Aspekte zu vertiefen, die im Rahmen der bisherigen Analysen nicht beachtet werden konnten: Erstens, die geographische Erweiterung um die zwei wichtigsten aktuellen Zielländer Deutscher – die USA und die Schweiz – und zweitens, die zeitliche Entwicklung der Qualifikation deutscher Auswanderer und die Frage, ob die deutschen Auswanderer zunehmend höher qualifiziert sind.

6 Brains keep on draining? Die Entwicklung der Auswanderung hochqualifizierter Deutscher

Gegenstand des vorherigen Kapitels war eine differenzierte Analyse des Qualifikationsniveaus deutscher Auswanderer in die EU-14 im Vergleich mit der nicht mobilen Bevölkerung in Deutschland. Deutlich wurden einerseits die positive Selektivität deutscher Auswanderer und der hohe Anteil von Hochqualifizierten. Andererseits aber auch die hohe Rückwanderungsquote gerade unter bestimmten Gruppen der Hochqualifizierten. Die öffentliche und mediale Diskussion über die internationale Migration deutscher Staatsbürger entzündet sich aber nicht nur an dem gegenwärtigen Verlust an hochqualifizierten Deutschen, sondern vor allem an der vermuteten Zunahme des ‚brain drain' im Zeitverlauf. Damit geht die Sorge einher, dass der Anstieg der Auswanderung aus Deutschland insbesondere durch die Migration der Hochqualifizierten bedingt ist. Im Mittelpunkt dieses Kapitels steht daher die Analyse der Entwicklung der sozio-ökonomischen Charakteristika deutscher Auswanderer in die USA und die Schweiz im Zeitvergleich. In diesem Kontext stellen sich mehrere Forschungsfragen: (1) Wie hat sich der Anteil hochqualifizierter Auswanderer in den vergangenen Jahren entwickelt? (2) Wird diese Entwicklung durch steigende oder sinkende Auswanderungszahlen verstärkt oder abgeschwächt? (3) Ist der ansteigende Trend der Auswanderung aus Deutschland durch eine höhere internationale räumliche Mobilität gerade auf Seiten der Hochqualifizierten zu erklären?

Diese Forschungsfragen werden durch einen Vergleich der Entwicklung der Auswanderung in die USA und in die Schweiz in den vergangenen zwei Jahrzehnten (vom Jahr 1990 bis zum Jahr 2008) beantwortet. Für dieses Vorgehen sprechen mehrere Argumente: Die USA und die Schweiz sind seit vielen Jahren bedeutende Zielländer deutscher Auswanderer; es kann vermutet werden, dass sich die Migrationsmuster im Vergleich zu den EU-14-Staaten deutlich unterscheiden. Neben einer zeitlichen erfolgt daher eine geographische Differenzierung. Es stellt sich die Frage, (4) ob sich Gemeinsamkeiten oder Unterschiede bei der Entwicklung der Auswanderung in unterschiedliche Zielländer finden lassen. Einen weiteren Grund für die Wahl der USA und der Schweiz stellt die Datenlage dar. Bereits im vorherigen Kapitel wurde deutlich, wie schwierig es ist, die Entwicklung der Auswanderung deutscher Staatsbürger über mehrere Länder mit Hilfe verfügbarer, im Zeitverlauf vergleichender, Datengrundlagen zu analysieren. Die Zensus-Daten der USA und der Schweiz bieten die Möglichkeit, diese zeitliche Entwicklung, auch international vergleichend, abzubilden

Bis einschließlich zum Jahr 2004 waren die USA das wichtigste Zielland deutscher Migranten, haben aber im Zeitverlauf an Bedeutung verloren: Während sowohl im Jahr 1967 als auch vierzig Jahre später jährlich etwas mehr als 15.000 Fortzüge deutscher Staatsbürger in die USA verzeichnet wurden, betrug ihr Anteil an den Gesamtfortzügen zum ersten Zeitpunkt ca. 20 % und im Jahr 2008 nur noch 9 % (siehe Kapitel 4). Auch die Bestandsgrößen von in Deutschland geborenen und in den USA lebenden Personen sind rückläufig: Während 1960 fast noch eine Mio. in Deutschland Geborene im US-amerikanischen Zensus verzeichnet wurden, waren es sowohl im Jahr 1990 als auch im Jahr 2000 nur noch knapp über 700.000 Personen (*Campbell/Jung* 2006) und im American Community Survey (ACS) 2008 nur noch ca. 642.000 Personen.

Die Schweiz war vor dem Ersten Weltkrieg eines der wichtigsten Zielländer deutscher Auswanderer in Europa, hatte diesen Stellenwert in den ersten Jahrzehnten nach dem Zweiten Weltkrieg jedoch verloren. Dies hat sich erst in den letzten Jahren wieder geändert und im Jahr 2005 hat die Schweiz die USA als wichtigstes Zielland deutscher Auswanderer abgelöst. Im Jahr 2008 wurden 29.139 Fortzüge in die Schweiz verzeichnet, was ca. 17 % an den Gesamtfortzügen entspricht (siehe Kapitel 4). Auch ist in den vergangenen Jahrzehnten der Bestand an deutschen (Kurz-)Aufenthaltern und Niedergelassenen in der Schweiz stark angestiegen: Während 1991 noch ca. 85.000 Deutsche mit diesem Aufenthaltsstatus in der Schweiz lebten, waren es im Jahr 2000 108.815 Personen und im Jahr 2008 bereits 233.352 Personen.

Generell liegen zur gegenwärtigen Auswanderung aus hochentwickelten Staaten wenige Studien vor (vgl. Kapitel 5.1), während sich die historische Migrationsforschung vor allem mit der Auswanderung Deutscher nach Übersee, und hier vor allem in die USA, vor dem Zweiten Weltkrieg befasst (siehe Kapitel 3.1). Vorliegende Studien über die deutschen Auswanderungsbewegungen der Nachkriegszeit sowie Gegenwart konzentrieren sich vor allem auf die Dimension und den Verlauf der Auswanderung in die USA (siehe z.B. *Nerger-Focke* 1995), auf Hintergründe, Motivationen und Pfade (siehe z.B. *Freund* 2004), auf Teilaspekte wie die gezielte Anwerbung und Auswanderung von Spezialisten und Wissenschaftlern nach dem 2. Weltkrieg (siehe z.B. *Gimbel* 1990) oder auf die Auswanderung als Teil des Flüchtlingsproblems (siehe *Böttcher* 1948). Studien, die sich mit der gegenwärtigen Auswanderung in die USA befassen, konzentrieren sich vor allem auf Analysen der Bildungsselektivität (siehe z.B. *European Economic Advisory Group* 2003; *Saint-Paul* 2004; *Diehl/Dixon* 2005; *Tritah* 2008). Gemeinsam ist diesen Studien, dass Auswanderer eine positiv selektierte Gruppe darstellen, jedoch kommen sie zu widersprüchlichen Aussagen hinsichtlich der zeitlichen Entwicklung der Selektivität (vgl. Kapitel 5.1).

Für die Auswanderung in die Schweiz liegen deutlich weniger Informationen vor. Es gibt einige Studien bzw. Zusammenstellungen über die Größenordnung und den Verlauf der deutschen Auswanderung in die Schweiz für die Vergangenheit (*Urner* 1976; *Holmes* 1988) wie auch für die Gegenwart (*Haug/Müller-Jentsch* 2008; *Bundesamt für Statistik* 2008). An weitergehenden Studien mangelt es jedoch. Die Auswanderung in die Schweiz ist vor allem durch die Berichterstattung in den Medien geprägt. Letztere geht auf Schweizer Seite mit Ängsten vor Überfremdung einher (für eine Zusammenstellung und Analyse der Berichterstattung in den Medien siehe *Imhof* 2008), während in Deutschland die Sorge vor der Auswanderung insbesondere von Ärzten und Gesundheitspersonal überwiegt. Detaillierte Untersuchungen über die sozioökonomischen Charakteristika der Auswanderung Deutscher in die Schweiz liegen bislang keine vor.

Zur Beantwortung der Forschungsfragen ist das Kapitel wie folgt gegliedert: Zunächst werden in Kapitel 6.1 die Forschungskonzeption und die Datengrundlagen vorgestellt. Ein Vergleich der Auswanderung in beide Staaten anhand sehr ähnlicher Datengrundlagen liefert wertvolle Hinweise auf die Homogenität oder Heterogenität der Auswanderung deutscher Staatsbürger. Zu einer wichtigen Ergänzung um aktuelle Entwicklungen der Auswanderung im Zeitverlauf trägt insbesondere die Darstellung der Jahre 2005-08 bei, die in den hier angesprochenen Studien noch nicht berücksichtigt werden konnten. In den anschließenden empirischen Kapiteln steht eine differenzierte Analyse der Qualifikation deutscher Auswanderer im Zeitvergleich im Mittelpunkt der Betrachtung. Dabei werden nicht nur das Bildungsniveau (Kapitel 6.2), sondern auch die Partizipation am Arbeitsmarkt (Kapitel 6.3) und die Berufsqualifikation sowie die Tätigkeit in durch wissensintensive Dienstleistungen geprägten Wirtschaftszweigen (Kapitel 6.4) in die Analyse einbezogen. In einem letzten Schritt werden im Fazit (Kapitel 6.5) die Ergebnisse der empirischen Analysen zu einem Gesamtbild der Entwicklung der Auswanderung Deutscher zusammengefasst und die Frage nach der Bedeutung der Migration Hochqualifizierter für die gegenwärtige Auswanderung beantwortet.

6.1 Forschungskonzeption und Datengrundlagen

Die Analysen des EULFS in Kapitel 5 haben für den Zeitraum 1996 bis 2006 gezeigt, dass Auswanderer eine positiv selektierte Gruppe im Hinblick auf Merkmale wie Bildungsniveau, Berufsqualifikation und Tätigkeit in wissensintensiven Wirtschaftszweigen sind. Wie sich diese Selektivität im Zeitablauf geändert hat, und ob es in den vergangenen Jahren bei der Emigration ggf. zu einer Verschiebung zu Gunsten der besser Gebildeten und Qualifizierten gekommen ist, ist Inhalt dieses Kapitels. Um die zeitliche Entwicklung abzubilden, werden die Jahre 1990, 2000 und der Durchschnitt der Jahre 2005-08 miteinander verglichen. Es wird der Blick auf die beiden wichtigsten Zielländer deutscher Auswanderer, die USA und die Schweiz, gerichtet. Die Abbildung 6.1 bildet dabei schematisch die Forschungskonzeption ab.

Abbildung 6.1: Konzeptionelle Darstellung zur Untersuchung der Entwicklung
von Auswanderungen Deutscher in die USA und die Schweiz,
1990-2008

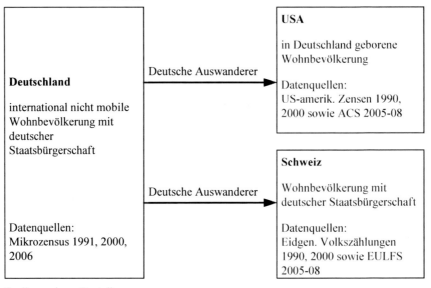

Quelle: eigene Darstellung.

Die beiden rechten Kästchen zeigen die betrachteten Zielländer der deutschen Migranten sowie deren Erfassung und die herangezogenen Datensätze. Die Erfassung der zu betrachtenden Personengruppe ist in beiden Zielländern dabei leicht unterschiedlich: Für die USA wird das foreign-born-Konzept (in Deutschland geborene Wohnbevölkerung) und in der Schweiz das Staatsangehörigkeitskonzept zu Grunde gelegt. Die Analysen über die sozio-ökonomischen Charakteristika der Migranten werden auf die zeitnah Gewanderten in den drei betrachteten Zeitpunkten 1990, 2000 und dem Durchschnitt der Jahre 2005-08 beschränkt, damit das Gesamtbild nicht durch bereits lange im Ausland lebende Emigranten und eine unterschiedliche Auswanderungsgeschichte in die jeweiligen Zielländer verzerrt wird. Die zeitnah Gewanderten werden dabei durch die in den jeweils den Zeitpunkten vorausgegangenen fünf Jahren ausgewanderten Deutschen operationalisiert; in Abbildung 6.1 symbolisiert durch die Pfeile.

Um sowohl die Beschreibung der unterschiedlichen Gruppen deutscher Auswanderer im Hinblick auf ausgewählte Indikatoren zum Bildungsniveau sowie Partizipation und Positionierung am bzw. auf dem Arbeitsmarkt zu ermöglichen als auch eine möglichst hohe Vergleichbarkeit der Datenquellen zu unterschiedlichen Zeitpunkten sowie aus den unterschiedlichen Zielländern zu gewährleisten, werden dazu die in den Jahren 1990 und 2000 erhobenen Zensusdaten sowohl der USA als auch der Schweiz herangezogen. Diese liegen für die USA als 5 %-Stichprobe (*Ruggles et al.* 2009) sowie für die Schweiz als Vollerhebung vor (*Bundesamt für Statistik*).

Mit dem Zensus 2010 wird in den USA ein Wechsel bei den Volkszählungen einhergehen. Es ist geplant, dass der Zensus „nur noch" die Bevölkerungsgröße sowie die wichtigsten demographischen Merkmale der Bevölkerung erfasst. Detaillierte Informationen über sozio-demographische und -ökonomische Merkmale der Bevölkerung werden stattdessen im Rahmen des American Community Survey (ACS) unterjährig erhoben. In diesem Sinne kann der ACS als „one component of a reengineered decennial census" (*U.S. Census Bureau* 2009: 3) verstanden werden. Um ebenfalls die aktuellen Entwicklungen abbilden zu können, wird daher für die USA die 1 %-Stichprobe des American Community Survey der Jahre 2005-08 herangezogen. Zur Erhöhung der Fallzahlen werden dabei die Jahre 2005-08 gepoolt. Ein Vergleich mit der Auswanderung Deutscher in die Schweiz für den gleichen Zeitraum ist mit Hilfe des EULFS möglich. Informationen zum EULFS können insbesondere den Kapiteln 5.3 und 8.1 entnommen werden. Die Ergänzung um die Jahre 2005-08 liefert wichtige Hinweise auf aktuelle Entwicklungen der Veränderung der Selektivität im Zeitvergleich. Es ist allerdings darauf hinzuweisen, dass die Vergleichbarkeit mit den Vorjahren sowie untereinander aufgrund der unterschiedlichen Formen der Erhebungen bzw. Fragestellungen leicht eingeschränkt ist, siehe z.b. die Abfrage zur gegenwärtigen schulischen oder beruflichen Ausbildung. Die kleinere Stichprobengröße des EULFS hat zur Folge, dass nicht immer alle Variablen nach allen Untergliederungen differenziert werden können (z.B. ISCO-3-Steller in Kapitel 6.4 oder zweistellige NACE-Codes). Auch ist nicht für alle Variablen eine internationale Vergleichbarkeit herstellbar: So können z.b. zwar die ISCED-Bildungsabschlüsse oder die NACE-Codes für jedes Land ermittelt werden, aber auf einen Vergleich der Berufsqualifikation nach der International Standard Classification of Occupations (ISCO) muss verzichtet werden, da die USA diesen nicht verwenden.

Gleichzeitig werden die Ergebnisse für diese beiden Zielländer mit den Ergebnissen einer Kontrollgruppe nicht ausgewanderter Deutscher – operationalisiert durch die Wohnbevölkerung mit deutscher Staatsangehörigkeit in Deutschland – verglichen, um zu gewährleisten, dass die sich abzeichnenden Unterschiede nicht die Entwicklungen im Herkunftsland widerspiegeln. In Abbildung 6.1 wird dies ausgedrückt durch den großen Kasten auf der linken Seite. Dazu werden die Daten des deutschen Mikrozensus aus den Jahren 1991, 2000 sowie 2006 herangezogen, einer jährlich durchgeführten amtlichen Erhebung, an der ca. 1 % der Haushalte teilnimmt.

Die deutschen Auswanderer in die Schweiz und in die USA unterscheiden sich deutlich im Hinblick auf ihre Altersstruktur. Um auszuschließen, dass Ergebnisse dadurch beeinträchtigt werden, konzentrieren sich die folgenden Analysen auf die Altersgruppe der 25- bis 39-Jährigen, die innerhalb der jeweils vorangegangenen fünf Jahre in die Schweiz oder die USA ausgewandert sind. Die Entwicklung der Größenordnung dieser Personengruppe spiegelt sich in etwa in der zuvor genannten wechselnden Bedeutung der Zielländer wider: Für beide Staaten werden im Zensus 1990 ca. 11.000 deutsche Auswanderer im Alter von 25 bis 39 Jahren nachgewiesen. Auch weist der Zensus 2000 für beide Staaten eine steigende Anzahl dieser Personengruppe auf (USA: 40.848 und die Schweiz 19.544 kürzlich zugewanderte Deutsche dieser Altersgruppe). Diesen, in den Zensen ersichtlichen, Anstieg bestätigen ebenfalls die Angaben der deutschen Wanderungsstatistik, die im Vergleich der relevanten Zeiträume 1985-90 und 1995-2000 einen Anstieg der Auswanderung und einen Rückgang der Zuwanderung in bzw. aus den USA zeigen. Auch die US-amerikanischen Visa-Statistiken weisen für deutsche „Nicht-Einwanderer"[9] von 1990 bis 2000, insbesondere für Studierende (Visa-Kategorien F1-3, J1-2, M1-3) und für Auslandsentsandte (L1-3) sowie ihre Angehörigen stark steigende Werte auf (*U.S. Immigration and Naturalization Service* 1990...2001). Überraschenderweise werden im Durchschnitt der Jahre 2005-08 nur noch ca. 26.000 deutsche

---

[9] Nach dem Immigration Act von 1990 werden zwei Grundtypen von Ausländern unterschieden: Einwanderer und Nicht-Einwanderer. Unter Einwanderern werden dabei grundsätzlich ausländische Staatsangehörige verstanden, die sich rechtmäßig und dauerhaft in den USA aufhalten, unter Nicht-Einwanderern werden alle subsumiert, die sich mit temporären Visa in den USA aufhalten.

Auswanderer im ACS verzeichnet. Dieser Rückgang lässt sich mit der deutschen Wanderungsstatistik und der US-amerikanischen Visa-Statistik bestätigen. So weist letztere beispielsweise für die Jahre 2002 bis 2006 eine deutliche geringere Anzahl vergebener Visa an deutsche Studierende und ihre Angehörigen sowie eine ebenfalls leicht geringere Anzahl an vergebenen Visa für Auslandsentsandte und ihre Angehörigen auf als in den Jahren zuvor (*U.S. Immigration and Naturalization Service* 1990...2001; *U. S. Department of Homeland Security/Office of Immigration Statistics* 2002...2008). Als mögliche Gründe für diesen – eher unerwarteten – Rückgang können restriktiver umgesetzte Zuwanderungsregelungen in die USA in Folge der Anschläge des 11. September 2001 und die veränderte Datengrundlage sowie das damit leicht veränderte Erhebungsdesign angeführt werden. Demgegenüber weist die zu betrachtende Personengruppe in der Schweiz im Vergleich vom Jahr 1990 bis zum Durchschnitt der Jahre 2005-08 einen klar steigenden Verlauf von ungefähr 11.000 über ca. 20.000 auf ca. 38.000 Personen auf. Die Zahlen der deutschen und der schweizerischen Wanderungsstatistik belegen ebenfalls eine starke Zunahme an aus- bzw. zuwandernden Deutschen.

6.2 Entwicklung der Bildungsselektivität

Werden die schulischen Abschlüsse betrachtet, so fällt erstens auf, dass deutsche Auswanderer in die USA und die Schweiz im Vergleich zur deutschen Wohnbevölkerung eine positiv selektierte Gruppe sind und zweitens, dass diese Selektivität im Zeitverlauf in beiden Zielstaaten zugenommen hat. Im Jahr 1990 wiesen ca. 45 bzw. 47 % der in den vergangenen fünf Jahren in die USA bzw. die Schweiz Abgewanderten einen tertiären Bildungsabschluss auf. Im Jahr 2000 betrug dieser Anteil 65 bzw. 69 % und hat sich bis 2005-08 leicht erhöht bzw. ist in etwa gleich geblieben. Dagegen zeigen die Ergebnisse für die deutsche Kontrollgruppe einen, über alle drei Zeiträume hinweg, vergleichsweise niedrigen und nur leicht steigenden Anteil an Personen mit tertiärem Bildungsabschluss von ca. 27 % (im Jahr 1991) auf 28 % (im Jahr 2006) (vgl. Abbildung 6.2).

Wie in Kapitel 6.1 beschrieben, hat die Auswanderung 25- bis 39-jähriger Deutscher in die Schweiz im Verlauf der betrachteten 18 Jahre zugenommen. In absoluten Zahlen hat sich also die Anzahl deutscher Auswanderer mit tertiärem Bildungsabschluss in die Schweiz von etwas mehr als 5.000 Personen im Jahr 1990 auf knapp 13.000 im Jahr 2000 und ca. 26.500 Personen im Durchschnitt der Jahre 2005-08 erhöht. Für die Auswanderung in die USA zeigt sich eine Erhöhung des Anteils an Hochqualifizierten um 20 Prozentpunkte zwischen den

Jahren 1990 und 2000, was in etwa einer Verfünffachung der Auswanderung Hochqualifizierter von ca. 5.000 auf etwas mehr als 26.000 Personen entspricht. Da vom Jahr 2000 bis zum Durchschnitt der Jahre 2005-08 jedoch ein Rückgang der Anzahl kürzlich ausgewanderter 25- bis 39-jähriger Deutscher verzeichnet wurde, steigt zwar der Anteil an Hochqualifizierten leicht, die absolute Anzahl sinkt jedoch auf etwas weniger als 18.000 Personen ab, so dass der qualitative durch den quantitativen Effekt überkompensiert wird.

Abbildung 6.2: Entwicklung des Anteils deutscher Auswanderer mit tertiärem Bildungsabschluss (ISCED 5 und 6) in den USA und der Schweiz im Vergleich mit der nicht mobilen deutschen Wohnbevölkerung, 1990-2008, in Prozent [25-39 Jahre]

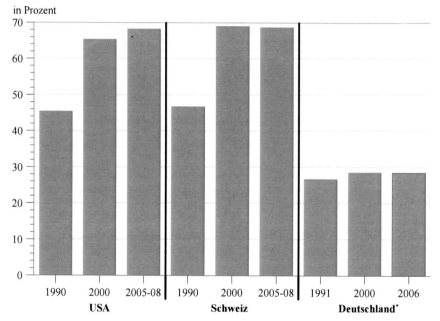

* Die Umsetzung der ISCED-Klassifikation erfolgte über alle Jahre auf Basis der Version des German Microdata Lab, GESIS (*Schroedter et al.* 2006).
Quelle: IPUMS USA 1990 und 2000, ACS 2005-08; Eidgenössische Volkszählungen 1990 und 2000 sowie EULFS 2005-08; Mikrozensen 1991, 2000 und 2006; eigene Berechnungen und Darstellung.

6.3 Entwicklung der Arbeitsmarktpartizipation

Für viele Migranten stellen bessere Arbeitsbedingungen und Löhne ein wichtiges Motiv für ihre Migrationsentscheidung dar (*Hicks* 1932; *Sjaastad* 1962). Gleichzeitig werden in vielen Zielländern Maßnahmen zur Deckung der hohen Nachfrage nach Fachkräften ergriffen, meistens einhergehend mit der Schaffung von Rahmenbedingungen, die die Einwanderung, insbesondere Hochqualifizierter, erleichtern. Daher ist von einer hohen Erwerbstätigenquote (d.h. die Anzahl der Erwerbstätigen einer bestimmten Altersgruppe dividiert durch die gesamte Bevölkerung derselben Altersgruppe mit den gleichen Merkmalen), insbesondere der hochqualifizierten Auswanderer auszugehen.

Die Erwerbstätigenquote differenziert dabei zwischen den Geschlechtern. Die Erwerbstätigenquote der männlichen deutschen Auswanderer in der Altersgruppe der 25- bis 39-Jährigen zeigt im Zeitverlauf eine kontinuierliche Zunahme in beiden Zielländern. Im Jahr 1990 betrug sie in der Schweiz 88 %, im Jahr 2000 93 % und im Durchschnitt der Jahre 2005-08 ca. 95 %. Damit liegt die Erwerbstätigenquote dieser Personengruppe in der Schweiz jeweils ca. sieben bis zehn Prozentpunkte höher als in den USA, wo sich folgende Erwerbstätigenquoten für männliche deutsche Auswanderer im Alter von 25 bis 39 Jahren feststellen lassen: im Jahr 1990 78 % und im Jahr 2000 85 %, was in absoluten Zahlen einer Zunahme von knapp 3.000 auf 17.000 männliche erwerbstätige Deutsche entspricht. Diese Versechsfachung ist nicht ausschließlich durch eine Zunahme des Anteils der Erwerbstätigen und der Anzahl der Auswanderer bedingt, sondern auch durch einen Anstieg des Männeranteils an dieser Personengruppe um fast 20 Prozentpunkte (siehe auch Kapitel 4.2): Während sich im Jahr 1990 unter den Auswanderern fast 70 % Frauen fanden, war im Jahr 2000 das Geschlechterverhältnis fast ausgeglichen. Im weiteren Zeitverlauf ist der Anteil der erwerbstätigen Männer unter den Auswanderern in etwa gleich geblieben.

Diese Ergebnisse lassen darauf schließen, dass die Auswanderung in beide Zielstaaten in hohem Maße mit dem Arbeitsmarkt zusammenhängt, wobei dieser entweder für die Auswanderung in die Schweiz eine leicht größere Bedeutung zu haben scheint oder aber die Kenntnis des Arbeitsmarktes und seiner Funktionsweise in den USA von größerer Relevanz für die Aufnahme einer Erwerbstätigkeit ist als in der Schweiz. Außerdem macht für einige deutsche Migranten die sprachliche Nähe die Aufnahme einer Erwerbstätigkeit in der Schweiz leichter als in den USA. Die Zunahme von Studienaufenthalten (siehe Kapitel 2) kann eine weitere Erklärung für die unterschiedlich hohen Erwerbstätigenquoten der kürzlich Ausgewanderten darstellen. So gaben im

Jahr 1990 ca. 13 % der kürzlich ausgewanderten Männer dieser Altersgruppe sowohl in den USA als auch der Schweiz an, sich noch in Ausbildung zu befinden, während es zehn Jahre später ca. 19 % in den USA und ca. 10 % in der Schweiz waren – in der deutschen Kontrollgruppe geben für beide Zeiträume ca. 6-7 % der Befragten an, sich gegenwärtig in Ausbildung zu befinden. Leider sind diese Angaben nicht mehr mit dem Zeitraum 2005-08 vergleichbar, da im EULFS die gegenwärtige Ausbildung anders abgefragt wird als zuvor in den Eidgenössischen Volkszählungen.

Tabelle 6.1: Entwicklung der Erwerbstätigenquote deutscher Auswanderer in den USA und der Schweiz im Vergleich mit der nicht mobilen deutschen Wohnbevölkerung, nach Geschlecht, 1990-2008, in Prozent [25-39 Jahre]

		Männer	Frauen
USA	1990	78	50
	2000	85	54
	2005-08	86	55
Schweiz	1990	88	72
	2000	93	74
	2005-08	96	84
Deutschland	1991	90	70
	2000	89	74
	2006	85	74

Quelle: IPUMS USA 1990 und 2000, ACS 2005-08; Eidgenössische Volkszählungen 1990 und 2000 sowie EULFS 2005-08; Mikrozensen 1991, 2000 und 2006; eigene Berechnungen.

Die Erwerbstätigenquote von ausgewanderten Frauen dieser Altersgruppe hat im Zeitverlauf ebenfalls eine leichte Zunahme zu verzeichnen, allerdings von einem deutlich niedrigerem Niveau ausgehend (vgl. Tabelle 6.1). Während im Jahr 1990 eine Erwerbstätigenquote von ca. 72 % bei deutschen Auswanderinnen in die Schweiz verzeichnet wurde, gaben zehn Jahre später 74 % an, erwerbstätig zu sein, was in etwa den Anteilen an erwerbstätigen Frauen in der Kontrollgruppe entspricht. In den USA liegen die Anteile erwerbstätiger Frauen deutlich niedriger. Hier lässt sich eine leichte Zunahme der Erwerbstätigenquote von 50 auf 54 % zwischen beiden Zeitpunkten und in absoluten Zahlen eine Zunahme von ca. 3.500 auf ca. 11.500 weibliche Erwerbstätige konstatieren. Im weiteren Zeitverlauf zeigen sich bei den nicht mobilen deutschen Frauen und den Auswanderern in die USA minimale Unterschiede – allerdings zeichnet sich für die Schweiz eine weitere Zunahme von ca. 10 Prozentpunkten ab. Diese Ergebnisse zeigen, dass die Erwerbstätigkeit als Migrationsmotiv bei Frauen im Vergleich zu Männern zunächst eine geringere Bedeutung hat. Insbesondere für die USA lässt sich vermuten, dass viele Frauen ihre Ehemänner bei einer Migration begleiten. In diesem Sinne ist die Migration von Frauen nicht ausschließlich erwerbsorientiert, sondern größtenteils familiär bedingt. So zeigt sich bei einer Analyse der Erwerbstätigkeit nach Familienstand für die Jahre 1990 und 2000 deutlich, dass zum jetzigen oder früheren Zeitpunkt verheiratete im Vergleich zu ledigen Frauen eine geringere Erwerbstätigenquote aufweisen. Für das Jahr 1990 gaben 41 % der in die USA ausgewanderten verheirateten Frauen an, erwerbstätig zu sein; unter den ledigen Frauen waren es 73 %. Im Jahr 2000 waren 53 % der verheirateten deutschen Auswanderinnen erwerbstätig im Vergleich zu 76 % der ledigen. Auch für die Schweiz zeigt sich eine höhere Erwerbstätigenquote der ledigen Auswanderinnen: Im Jahr 1990 gaben 62 % der in die Schweiz ausgewanderten verheirateten Frauen an, erwerbstätig zu sein; unter den ledigen Frauen waren es 86 %, zehn Jahre später beträgt dieses Verhältnis 75 zu 90 %. Die deutsche Kontrollgruppe weist in beiden Jahren Relationen von 71 % zu 83 % bzw. 72 % zu 83 % auf. Gleichzeitig zeigt die Analyse der Erwerbstätigkeit von Männern nach Familienstand mit Ausnahme des Jahres 2000 für die Schweiz das konträre Bild: Verheiratete Männer sind zu einem höheren Anteil erwerbstätig als Ledige, Geschiedene oder Verwitwete.

Am Anfang des Kapitels wurde darauf verwiesen, dass von einer hohen Erwerbstätigkeit insbesondere der Hochqualifizierten auszugehen ist. Die Differenzierung der Erwerbstätigkeit nach Qualifikation zeigt hier einen positiven Zusammenhang. In beiden Zielländern hat der Anteil der hochqualifizierten Auswanderer im Zeitverlauf zugenommen (siehe Kapitel 6.2). Waren im Jahr 1990 erst ca. 68 % der hochqualifizierten Auswanderer in den USA erwerbstätig, waren es im Jahr 2000 ca. 76 % und im Durchschnitt der Jahre 2005-08 77 %. Eine ähnliche Entwicklung zeigt die Erwerbstätigkeit nach Qualifikation in der Schweiz, allerdings auch hier wieder von einem deutlich höheren Niveau ausgehend: Im Jahr 1990 betrug die Erwerbstätigenquote hochqualifizierter Auswanderer ca. 88 %, im Durchschnitt der Jahre 2005-08 waren es ca. 92 %. Gleichzeitig ist der Anteil der Erwerbstätigen unter den Geringqualifizierten im Zeitverlauf sehr schwankend. So waren im Jahr 1990 34 % der gering qualifizierten deutschen Auswanderer in die USA erwerbstätig, im Jahr 2000 waren es 54 % und im Durchschnitt der Jahre 2005-08 nur noch 19 %. Für die Schweiz zeigt sich dagegen im Zeitverlauf eine Zunahme der Erwerbstätigenquote gering qualifizierter deutscher Auswanderer von 56 % im Jahr 1990 auf ca. 78 % im

Durchschnitt der Jahre 2005-08. Damit sind die gering qualifizierten deutschen Auswanderer in der Schweiz zu einem höheren Anteil erwerbstätig als ihre deutsche Vergleichsgruppe mit 66 % im Jahr 1990, 67 % im Jahr 2000 und 61 % im Jahr 2006. Je höher der Ausbildungsabschluss desto höher ist auch die Erwerbstätigenquote.

6.4 Entwicklung des Qualifikationsniveaus

Ob sich diese höhere Erwerbstätigenquote auch in der Berufsqualifikation und Tätigkeit in wissensintensiven Wirtschaftszweigen fortsetzt, ist Inhalt des folgenden Abschnitts. Zum einen werden dabei die Berufsqualifikation und zum anderen die Tätigkeit nach wissensintensiven Wirtschaftszweigen dargestellt. Ersteres hat den Nachteil, dass die Erfassung der ausgeübten Berufe in den USA nicht nach der International Standard Classification of Occupations (ISCO) erfolgt, so dass Vergleiche zwischen den Staaten nicht möglich sind. Um trotzdem einen Eindruck der Auswanderung nach Berufsgruppen zu erlangen, werden ausgewählte US-amerikanische Berufsqualifikationen wie Führungskräfte in der Privatwirtschaft, Ingenieure, Mathematiker, Computerspezialisten, Naturwissenschaftler (als Anwendende und Schaffende von Wissen und Innovationen) sowie Professoren und wissenschaftliche Mitarbeiter (als Multiplikatoren dieser Kenntnisse) im Zeitvergleich näher betrachtet.

Ähnlich wie bei der Bildung setzt sich auch hier die Zunahme der Selektivität im Zeitverlauf fort. Im Jahr 1990 waren insgesamt ca. 22 % der deutschen Auswanderer in die USA in den ausgewählten Berufsgruppen tätig (ca. 13 % als Führungskräfte in der Privatwirtschaft, ca. 5 % als Ingenieure, Mathematiker, Computerspezialisten und Naturwissenschaftler und ca. 4 % als Professoren und wissenschaftliche Mitarbeiter). Der Anteil der in diesen Berufsgruppen Tätigen hat sich auf 37 % (im Jahr 2000) bzw. 42 % (im Durchschnitt der Jahre 2005-08) in etwa verdoppelt. Von dieser Entwicklung am meisten profitiert haben die Berufsgruppen der Ingenieure usw. (Anstieg von 5 auf 15 %) und der Professoren und wissenschaftlichen Mitarbeiter (Anstieg von 4 auf 8 %). (siehe Abbildung 6.3).

Abbildung 6.3: Entwicklung des Anteils deutscher Auswanderer mit ausgewählten beruflichen Tätigkeiten in den USA, 1990-2008, in Prozent [25-39 Jahre]

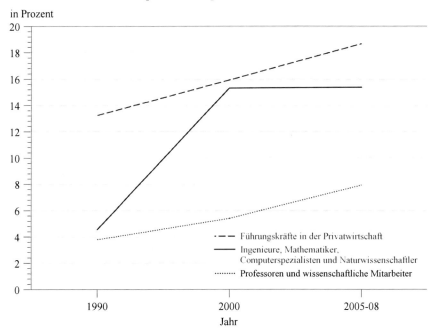

Quelle: IPUMS USA 1990 und 2000, ACS 2005-08

Eine weitere Möglichkeit, beschäftigungsbezogene Daten darzustellen, ist die Analyse der Tätigkeit nach Wirtschaftszweigen, die durch wissensintensive Dienstleistungen geprägt sind. Die Analyse nach Wirtschaftszweigen bietet die Möglichkeit des internationalen Vergleichs auf Basis der Nomenclature générale des activités économiques (NACE). Die NACE bildet den Rahmen für die Sammlung und Darstellung einer breiten Palette statistischer, nach Wirtschaftszweigen untergliederter Daten vor allem aus dem Bereich Wirtschaft (z. B. Produktion, Beschäftigung, Volkswirtschaftliche Gesamtrechnungen). Auf der Grundlage der NACE erstellte Statistiken sind europa- und im Allgemeinen auch weltweit vergleichbar und bieten die Möglichkeit einer Differenzierung zwischen wissensintensiven und weniger wissensintensiven Dienstleistungen sowie zwischen Spitzen- und hochwertiger Technologie und einem mittleren und niedrigen Technologieniveau. Zur Spitzen- und hochwertigen Technologie

gehören dabei die Codes 24, 29-35 aus dem Bereich ‚Verarbeitendes Gewerbe',
zu den wissensintensiven Dienstleistungen gehören die Codes 61, 62, 64-67, 70-
74, 80, 85 sowie 92 (Götzfried 2004). Mit Ausnahme des Landverkehrs; des
Transports in Rohrfernleitungen (Code 60) und der Hilfs- und Nebentätigkeiten
für Verkehr sowie Verkehrsübermittlung (Code 63) kann damit der Bereich
‚Verkehr und Nachrichtenübermittlung' (NACE I) den wissensintensiven
Dienstleistungen zugeordnet werden. Auch der Bereich K, der insbesondere
durch ‚Forschung und Entwicklung' geprägt ist (Codes 70-74), ‚Erziehung und
Unterricht (NACE M)' (Code 80), ‚Gesundheits- und Sozialwesen (NACE N)'
(Code 85) sowie ein Teil von NACE O, nämlich ‚Kultur, Sport und Unterhal-
tung' (Code 92) lassen sich diesen Dienstleistungen zuordnen. Da in den Daten-
sätzen nicht immer der NACE-Zweisteller zur Verfügung stand, kann der
Bereich ‚Verarbeitendes Gewerbe' nicht weiter differenziert werden. Die
Analyse wissensintensiver Dienstleistungen ist aber auch durch die NACE-
Einsteller möglich, da fast die kompletten Gruppen I, K, M und N zu den
wissensintensiven Dienstleistungen zählen.

Der Großteil der deutschen Auswanderer in die USA war im Jahr 1990 im
Bereich Handel/Instandhaltung und Reparatur (22 %), Verarbeitendes Gewerbe
(12 %), Erziehung und Unterricht sowie Gesundheits- und Sozialwesen (jeweils
ca. 12 %) tätig. Die beiden letzteren können den wissensintensiven Dienstleistungen zugeordnet werden. Weitere 8 % waren im Bereich Forschung und
Entwicklung sowie 7 % im Bereich Verkehr tätig, so dass insgesamt von etwa
40 % in wissensintensiven Dienstleistungen Tätigen ausgegangen werden kann.
Dieser Anteil hat sich, insbesondere durch die Verdreifachung im Bereich
Forschung und Entwicklung, auf 48 % im Jahr 2000 erhöht. In den Jahren 2005-
08 zeigen sich nur noch minimale Verschiebungen, die sich vor allem in leicht
ansteigenden Anteilen im Bereich Erziehung und Unterricht niederschlagen
(siehe Tabelle 6.2). Für die USA kann also für die Mehrzahl der Wirtschaftszweige, die den wissensintensiven Dienstleistungen zugeordnet werden und die
für gesellschaftliche und wirtschaftliche Entwicklung als besonders bedeutsam
gelten, erstens eine positive Selektivität und zweitens ein steigender Anteil an
dort tätigen deutschen Auswanderern festgestellt werden. Dieser wird im Vergleich des Jahres 2000 mit dem Durchschnitt der Jahre 2005-08 durch den schon
mehrfach beschriebenen quantitativen Effekt leicht abgeschwächt.

Auch in der Kontrollgruppe der nicht mobilen Deutschen hat sich der Anteil der in wissensintensiven Dienstleistungen Tätigen von ca. 28 % auf rund
34 % gesteigert, ist aber im Vergleich zu den deutschen Auswanderern in den
USA und in der Schweiz noch deutlich unterproportional. Besonders auffällig
ist die Abweichung der Anteile in den Bereichen Forschung und Entwicklung
sowie Erziehung und Unterricht.

Tabelle 6.2: Erwerbstätigkeit deutscher Auswanderer in den USA und der Schweiz nach Wirtschaftszweigen (NACE Rev. 1.1) im Vergleich mit der nicht mobilen deutschen Wohnbevölkerung, 1990-2008, in Prozent [25-39 Jahre]

	USA			Schweiz			Deutschland		
	1990	2000	2005-2008	1990	2000	2005-2008	1991	2000	2006
Landwirtschaft etc. (A/B)	1	1	1	1	1	1	4	2	2
Verarbeitendes Gewerbe (D)	12	18	20	19	19	15	31	24	22
Handel (G)	22	12	12	8	9	8	12	14	15
Gastgewerbe (H)	2	2	3	6	7	6	2	2	3
Verkehr (I)	7	5	3	2	4	3	6	6	6
Versicherungsgewerbe (J)	6	5	3	3	6	8	4	4	4
Forschung und Entwicklung (K)	8	22	22	9	19	19	13	9	12
Öffentliche Verwaltung (L)	8	4	7	1	1	1	9	8	7
Erziehung und Unterricht (M)	12	13	16	12	11	12	1	4	5
Gesundheitswesen (N)	12	8	6	29	17	18	8	10	11
sonstige Wirtschaftszweige (C, E-F, O-Q)	10	9	8	9	6	9	11	15	14

Quelle: IPUMS USA 1990 und 2000, ACS 2005-08; Eidgenössische Volkszählungen 1990 und 2000 sowie EULFS 2005-08; Mikrozensen 1991, 2000 und 2006; eigene Berechnungen.

Die deutschen Auswanderer in die Schweiz weisen im Vergleich zu der deutschen Kontrollgruppe ebenfalls eine positive Selektivität auf: So waren im Jahr 1990 ca. 52 % der deutschen Auswanderer in den den wissensintensiven Dienstleistungen zugeordneten Bereichen tätig: ca. 29 % arbeiteten im Bereich Gesundheits- und Sozialwesen und ca. 12 % im Bereich Erziehung und Unterricht.

Während sich bei letzterem im Vergleich der Jahre 1990 und 2000 kaum Änderungen ergaben, hat der Bereich Forschung und Entwicklung eine deutliche Zunahme seines Anteils von 9 auf ca. 19 % zu verzeichnen und der Bereich Gesundheits- und Sozialwesen eine Abnahme (siehe Tabelle 6.2). Diese Angaben werden durch die Auswertungen des EULFS für die Schweiz für die Jahre 2005-08 bestätigt. Mit Ausnahme des Bereiches Verarbeitendes Gewerbe erfolgten nur noch minimale Verschiebungen. Die Abnahme des Anteils der im Gesundheits- und Sozialwesen tätigen deutschen Auswanderer erstaunt zunächst, da die Auswanderung in die Schweiz vor allem mit der Auswanderung von Ärzten und weiterem Gesundheitspersonal assoziiert wird, was auch bisherige Untersuchungen zur Anzahl der in der Schweiz praktizierenden deutschen Ärzte bestätigen (*Kopetsch* 2008, 2009). Die Schweizer Volkszählungen bieten die Möglichkeit, die berufliche Tätigkeit nach der International Standard Classification of Occupations (ISCO) auszuwerten. Auch hier zeigt sich bei einer Zusammenfassung von Berufen im Gesundheitsbereich (ISCO-Berufsuntergruppen 222, 223, 322 sowie 323) ein rückläufiger Anteil von ca. 25 % im Jahr 1990 auf 17 % im Jahr 2000. Dieser ist vor allem durch die stark sinkende Anzahl zeitnah ausgewanderter nicht-wissenschaftlicher Krankenschwestern/-pfleger (ISCO Berufsgattung 3231) von ca. 1.600 im Jahr 1990 auf knapp 800 im Jahr 2000 begründet. Die absolute Anzahl, aber auch der Anteil, von kürzlich ausgewanderten deutschen Ärzten, Zahnärzten, Tierärzten sowie Apothekern (ISCO-Berufsuntergruppe 222) hat sich dagegen mehr als verdoppelt: im Jahr 2000 waren es ca. 850 Personen, die einen dieser Berufe ausübten, was ca. 7 % aller kürzlich ausgewanderten deutschen Beschäftigten entspricht. Leider können aufgrund von Fallzahlproblemen mit dem EULFS keine weiterführenden und aktuellen Entwicklungen nachgezeichnet werden.

Insgesamt zeigt die Differenzierung nach ausgewählten Berufsqualifikationen (USA) und Tätigkeit nach Wirtschaftszweigen (beide Zielländer), dass auch hier eine positive Selektivität der Auswanderer vorliegt, und insbesondere Personen auswandern, die in für die gesellschaftliche und wirtschaftliche Entwicklung besonders wichtigen Bereichen arbeiten, und dass deren Auswanderung im Zeitablauf zugenommen hat.

6.5   Fazit: Brains keep on draining!

Die Zensus-Daten der USA und der Schweiz boten die Möglichkeit, die zeitliche Entwicklung der Selektivität deutscher Auswanderer zu analysieren und daraus Rückschlüsse auf die Bedeutung der Migration Hochqualifizierter für die gegenwärtige Auswanderung aus Deutschland zu ziehen. Neben der bereits zuvor analysierten Auswanderung in die Europäische Union konnte zudem die Entwicklung in die beiden gegenwärtig wichtigsten Zielländer deutscher internationaler Migranten nachgezeichnet werden.

Die empirischen Analysen bestätigten die bisherigen Ergebnisse: Deutsche Migranten sind im Vergleich zur nicht mobilen deutschen Wohnbevölkerung eine positiv selektierte Gruppe. Weiterhin wurde die zunehmende Selektivität im Zeitablauf deutlich. Im Jahr 1990 wiesen ca. 45 bzw. 47 % der 25- bis 39-jährigen deutschen Auswanderer in die USA bzw. die Schweiz einen tertiären Bildungsabschluss auf. Im Jahr 2000 betrug dieser Anteil 65 bzw. 69 % und ist bis 2005-08 in etwa gleich geblieben. Dagegen weist die deutsche Kontrollgruppe über alle drei Zeiträume hinweg einen nur leicht steigenden Anteil von jeweils ca. 25 % an Hochqualifizierten auf.

Gleichzeitig ist in den USA auch der Anteil an mit bestimmten Berufsqualifikationen ausgewanderten Deutschen angestiegen, die für die gesellschaftliche und wirtschaftliche Entwicklung als besonders relevant gelten (Führungskräfte in der Privatwirtschaft, Ingenieure, Mathematiker, Computerspezialisten, Naturwissenschaftler (als Anwendende und Schaffende von Wissen und Innovationen) sowie Professoren und wissenschaftliche Mitarbeiter (als Multiplikatoren dieser Kenntnisse). Auch die Analyse der Tätigkeit nach wissensintensiven Dienstleistungen offenbart deutliche Unterschiede zwischen deutschen Auswanderern und der nicht mobilen deutschen Wohnbevölkerung. Beide Zielstaaten weisen einen starken Zuwachs bei im Bereich ‚Forschung und Entwicklung' Tätigen auf. Der Anteil dieser Personengruppe betrug seit dem Jahr 2000 in den USA knapp über, und in der Schweiz knapp unter 20 %. Deutliche Unterschiede zeigen sich auch für den Bereich des Gesundheitswesens; der für 25- bis 39-jährige deutsche Auswanderer in die Schweiz eine wesentlich höhere Bedeutung (2-3fach höhere) aufweist als für die in den USA Tätigen oder die deutsche Kontrollgruppe. Die Verschiebung des Anteils an hochqualifizierten deutschen Auswanderern zeigt aber auch, dass die Zunahme der Auswanderung insgesamt durch die Zunahme der räumlichen Mobilität insbesondere von Hochqualifizierten zu erklären ist.

Verstärkt oder abgeschwächt werden diese qualitativen durch quantitative Effekte, und zwar einerseits durch die Entwicklung der Anzahl der Auswanderer, andererseits durch die Entwicklung der Anzahl der erwerbstätigen Personen. Die Anzahl ausgewanderter 25- bis 39-jähriger Deutscher in die Schweiz hat sich im Zeitverlauf von 1990 bis 2005-08 in etwa vervierfacht. Es ist zu vermuten, dass diese Zunahme in Zusammenhang mit den geänderten Einreisebedingungen in die Schweiz steht: Am 01.06.2002 trat das Freizügigkeitsabkommen zwischen der Schweiz und der EU inkraft, seit dem 01.06.2007 gilt versuchsweise die vollständige Personenfreizügigkeit, die die vorher geltenden Kontingentierungen aufhob und das Prinzip des Inländervorrangs auf dem Arbeitsmarkt abschaffte (*Bundesamt für Statistik* 2009: 2). Dieser Effekt wird durch die zunehmende Partizipation am Arbeitsmarkt verstärkt. Für die Schweiz kann damit neben einem positiv selektierenden qualitativen noch ein quantitativer Effekt festgehalten werden, der für einen im Zeitablauf steigenden ‚brain drain' in die Schweiz spricht. Für die USA dagegen fällt eine Einschätzung schwerer. Die Entwicklung der Größenordnung der ausgewanderten Deutschen in die USA ist schwankend verlaufen, so dass positive qualitative Effekte zwar bei einem Vergleich der Jahre 1990 und 2000 um positive quantitative Effekte verstärkt, aber bei einem Vergleich der Jahre 2000 und 2005-08 abgeschwächt werden, so dass eher von einem gegenwärtig abnehmenden ‚brain drain' gesprochen werden kann. Da insbesondere die Auswanderungszahlen in den Jahren nach dem 11. September 2001 gesunken waren, und bereits die vergangenen zwei bis drei Jahre wieder steigende Auswanderungszahlen zeigten, ist aber für die Zukunft wieder von einer Verstärkung des qualitativen durch den quantitativen Effekt auszugehen.

7 Gegangen, um zu bleiben? Die Dauerhaftigkeit der Auswanderung deutscher Staatsbürger

Im Fokus der beiden vorangegangenen Kapitel stand die Darstellung des Umfangs und der zeitlichen Entwicklung der internationalen Migration Deutscher, vor allem im Hinblick auf ihre Qualifikation. Diese Kapitel haben deutlich gezeigt, dass deutsche Auswanderer eine zunehmend positiv selektierte Gruppe darstellen, und dass sich gleichzeitig unter den Rückwanderern ein ähnlich hoher Anteil an Hochqualifizierten findet. Ob von einem Verlust, Gewinn oder ausgeglichenen Verhältnis an Humankapital für Deutschland durch Migration und Remigration ausgegangen werden kann, ist zusammen mit den soziostrukturellen Merkmalen der Wandernden davon abhängig, wie viele Personen dauerhaft im Ausland verbleiben. In diesem Kapitel wird daher der Frage der Dauerhaftigkeit der Migrationsentscheidung nachgegangen, um Aussagen über einen möglichen Verlust oder Gewinn von hochqualifizierten Deutschen treffen zu können. Einige Studien deuten darauf hin, dass Rückwanderung in einem Alter stattfindet, in dem die im Zielland erworbenen Kenntnisse und Fähigkeiten nur noch für einen begrenzen Zeitraum dem Arbeitsmarkt des Ziellandes zur Verfügung stünden. Einhergehend mit der Analyse der Dauerhaftigkeit wird daher der Frage des Rückwanderungsalters nachgegangen.

Sowohl der EULFS als auch die Zensus-Daten sind nur bedingt geeignet, um Rückschlüsse auf die Dauerhaftigkeit der Migrationsenscheidung zu ziehen. Weitaus bessere Informationen zur Messung der Dauerhaftigkeit der Migrationsentscheidung können aus der deutschen Wanderungsstatistik des Statistischen Bundesamtes und den Daten der Deutschen Rentenversicherung gewonnen werden. Die deutsche Wanderungsstatistik basiert auf den An- und Abmeldungen bei den kommunalen Meldebehörden. Sie gibt einen guten Überblick über das (periodenbezogene) Wanderungsvolumen und liefert damit auch erste interessante Hinweise auf das Ausmaß der Rückwanderungen bzw. der im Ausland Verbleibenden. Problematisch ist – neben der Querschnittsbetrachtung, durch die nur Vergleiche im Aggregat möglich sind –, dass die Qualität dieser Statistik vom An- und Abmeldeverhalten der Bürger abhängt, und dass sie nicht personen-, sondern fallbezogen ist. Damit ist sie nur bedingt geeignet, Aussagen über den Anteil an dauerhaft im Ausland verbleibenden

Deutschen zu treffen. Die Daten der Deutschen Rentenversicherung bieten dagegen mit den Informationen über den Rentenbestand Angaben auf Individualebene über abgeschlossene Erwerbsverläufe älterer Geburtskohorten (1909-1950). Damit lässt sich das Auswanderungs- und Verbleibsverhalten sowohl über die im Ausland erworbenen Rentenanwartschaftszeiten als auch über den Ort des Rentenbezugs analysieren, wodurch personenbezogene Verbleibsquoten generiert werden können.

Das Kapitel ist wie folgt gegliedert: In einem ersten Schritt wird ein Überblick über den Forschungsstand zur Permanenz von Wanderungen deutscher Staatsbürger vorgestellt (Kapitel 7.1). Dabei wird deutlich, dass dieses Thema bisher von geringem wissenschaftlichem Interesse war und daher nur wenige Arbeiten zu sehr speziellen Gruppen an Auswanderern umfasst. Im Anschluss daran werden in Kapitel 7.2 die Forschungskonzeption und Datengrundlagen der empirischen Analysen präsentiert und im Hinblick auf ihre Vor- und Nachteile beschrieben. Bevor die empirischen Analysen zur Dauerhaftigkeit der Migrationsentscheidung vorgestellt werden, erfolgen in Kapitel 7.3 Auswertungen zum Rückwanderungsalter. In zwei weiteren Schritten werden die wichtigsten Ergebnisse zur Dauerhaftigkeit der Migrationsentscheidung zunächst auf Basis der Wanderungsstatistik im Periodenvergleich (Kapitel 7.4) und anschließend auf Grundlage der Daten der Deutschen Rentenversicherung im Kohortenvergleich (Kapitel 7.5) vorgestellt und diskutiert. Wie viele Personen verlassen Deutschland dauerhaft? Lassen sich hier nach Zielländern unterschiedliche Verbleibsquoten feststellen und warum? Der Anteil der dauerhaft im Ausland Verbleibenden bzw. der Anteil der Rückwandernden sowie deren Alter haben Auswirkungen auf einen möglichen Gewinn oder Verlust von hochqualifizierten Deutschen und werden in ihren wichtigsten Aussagen im abschließenden Fazit zusammengefasst (Kapitel 7.6).

7.1 Forschungsstand zur Dauerhaftigkeit der Auswanderung

Der weit überwiegende Teil der Studien zur Rückkehr konzentriert sich auf die Remigration von Migranten aus weniger entwickelten Staaten in ihre Heimatländer. Zur Aus- und Rückwanderung aus hochentwickelten Staaten liegen dagegen wenige Studien vor (siehe auch Kapitel 5.1). Nicht überraschend ist daher, dass Analysen zur Dauerhaftigkeit der Migration und zur Dauer des Auslandsaufenthaltes noch sehr viel seltener existieren. Diesbezüglich können zwei Arten von Studien unterschieden werden: Zum einen Untersuchungen, die auf der Analyse von Verbleibs- bzw. Rückkehrabsichten basieren und zum anderen solche, die tatsächlich erfolgte Remigrationen spezieller Gruppen untersuchen. In ersteren Studien werden stellvertretend für das tatsächliche Verbleibs- bzw. Rückwanderungsverhalten bereits Ausgewanderte in ihrem Zielland zu ihren Verbleibs- bzw. Rückkehrabsichten befragt. Weitere Studien zu Verbleibs- bzw. Rückkehrabsichten basieren auf Aussagen, die bereits vor der eigentlichen Auswanderung getroffen wurden. Ob die ursprünglich geplante temporäre Migration sich nicht zu einem späteren Zeitpunkt verfestigt und in eine dauerhafte Auswanderung mündet oder ob eine beabsichtigte dauerhafte Auswanderung abgebrochen wird, wird in diesen Studien jedoch nicht untersucht. So zeigen Analysen des Survey of Earned Doctorates des National Research Council, dass Deutsche, die an einer amerikanischen Hochschule promoviert haben, über eine geringe Rückkehrbereitschaft verfügen: So gaben im Jahr 1998 rund 66 % an, dauerhaft im Ausland verbleiben zu wollen, was im Vergleich zum Jahr 1980 (40 %) einen starken Zuwachs darstellt (*Buechtemann* 2001: 44). *Backhaus et al.* (2002: 86) stellen dagegen fest, dass von im Ausland lebenden Deutschen mit akademischem Abschluss 43 % dauerhaft im Ausland verbleiben möchten. Sicher zurückkehren werden nur 13 % und weitere 44 % sind unentschlossen.

Zu Verbleibs- bzw. Rückwanderungsabsichten liegen mittlerweile auch einige Anhaltspunkte auf Basis der SOEP-Daten vor. Im Rahmen eines seit dem Jahr 2005 laufenden Pilotprojektes werden auch hier ins Ausland verziehende Personen weiterbefragt. Bisherige Auswertungen der vorliegenden Daten basieren auf äußerst geringen Fallzahlen (32 Personen), zeigen aber, dass etwa fünf Sechstel der Befragten einen dauerhaften Verbleib im Ausland planen (*Erlinghagen et al.* 2009). Die häufig mit besonderer Sorge betrachtete Gruppe der Hochschulabsolventen plant allerdings nur selten eine dauerhafte Migration. Diese Gruppe zeichnet sich vielmehr durch ein generell hohes Ausmaß an Flexibilität und Mobilität aus. Dies bestätigt auch ein im Auftrag des Bundesministeriums für Wirtschaft und Technologie (BMWi) vom Institut Prognos AG durchgeführtes und im Juni 2008 veröffentlichtes Gutachten. Zielgruppe dieser Studie waren hochqualifizierte Personen, die mit dem Ziel der dauerhaften Auswanderung Deutschland verlassen haben und sich mittlerweile seit mindestens zwei Jahren im Ausland aufhalten. Diese, allerdings nicht-repräsentative, Befragung zeigt ebenfalls, dass die Rückkehrbereitschaft der deutschen Fach- und Führungskräfte hoch ist. So gaben 7 % der Befragten an, dass für sie die Rückkehr bereits feststeht, weitere 46 % können sich eine Rückkehr in absehbarer Zeit vorstellen (*Prognos* 2008). Angesichts der Tatsache, dass das Kriterium dauerhafte Auswanderung als Auswahlkriterium der Studie galt und damit Personen, die einen zeitlich befristeten Auslandsaufenthalt planten, eigentlich ausgeschlossen sind, liegt der Anteil der Rückkehrbereiten doch erstaunlich hoch.

Andere Studien, die das tatsächliche Migrationsgeschehen spezieller Gruppen von Hochqualifizierten analysieren, gehen von niedrigeren Werten für dauerhafte Migration aus. 48,9 % der deutschen Wissenschaftler, deren Auslandsaufenthalt im Jahr 2007 durch eine Förderorganisation unterstützt wurde, hielten sich weniger als ein Jahr im Ausland auf, 16,5 % ein bis drei Jahre und 0,7 % länger als drei Jahre. Allerdings ist dabei zu berücksichtigen, dass bei etwa einem Drittel der deutschen Wissenschaftler, die sich im Ausland aufhalten, keine Angaben zur Aufenthaltsdauer vorliegen (*DAAD* 2009). Auch aus einer umfangreichen Evaluation des Stipendiatenprogramms der DFG lassen sich Rückschlüsse zur internationalen Mobilität von Wissenschaftlern ziehen (*Enders/Mugabushaka* 2004). Danach lebten 72 % der Befragten während der Zeit ihrer DFG-Förderung im Ausland. Dabei dauerte der erste Auslandsaufenthalt im Durchschnitt 16,4 Monate für Postdoktoranden, 16,5 für Forschungsstipendiaten und 10,3 Monate für Habilitanden. Hinsichtlich des Verbleibs der ehemaligen Stipendiaten im Ausland stellt die Studie fest, dass insgesamt 15 % der Geförderten noch heute im Ausland leben. Die Ergebnisse der Kasseler Promoviertenstudie (siehe auch Kapitel 5.1) zeigen dagegen längere Auslandsaufenthalte. Rückkehrer, die nach einer Auslandstätigkeit wieder in Deutschland beschäftigt sind, hielten sich im Schnitt zwischen drei und fünf Jahren im Ausland auf (*Enders/Bornmann* 2002).

Weitere Studien konzentrieren sich auf den Verbleib bestimmter Zuwanderergruppen in ausgewählten Zielländern, vor allem in den USA. Diese Untersuchungen weisen deutlich höhere Anteile an dauerhaft im Ausland verbleibenden deutschen Auswanderern nach. So stellt beispielsweise *Finn* (2007) den Verbleib von Personen dar, die in den USA im Bereich „Science and Engineering" promoviert haben. Für diese Gruppe kann er zeigen, dass der Anteil von denjenigen, die 1990/91 promoviert haben und die vier bis fünf Jahre später noch in den USA lebten, in etwa 35 % betrug. Bei denjenigen, die 1994/95 promovierten, ist dieser Anteil der dauerhaft im Land Verbleibenden auf ca. 53 % gestiegen und verharrt seitdem mit leichten Schwankungen in etwa bei diesem Wert (*Finn* 2007: 9). Durch den Vergleich zweier Zensen bestimmt *Tritah* (2008: 84ff.) Verbleibsquoten für bestimmte Zuwandererkohorten. Demnach kehren ca. 20 bis 30 % der deutschen Auswanderer in die USA wieder nach Deutschland zurück oder wandern in einen Drittstaat weiter. Diejenigen, die rückwandern, sind zwar älter und stehen dem Arbeitsmarkt damit nur noch für einen kürzeren Zeitraum zur Verfügung, verfügen aber in etwa über ein ähnlich hohes Bildungsniveau wie die in den USA verbleibenden Deutschen.

Die genannten Studien zeigen ein sehr heterogenes Bild der Dauerhaftigkeit der Auswanderung Deutscher. Nach den Untersuchungen der DFG sind es 15 % der von ihr Geförderten, die zum Zeitpunkt der Untersuchung noch im

Ausland lebten. Dagegen zeigt die Studie von *Buechtemann* (2001) einen geplanten Verbleib bei 66 % und die explorative Erhebung auf Basis des SOEP sogar einen geplanten Verbleib bei über 80 % der Befragten an (*Erlinghagen et al.* 2009). Diese gewaltige Spannbreite an Verbleibsquoten ist vor allem durch die unterschiedlichen betrachteten Zielgruppen sowie herangezogenen Datensätze bedingt. Wünschenswert wäre eine möglichst breite Erfassung der tatsächlich erfolgten Aus- und Rückwanderungen, um auf diese Weise Aussagen zur Dauerhaftigkeit der Migration gewinnen zu können. Eine Möglichkeit, das Rückkehrverhalten umfassend abzubilden, besteht in der Erfassung der Rückwandernden in ihrem Heimatland. Ein solches Vorgehen wurde bisher noch nicht für deutsche Aus- bzw. Rückwanderer angewendet. Das folgende Kapitel verfolgt das Ziel, diese Lücke zu schließen.

7.2 Forschungskonzeption und Datengrundlagen

Die Analyse der deutschen Wanderungsstatistik sowie der Daten der Deutschen Rentenversicherung bieten die Möglichkeit, die tatsächliche Rückkehr (und nicht deren Absicht) von einer möglichst breiten Gruppe an Rückwanderern zu erfassen und damit die Dauerhaftigkeit der Migration zu bestimmen.

Die deutsche Wanderungsstatistik (siehe Kapitel 4.1) weist auch die Zuzüge von Deutschen aus. Diese umfassen eine sehr heterogene Gruppe: Erstens Deutsche, die nach einem Auslandsaufenthalt nach Deutschland zurückkehren und zweitens Nachkommen von Deutschen, die während des Aufenthalts der Eltern im Ausland geboren wurden. Drittens wird auch ein Großteil der zuziehenden (Spät-)Aussiedler unter dieser Gruppe subsumiert. Während in den vergangenen Jahrzehnten im Ausland geborene Nachkommen von Deutschen einen eher geringen Anteil an den Zuzügen ausmachen, stellen (Spät-) Aussiedler hier einen sehr hohen Anteil, was zu sehr starken Überschätzungen der Zuzüge von Deutschen aus dem gesamten Ausland führt. Das hat zur Folge, dass die Zuzüge von Deutschen aus dem Ausland insgesamt nicht als Rückzüge bzw. Rückwanderungen gewertet werden können. Der überwiegende Teil der (Spät-)Aussiedler stammt aus ost- und südosteuropäischen Staaten sowie den Nachfolgestaaten der UdSSR. Um im Folgenden (Spät-)Aussiedler aus der Analyse ausschließen zu können, findet eine Beschränkung auf die EU-14, zusätzlich Norwegen und die Schweiz sowie die vier klassischen Einwanderungsländer Australien, Kanada, Neuseeland und die USA statt, die zwischen 1967 und 2008 jeweils mehr als zwei Drittel der Fortzüge auf sich vereinigen und damit gleichzeitig die wichtigsten Herkunftsregionen deutscher Rückwanderer sind.

Da jeder Fort- bzw. Zuzug als unabhängiges Ereignis gewertet wird, ist eine Verknüpfung von Zu- und Fortzügen derselben Person nicht möglich. Sowohl Fort- als auch Zuzugszahlen spiegeln damit nicht die Zahl migrierender Personen, sondern die Zahl von Wanderungsfällen wider, so dass Aussagen zur Dauerhaftigkeit des Auslandsaufenthaltes nur „über Umwege" und nur im Zeit- oder Periodenvergleich getroffen werden können. Um das Ausmaß permanenter versus temporärer internationaler Migration deutscher Staatsbürger abzuschätzen, können u.a. der Wanderungssaldo (Differenz zwischen Fort- und Zuzügen), die Rückkehrrate (Anteil der Zuzüge an der nicht mobilen Bevölkerung) oder die Rückwanderungsquote (Verhältnis zwischen Fort- und Zuzügen) herangezogen werden. Für eine Annährung an die Dauerhaftigkeit der Migration ist letztendlich aber nur letztere Maßzahl geeignet, weil diese angibt, wie viele Fort- durch Zuzüge kompensiert werden und daraus geschlossen werden kann, wie viele Personen dauerhaft im Ausland verbleiben.

Dieser Index wurde bisher ausschließlich dazu genutzt, um den Verbleib von Gastarbeitern in Deutschland zu analysieren. Die Begrifflichkeit der Rückwanderungsquote suggeriert, dass es sich hier um eine personenbezogene Rückwanderung handelt. Das oben beschriebene Verhältnis spiegelt letztendlich aber nur wider, wie viele Fortzugs- von Zuzugsfällen kompensiert werden. Das Ergebnis dieser Maßzahl ist dabei immer von der Wahl des betrachteten Zeitraums abhängig. Ein hoher „Anteil an Rückkehrern" bzw. temporären Migranten könnte z.B. dadurch zu Stande kommen, dass während einer Krise (z.B. negative bzw. nicht absehbare wirtschaftliche Entwicklung in der Nachkriegszeit) sehr viele Personen abgewandert sind und bei Verbesserung der wirtschaftlichen Situation zurückkehrten. Weiterhin ist problematisch, dass bei einer Betrachtung identischer Zeiträume sowohl bei den Fort- als auch den Zuzügen zumindest teilweise Größen miteinander in Relation gesetzt werden, die unmöglich miteinander verglichen werden können: z.B. bei einer Betrachtung des Zeitraumes t_0=1980 bis t_1=1989 werden u.a. Fortzüge des Jahres 1989 mit den Zuzügen des Jahres 1980 ins Verhältnis gesetzt oder bei der Betrachtung des Jahres 2000 werden Zuzüge, die im Januar erfolgten mit Fortzügen, die im Dezember desselben Jahres stattfanden in Relation gesetzt.

Um dieses Problem zumindest teilweise umgehen und um feststellen zu können, wie viele Fortzugs- durch Zuzugsfälle kompensiert werden, wird in diesem Kapitel eine versetzte Betrachtungsweise gewählt. Die Untersuchungen der Dauer des Auslandsaufenthaltes von Personen, die von Wissenschaftsförderorganisationen unterstützt wurden, betrug in der Regel ein Jahr und weniger. Daher wird in einem ersten Schritt eine vergleichsweise kurze Migrationsdauer von maximal zwei Jahren unterstellt. Es wird daher eine Rückwanderungsquote (RQ_1) aus dem Verhältnis der Fort- und Zuzüge pro Folgejahr bestimmt. Andere

Untersuchungen, z.B. *Endres et al.* (2002) zeigen eine längere Dauer des Auslandsaufenthaltes von drei bis fünf Jahren an. Studien zur Rückkehr skandinavischer Staatsangehöriger zeigen, dass nach fünf Jahren des Auslandsaufenthalts die Wahrscheinlichkeit einer Rückkehr rapide sinkt (*Klinthäll* 1999; *Edin et al.* 2000: 173ff.; *Poutvaara et al.* 2009: 5). Unter der Annahme, dass die Migration der skandinavischen und deutschen Staatsangehörigen sich nicht gravierend unterscheidet, werden daher in einem zweiten Schritt die Fortzüge eines Jahres t_0 den Zuzügen der Jahre t_1 bis t_5 gegenübergestellt. Für die Jahre t_1 bis t_5 wird eine gleiche Verteilung der Rückwanderungswahrscheinlichkeit unterstellt und somit der Durchschnitt der Zuzüge in diesem Zeitraum herangezogen (Rückwanderungsquote (RQ_2)).

Das Fort- und Zuzugsverhalten Deutscher lässt sich ebenfalls mit den Daten der Deutschen Rentenversicherung analysieren, da in ihr sowohl Auslandsaufenthalte durch im Ausland erworbene Rentenansprüche als auch ein Auslandsrentenbezug dokumentiert sind (*Mika* 2006; *Mika* 2007). Für die nachfolgenden Analysen wird auf die Rentenbestandsstatistik des Jahres 2008 zurückgegriffen. Festgehalten werden neben demographischen Angaben wichtige rentenrechtliche Tatbestände wie z.B. Rentenhöhe und Komponenten des Rentenzahlbetrags, Rentenart, Entgeltpunkte, versicherungsrechtliche Zeiten sowie Migrationsmerkmale. Über den Rentenbestand können abgeschlossene Erwerbsverläufe älterer Geburtskohorten retrospektiv betrachtet werden. Mit den Daten der Deutschen Rentenversicherung können damit genauere Aussagen über die Permanenz der Migration getroffen werden als mit den Daten der deutschen Wanderungsstatistik, weil sie auf Individualebene vorliegen und dadurch auch eine personenbezogene – und nicht nur wie in der Wanderungsstatistik über Aggregatvergleiche von Fort- und Zuzügen näherungsweise – Analyse von Verbleibsquoten erlauben.

Über die Anerkennung von Zeiten nach dem Fremdrentengesetz (FRG) können (Spät-)Aussiedler identifiziert und von der Untersuchung ausgeschlossen werden. Die Deutschen werden dabei anhand der letzten Staatsangehörigkeit identifiziert, d. h. alle eingebürgerten Ausländer werden datenbedingt den Deutschen und alle Deutschen, die sich im Zielland haben einbürgern lassen, den Ausländern zugerechnet. Überschätzungen der Anzahl der Rückwanderer könnten sich dadurch ergeben, dass Ausländer nach ihrer Einbürgerung zusätzliche Rentenansprüche im Ausland erwerben, z. B. im Herkunftsland; ebenso wie sich Unterschätzungen durch eine hohe Anzahl an im Zielland eingebürgerten Deutschen ergeben können. Ebenfalls zu berücksichtigen gilt, dass für das Herkunftsland der Migrationsbewegungen nur Informationen über das jeweils letzte Vertragsland vorliegen. Auch muss darauf hingewiesen werden, dass im Rentenbestand nur diejenigen erfasst werden, die im Laufe ihres Erwerbslebens einer sozialversicherungspflichtigen Beschäftigung nachgegangen sind. Beamte und Selbstständige sind damit ausgenommen.

Ein generelles Problem der Untererfassung der Migrationen beim Rentenbestand besteht darin, dass die Fälle ausgeblendet werden, die die Altersrente nicht erreicht und damit im Rentenbestand nicht enthalten sind. Dabei ist über die Migration der bis heute Gestorbenen nichts bekannt, was umso schwerer wiegt, je höher die betrachtete Altersgruppe im Rentenbestand ist. Insofern sind die Auswertungen des Rentenbestands mit einer deutlichen (absoluten) Unterschätzung verbunden. Die relativen Verbleibs- bzw. Rückwanderungswahrscheinlichkeiten der einzelnen Kohorten sind hingegen insofern von der Selektion durch die Sterblichkeit unberührt, als davon ausgegangen werden kann, dass die Rückwanderung in gleicher Größenordnung für die Überlebenden erfolgt, wie sie für die bereits Verstorbenen erfolgt wäre.

Aus Gründen der Repräsentativität muss die Untersuchung ferner auf die männlichen Altersrenten eingegrenzt werden. Um im Rentenbestand erfasst zu werden, müssen mindestens fünf Jahre Einzahlungen in die Deutsche Rentenversicherung erfolgt sein. Ein überwiegender Teil aller Rentner erfüllt diese Wartezeit von fünf Jahren, so dass die heutigen Altersrentenfälle repräsentativ für die männliche erwerbstätige Bevölkerung ca. der Jahre 1955-2008 sind. Ferner beträgt die Erwerbsquote in diesem Zeitraum mindestens ca. 95%, wodurch angenommen werden kann, dass die Auswahl der Erwerbstätigen fast vollständig die gesamte männliche Bevölkerung abdeckt. Es muss jedoch davon ausgegangen werden, dass für Frauen auf Grund der niedrigeren Erwerbsbeteiligung die Daten nicht repräsentativ sind. Um im Folgenden die Angaben von Wanderungsstatistik und den Daten der Deutschen Rentenversicherung in Bezug auf die Dauerhaftigkeit der Migration miteinander vergleichen zu können, werden beide Datensätze auf männliche deutsche Aus- und Rückwanderer begrenzt.

7.3 Alter der Rückwanderer – too old for a ‚brain gain'?

Bevor auf die Bestimmung der Dauerhaftigkeit der Migration eingegangen wird, wird das Alter der Rückwanderer näher betrachtet. Das hat vor allem zwei Gründe: Erstens betrachten wir Dauerhaftigkeit, um daraus Aussagen über einen möglichen Verlust oder Gewinn an hochqualifizierten Personen treffen zu können. Als Argument zur Abschwächung positiver Effekte durch Rückwanderung wird angeführt, dass rückwandernde Migranten eher älter seien, damit dem Arbeitsmarkt nur noch für begrenze Zeit zur Verfügung stünden und deshalb das

im Zielland erworbene Humankapital nicht mehr zum Nutzen der Herkunfts-
volkswirtschaft eingesetzt werden könne.

Abbildung 7.1: Altersstruktur deutscher Aus- und Rückwanderer, nach
Geschlecht, Durchschnitt der Jahre 2005-07, in Prozent

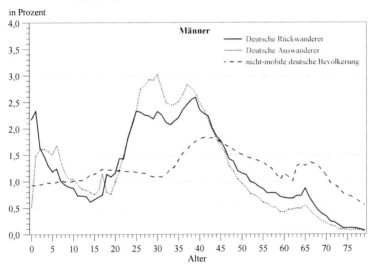

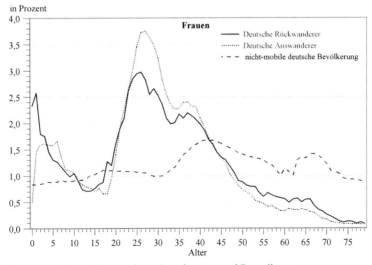

Quelle: Statistisches Bundesamt; eigene Berechnungen und Darstellung.

Die Analyse des Rückwanderungsalters wird mit Hilfe der Wanderungsstatistik durchgeführt und sowohl für Männer als auch zusätzlich für Frauen aufbereitet. Nicht überraschend ist das Ergebnis, dass ein Großteil der Rückwanderer eine vergleichsweise junge Bevölkerungsgruppe ist. Erstaunlich ist dagegen, dass ihr Durchschnittsalter nur sehr geringfügig über dem der Auswanderer in die o.g. Zielländer liegt: im Durchschnitt der Jahre 2005-07 beträgt das Durchschnittsalter der rückwandernden Männer ca. 33,5 und das der Frauen ca. 31,1 Jahre, während die Vergleichswerte der deutschen Auswanderer bei 32,0 Jahren bei den Männern und 30,5 Jahren bei den Frauen liegen.

Wird die jeweilige Gesamtbevölkerung betrachtet, ergibt sich für die unterschiedlichen Altersgruppen durch Addition der Einzelalter folgendes Bild: Ca. 21 % der männlichen und ca. 24 % der weiblichen Auswanderer waren im Durchschnitt der Jahre 2005-07 18 Jahre und jünger; ebenfalls 21 % der männlichen und 23 % der weiblichen Rückwanderer können der gleichen Altersgruppe zugerechnet werden. Deutliche Unterschiede im Vergleich zu den deutschen Emigranten ergeben sich bei beiden Geschlechtern bei der sehr jungen Altersgruppe der unter 6-Jährigen (siehe Abbildung 7.1), was für im Ausland geborene Kinder von Deutschen spricht, die bei der Remigration ihrer Eltern nach Deutschland zuziehen.

Der Großteil der deutschen Rückwanderer findet sich im Durchschnitt der Jahre 2005-07 allerdings in der Gruppe der 19- bis 45-Jährigen, wobei bei den Männern mit ca. 56 % und bei den Frauen ca. 58 % dieser Altersgruppe zugerechnet werden können. Die Altersgruppen der 26- bis 30-Jährigen und die der 36- bis 38-Jährigen – in Abbildung 7.1 durch die beiden Gipfel ausgedrückt – machen 14 bzw. 8 % an den männlichen Auswanderern in die o.g. Zielländer aus. Auch bei den Rückwanderern lassen sich diese beiden Gipfel bei der Altersverteilung erkennen: Die 26- bis 30-Jährigen machen 11 % und die 36- bis 38-Jährigen 7 % der Rückwanderer aus; allerdings ist der zweite im Vergleich zum ersten Gipfel je Einzelalter stärker ausgeprägt. Humankapitaltheoretisch kann argumentiert werden, dass nach temporär begrenzter Erwerbstätigkeit im Ausland die Rückkehr zu einem Zeitpunkt erfolgt, der sicherstellt, dass noch genügend Zeit auf dem inländischen Arbeitsmarkt verbleibt, um ausreichend hohe Rückflüsse der durch den Auslandsaufenthalt getätigten Investitionen in Humankapital zu erlangen. Das widerspricht den zuvor genannten Vermutungen, dass die überwiegende Anzahl der Migranten bei einer Rückwanderung ihre im Zielland erworbenen Kenntnisse und Fähigkeiten aufgrund ihres hohen Alters nicht mehr einsetzen kann. In den älteren Altersgruppen sinkt der Anteil der männlichen Rückkehrer ab, liegt aber noch immer über dem der Auswanderer. Der Anteil der 61- bis 66-Jährigen an den Rückwanderern ist im Vergleich zu den Altersgruppen zuvor wieder leicht erhöht, was dafür spricht, dass für einen Teil der Auswanderer mit der Beendigung des Erwerbslebens die Rückkehr nach Deutschland erfolgt bzw. Ruhesitzmigranten wieder nach Deutschland zurückkehren.

Bei den weiblichen zeigt sich ein ähnlicher Verlauf wie bei den männlichen Rückwanderern mit leichten Unterschieden bei der Gruppe der 19- bis 45-Jährigen und der der 61- bis 66-Jährigen. Im Durchschnitt der Jahre 2005-07 lassen sich bei den weiblichen Rückwanderern ebenfalls zwei Gipfel bei der Altersverteilung erkennen, wobei der erste allerdings im Vergleich zu den Männern bei einer jüngeren Altersgruppe (23- bis 27-Jährige) mit einem Anteil von 14 % liegt. Der zweite Gipfel findet sich – wie bei den männlichen Rückwanderern - mit 6 % bei den 36- bis 38-Jährigen. Es ist zu vermuten, dass bei Frauen im Vergleich zu Männern eher ein Auslandsaufenthalt im Rahmen der (universitären) Ausbildung oder der Abschluss einer solchen Ausbildung zu Remigration führen. Da der Anteil des zweiten Gipfels an den Rückwanderern nicht so ausgeprägt ist, kann zudem vermutet werden, dass zwar eine zeitlich begrenzte Erwerbstätigkeit im Ausland bei den Rückwanderinnen relevant ist, aber nicht so bedeutsam wie bei ihrer männlichen Vergleichsgruppe.

7.4 Entwicklung der Dauerhaftigkeit der Auswanderung im Periodenvergleich

Um die Dauerhaftigkeit der Auswanderungsentscheidung zu bestimmen, werden unterschiedliche Rückwanderungsquoten als Verhältnis von Fort- und Zuzügen deutscher Staatsbürger berechnet. Auf diese Weise kann bestimmt werden, wie viele Fort- durch Zuzüge kompensiert werden. Dabei sind Annahmen über die Dauer von Auslandsaufenthalten zu treffen. In einem ersten Schritt wird eine sehr kurzfristige Migrationsdauer von maximal zwei Jahren unterstellt, so dass sich eine Rückwanderungsquote (RQ_1) aus dem Verhältnis der Fortzüge in t_0 und der Zuzüge in t_1 ergibt. In einem zweiten Schritt wird in Anlehnung an Studien aus skandinavischen Ländern angenommen, dass eine Rückwanderung nach Deutschland innerhalb der ersten fünf Jahre nach der Auswanderung erfolgt (siehe Kapitel 7.2), d.h. es wird eine Rückwanderungsquote (RQ_2) aus den Fortzügen des Jahres t_0 dividiert durch den Durchschnitt der Zuzüge der Jahre t_1 bis t_5 berechnet. Die beiden so errechneten Rückwanderungsquoten aus Zu- und Fortzügen sind in der folgenden Abbildung 7.2 abgetragen.

Abbildung 7.2: Rückwanderungsquoten männlicher deutscher Auswanderer für
die Ländergruppe der EU-14, US, CA, AU, NZ, NO sowie CH,
1967-2003, in Prozent

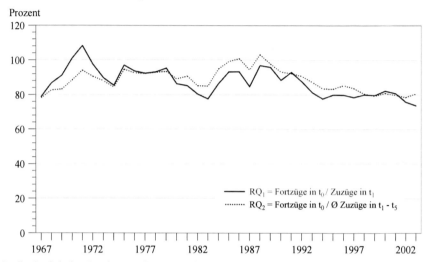

Quelle: Statistisches Bundesamt; eigene Berechnungen und Darstellung.

Bei einer Konzentration auf die wichtigsten Zielländer deutscher Auswanderer
zeigt sich, dass Ende der 1960er Jahre die Rückwanderungsquote deutscher
Auswanderer (RQ_1) bei in etwa 80 % lag, d.h. 80 % der Fortzüge aus Deutschland wurden im folgenden Jahr durch Zuzüge kompensiert. Dieses Verhältnis
nahm bis Anfang der 1970er Jahre um ca. 20 Prozentpunkte auf etwas über
100 % zu und sank bis Anfang der 1980er Jahre wieder auf ca. 80 % ab. Daran
anschließend schwankten bis Mitte der 1990er Jahre die Werte stark um 90 %.
Seit Anfang der 1990er Jahre wurde eine ansteigende Anzahl an Fortzügen
verzeichnet (von 1990 bis 2008 fand fast eine Verdreifachung der Fortzüge
statt), während die Zahl der Zuzüge männlicher Deutscher sich vergleichsweise
langsam steigerte (von 22.000 Zuzüge im Jahr 1990 auf etwas mehr als 30.000
Zuzüge im Jahr 2008). Damit ist diese Rückwanderungsquote rückläufig, und
im Jahr 2003 wurden knapp 74 % der Fortzugsfälle durch Rück- bzw. Zuzugsfälle männlicher Deutscher aus dem Ausland im Jahr 2004 ersetzt, so dass von
einem leichten Rückgang gesprochen werden kann. In den Folgejahren ist das
Verhältnis von Fort- und Zuzügen weiter rückläufig; so wurden im Jahr 2007
noch knapp 60 % der Fortzugsfälle durch Rück- bzw. Zuzugsfälle männlicher
Deutscher aus dem Ausland im Jahr 2008 ersetzt. Wird das Verhältnis von Fort-

zu Zuzügen als Indikator für die Permanenz der Migration herangezogen und wird die Annahme getroffen, dass die Auslandsaufenthaltsdauer maximal kürzer als zwei Jahre ist, dann schwankt der Anteil an temporären Wanderungen deutscher Staatsbürger in den letzten vier Jahrzehnten zwischen 80 und 100 %, weist aber in den vergangenen Jahren eine rückläufige Tendenz auf.

Auch unter der Annahme, dass eine temporäre Migration innerhalb von fünf Jahren abgeschlossen ist, zeigt sich seit Ende der 1960er Jahre eine Rückwanderungsquote (RQ$_2$) zwischen 80 und 90 % mit einer in den letzten Jahren steigenden Tendenz an längerfristig oder dauerhaft im Ausland Verbleibenden. Im Jahr 1967 wurden ca. 27.000 Fortzüge männlicher deutscher Staatsbürger verzeichnet, denen ca. 21.000 Zuzüge im Durchschnitt der folgenden fünf Jahre gegenüberstanden. Ca. 78 % der Fortzugsfälle des Jahres 1967 wurden damit im Durchschnitt der folgenden fünf Jahre ersetzt. Ähnlich wie bei der Annahme einer Auslandsaufenthaltsdauer von max. zwei Jahren kam es bis Anfang der 1970er Jahre zu einem Anstieg dieser Rückwanderungsquote auf ca. 90 %. Mit Schwankungen blieb sie bis etwa Mitte der 1980er Jahre erhalten, während Ende der 1980er Jahre teilweise die Zahl der Fortzüge durch die Zahl der Zuzüge in den folgenden Jahren überkompensiert wurde. Hierfür sind mehrere Erklärungen denkbar, die vor allem im Bereich der Zuzüge angesiedelt sind: Zum einen Ungenauigkeiten der Buchungen durch die Änderung des Gebietsstandes, Fehlbuchungen von DDR-Bürgern oder eine durch die Wiedervereinigung ausgelöste Welle der Rückwanderung von Personen, die sich bereits länger als fünf Jahre in den wichtigsten Zielländern deutscher Auswanderer aufhielten. Seit Anfang der 1990er Jahre zeigt sich auch bei dieser Art der Darstellung eine rückläufige Entwicklung: Im Jahr 2003 wurden noch ca. 80 % der Fortzüge männlicher Deutscher durch den Durchschnitt der Zuzüge der folgenden Jahre kompensiert, d.h. ca. 20 % der gegenwärtigen deutschen Auswanderer verbleiben längerfristig oder dauerhaft im Ausland.

Ob dauerhafte oder zeitlich begrenzte Migration vorliegt, ist je nach Zielland allerdings sehr unterschiedlich, weshalb im Folgenden einige bedeutende Zielländer deutscher Migranten näher betrachtet werden, um Gemeinsamkeiten oder Unterschiede aufzuzeigen. Um Übersichtlichkeit zu gewährleisten, werden einige Staaten wie die Niederlande, Österreich, Spanien, Kanada, USA und Schweiz herausgegriffen und auch graphisch näher betrachtet. Die Gründe für diese Auswahl liegen darin, dass die USA und Kanada sowohl in der Vergangenheit als auch in der Gegenwart wichtige Zielländer deutscher Auswanderer darstellen und die klassischen Einwanderungsländer repräsentieren, weshalb eine ähnliche Entwicklung vermutet werden kann. Des Weiteren wurden Österreich und die Schweiz als deutschsprachige Nachbarstaaten sowie die Niederlande als weiterer wichtiger Nachbarstaat Deutschlands berücksichtigt. Spanien schließlich wird als vermutetes Zielland deutscher Ruhesitzmigranten näher beleuchtet. Auf die weiteren Zielländer wird lediglich verbal eingegangen. Für diese Betrachtung werden die Fortzüge eines Jahres dem Durchschnitt der Zuzüge der fünf Folgejahre gegenübergestellt (RQ_2).

Während die Rückwanderungsquoten des Jahres 1967 in Österreich, Spanien und den Niederlanden fast 95 %, teilweise sogar über 100 % betrugen, liegen die Werte für die Schweiz (ca. 68 %), die USA (ca. 71 %) und Kanada (ca. 43 %) deutlich niedriger. In drei der betrachteten Länder ist die Rückwanderungsquote im Zeitverlauf mit Schwankungen rückläufig: von 97 auf 79 % (Österreich), von 68 auf 60 % (Schweiz) und von 104 auf 100 % (Spanien). Eine gegenläufige Entwicklung zeichnet sich in den USA, Kanada und in den Niederlanden ab. In letzterem wurden im Jahr 2003 mehr als 100 % der Fortdurch Zuzüge der fünf folgenden Jahre kompensiert. Für die USA und Kanada kann im Jahr 2003 ein längerfristiger bzw. dauerhafter Verbleib von ca. 17 bzw. 33 % der Auswanderer festgestellt werden. Gemeinsam mit Kanada ist die Schweiz gegenwärtig das Land mit der geringsten Kompensation von Fortdurch Zuzüge, während Spanien und die Niederlande die beiden Staaten mit der höchsten Kompensation darstellen.

Diese Ergebnisse überraschen zunächst, da bei Kanada und den USA als klassischen Einwanderungsländern eine ähnliche Entwicklung, gekennzeichnet durch einen hohen Anteil an dauerhaft im Ausland verbleibenden Migranten, vermutet werden könnte. Auch bei Österreich und der Schweiz könnte als deutschsprachigen Nachbarstaaten eine ähnliche Entwicklung unterstellt werden. In der Schweiz waren die Zuwanderungsbedingungen bis vor wenigen Jahren im Vergleich zu vielen anderen Zielstaaten rigide. Die dauerhafte Einwanderung oder gar die Einbürgerung war an sehr viele Voraussetzungen geknüpft. Es kann vermutet werden, dass dort, wo eher rigide Zuwanderungsbedingungen vorherrschen und eine erfolgreiche Zuwanderung erfolgt, ein längerfristiger Verbleib angestrebt wird, da unklar ist, ob beim nächsten Mal überhaupt wieder und wenn ja, zu welchen Bedingungen eingewandert werden kann. Die Ergebnisse in Kapitel 6 haben zudem gezeigt, dass in den USA ein hoher Anteil an in Deutschland geborenen Personen lebt, die angeben, sich gegenwärtig in schulischer oder beruflicher Ausbildung zu befinden, was ebenfalls den hohen Anteil an temporären Migranten erklären könnte.

Abbildung 7.3: Rückwanderungsquoten (RQ$_2$) männlicher deutscher
Auswanderer in den Niederlanden, Österreich, Spanien, Kanada,
USA und Schweiz, 1967-2003, in Prozent

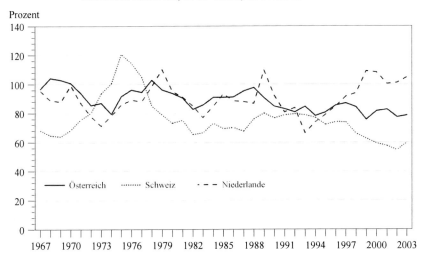

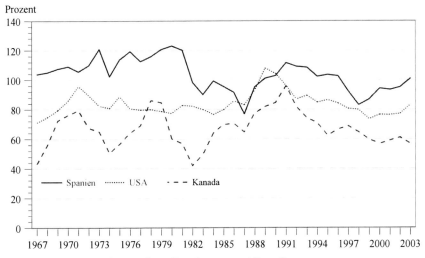

Quelle: Statistisches Bundesamt; eigene Berechnungen und Darstellung.

7.5 Entwicklung der Dauerhaftigkeit der Auswanderung im Kohortenvergleich

Die Ergebnisse der Analyse zur Dauerhaftigkeit der Migrationsentscheidung deutscher Staatsbürger mit den Daten der Wanderungsstatistik zeigen erstens einen mit Schwankungen über die letzten vierzig Jahre relativ stabilen Anteil an dauerhafter Migration, mit leicht steigender Tendenz seit Mitte der 1990er Jahre. Zweitens offenbaren die Ergebnisse nach Zielländern sehr unterschiedliche Entwicklungen, die für die Schweiz und Kanada einen hohen Anteil an dauerhaften internationalen deutschen Migranten zeigen, hingegen ist die Auswanderung nach Spanien und in die Niederlande eher von temporären Wanderungen geprägt. Während die Wanderungsstatistik eine periodenbezogene Analyse der Dauerhaftigkeit nur annährungsweise erlaubt, verfügen die Daten der Deutschen Rentenversicherung über den großen Vorteil, mit den Informationen über den Rentenbestand personenbezogene Angaben zur Verfügung stellen zu können. Im folgenden Abschnitt wird daher mit den Daten der Deutschen Rentenversicherung ebenfalls der Verbleib bzw. die Rückwanderung männlicher deutscher Auswanderer der Geburtskohorten 1909-50 bestimmt (Kohortenvergleich).

Dabei wird das Migrationsverhalten nach Kohorten zunächst insgesamt betrachtet und anschließend für die im vorherigen Abschnitt benannten 20 ausgewählten Zielländer differenziert. In Tabelle 7.1 sind die absoluten bzw. relativen Häufigkeiten der Altersrenten deutscher Männer im Rentenbestand des Jahre 2008 nach Geburtskohorte und gegenwärtigem Migrationsstatus wiedergegeben. Der Migrationsstatus differenziert, ob eine Person im Laufe ihres Lebens ausgewandert ist oder nicht. Die Auswanderung wird dabei durch im Ausland erworbene Rentenansprüche oder den Rentenbezug im Ausland operationalisiert. Die Auswanderer werden unterschieden in Rückwanderer und dauerhafte Auswanderer, wobei bei letzteren eine weitere Unterscheidung in die Kategorien ‚im Ausland gearbeitet' und ‚nie im Ausland gearbeitet' erfolgt. Letztere können zur Gruppe der Ruhesitzmigranten gezählt werden.

Tabelle 7.1: Rentenbestand der Altersrenten deutscher Männer (ohne Aussiedler) nach Geburtsjahr und Migrationsstatus, 2008

Geburtsjahre	Altersrenten				
	Insgesamt [N]	Auswanderer[1]			
		Insgesamt [N]	darunter		
			Rückwanderer[2] [in %]	dauerhafte Auswanderer[3] [in %]	
				im Ausland gearbeitet	nie im Ausland gearbeitet
1909-20	152.765	4.150	72,1	18,3	9,6
1921-25	405.630	14.106	74,5	19,1	6,4
1926-30	855.832	33.391	78,1	16,6	5,4
1931-35	1.278.619	52.845	76,9	17,9	5,2
1936-40	2.030.294	88.653	72,3	21,8	5,9
1941-45	1.467.449	59.792	69,4	24,1	6,5
1946-50	214.116	4.799	82,4	11,9	5,7
Insgesamt	6.404.705	257.736	73,6	20,5	5,9

[1] Personen, die jemals im Erwerbsverlauf Rentenansprüche im Ausland erworben haben oder ihre Rente im Ausland beziehen.
[2] Personen, die jemals im Erwerbsverlauf Rentenansprüche im Ausland erworben haben und ihre Rente in Deutschland beziehen.
[3] Personen, die ihre Rente im Ausland beziehen.
Quelle: Deutsche Rentenversicherung, Sonderauswertung des FDZ-RV aus dem Gesamtbestand zum Rentenbestand 2008; eigene Berechnungen.

Insgesamt beziehen 6.404.705 Männer der Geburtsjahre 1909-50 im Jahr 2008 eine Altersrente. 257.736 Personen dieser Geburtsjahre oder 4 % sind während ihres Erwerbslebens oder während ihres Rentenbezugs ausgewandert. Von den Auswanderern kehren 74 % wieder nach Deutschland zurück, was in absoluten Zahlen 189.790 Rückwanderern entspricht, d.h. 26 % der Auswanderer verbleiben auch dauerhaft im Ausland. Diese 26 % setzen sich zusammen aus 20 % oder 52.802 Männern, die zuvor auch Rentenansprüche im Ausland erworben haben und 6 % oder 15.144 Männern, die nie im Ausland Rentenansprüche erworben haben (Ruhesitzmigranten). Die Differenzierung nach Geburtskohorten zeigt, dass bei jüngeren Kohorten ein leicht höherer Anteil ausgewandert ist. Während es bei den noch lebenden Männern der Geburtskohorte 1909-20 ca. 2,7 % waren, betrug dieser Anteil in der Geburtskohorte 1921-25 3,5 % und in der Geburtskohorte 1941-45 ca. 4,1 %. In der Geburtskohorte 1945-50 sind 2,2 % ausgewandert. Allerdings bezieht hier im Jahr 2008 nur ein sehr geringer Anteil eine Altersrente. Da ein Zusammenhang zwischen Qualifikation und Renteneintrittsalter einerseits und Qualifikation und Auswanderung andererseits besteht, kann vermutet werden, dass der Anteil der Auswandernden und später dauerhaft im Ausland Verbleibenden steigt, wenn alle Männer dieser Geburtskohorte eine Altersrente beziehen. Gleichzeitig zeigt sich bei den jüngeren Kohorten ein leicht höherer Anteil an dauerhaft im Ausland Verbleibenden. Von den Geburtskohorten 1909-20 leben ca. 28 % gegenwärtig im Ausland. In den folgenden Geburtskohorten bis zum Jahrgang 1935 ist der Anteil an dauerhaft im Ausland Verbleibenden niedriger und in der Geburtskohorte 1936-40 beträgt dieser Anteil wiederum 28 %, in der Geburtskohorte 1941-45 sogar 31 %. Auch wenn sich die Datengrundlagen in ihrer Generierung und zugrundeliegenden Grundgesamtheit unterscheiden, können beide Quellen einen im Zeitverlauf relativ konstanten Anteil von ca. 20-30 % an dauerhaft im Ausland Verbleibenden, mit leicht steigender Tendenz in den vergangenen Jahren nachweisen. Die überwiegende Zahl der Deutschen migriert also für einen begrenzten Zeitraum und kehrt dann wieder nach Deutschland zurück.

Die Daten der DRV bilden nicht nur ab, ob Rentenansprüche im Ausland erworben wurden, sondern zeigen auch das jeweils letzte Vertragsland. Es wird deutlich, dass auch hier das Aus- und Rückwanderungsgeschehen nach Zielländern deutlich differiert. Deshalb wird im Folgenden das Migrationsverhalten nach den der Wanderungsstatistik zugrundeliegenden Zielländern (siehe Tabelle 7.2) wiedergegeben, wobei auch hier wieder insbesondere die sechs Staaten - Niederlande, Österreich, Spanien, Kanada, USA und Schweiz - betrachtet werden. Diese Staaten umfassen dabei 86 % des Migrationsgeschehens, was insgesamt in den Daten der DRV ausgewiesen wird. Weitere hier nicht ausgewiesene wichtige Zielländer stellen Polen und die Türkei dar.

Tabelle 7.2: Rentenbestand der Altersrenten deutscher Männer (ohne Aussiedler) nach Migrationsstatus und ausgewählten Zielländern, 2008

Land	Auswanderer [N]	Rückwanderer [N]	Anteil dauerhafter Auswanderer [in Prozent]
Belgien	4.596	3.131	31,9
Dänemark	3.127	2.493	20,3
Finnland	737	547	25,8
Frankreich	29.633	25.098	15,3
Griechenland	869	541	37,7
Irland	415	195	53,0
Italien	5.016	4.042	19,4
Luxemburg	6.531	5.905	9,6
Niederlande	10.186	7.494	26,4
Österreich	25.120	20.594	18,0
Portugal	678	333	50,9
Schweden	9.895	8.285	16,3
Spanien	6.488	2.549	60,7
Vereinig. Königreich	10.232	7.882	23,0
Kanada	9.499	5.520	41,9
USA	18.566	10.780	41,9
Australien	3.980	1.136	71,5
Schweiz	76.028	65.116	14,4
Norwegen	661	449	32,1
Insgesamt	222.257	172.090	22,6

Quelle: Deutsche Rentenversicherung, Sonderauswertung des FDZ-RV aus dem Gesamtbestand zum Rentenbestand 2008; eigene Berechnungen.

Nach den Daten der DRV sind von den aus den Geburtskohorten 1909-50 migrierten männlichen Deutschen die meisten in die Schweiz (ca. 76.000 Personen), Frankreich (ca. 30.000 Personen) und Österreich (ca. 25.000 Personen) ausgewandert, was in etwa den Angaben der Wanderungsstatistik (siehe Kapitel 7.4) zur Bedeutung der wichtigsten Zielländer in der EU-14 und der EFTA entspricht. Die Angaben für Deutsche, die in den USA und Kanada Rentenansprüche erworben haben oder dort ihre Rente beziehen, liegen mit ca. 18.500 für die USA und ca. 9.500 für Kanada im Vergleich zur Wanderungsstatistik deutlich niedriger. Ursache dieser Untererfassung sind vermutlich die hohen Einbürgerungsquoten deutscher Auswanderer in den klassischen Einwanderungsländern, die dazu führen, dass diese Personen nicht mehr als (ehemalige) deutsche Staatsbürger zu identifizieren sind. Gleichzeitig sind die Anteile der dauerhaft in Kanada und in den USA Verbleibenden mit knapp über 40 % sehr ausgeprägt. Insbesondere in der Nachkriegszeit sowie den 1950er und 60er Jahren hat eine hohe Anzahl an Personen Deutschland in Richtung dieser Zielländer, mit der Absicht dauerhaft auszuwandern, verlassen. Da Migration meistens in jüngeren Altersgruppen erfolgt (siehe Kapitel 4.2) kann davon ausgegangen werden, dass die Geburtskohorten, die jetzt im Rentenbestand verzeichnet sind, hauptsächlich in diesem Zeitraum gewandert sind.

Die Schweiz, Frankreich und Österreich, in denen eine vergleichsweise hohe Anzahl an männlichen Deutschen Rentenansprüche erworben hat, weisen jeweils nur einen geringen Anteil an dauerhaft dort lebenden Deutschen auf: 14% für die Schweiz, 15 % für Frankreich und 18 % für Österreich. Weiterhin gering sind die Verbleibsquoten in Dänemark, Italien, Luxemburg, Schweden und dem Vereinigten Königreich, während die Verbleibsquoten in Irland (53 %), Griechenland (38 %), Portugal (51 %) und Spanien (61 %) vergleichsweise hoch sind. Letztere drei Staaten sind bevorzugte Ziele von Ruhesitzmigranten, was eine mögliche Erklärung für die Verbleibsquoten darstellt. Auch kann argumentiert werden, dass ehemalige Gastarbeiter aus diesen Staaten in Deutschland eingebürgert wurden und im Rentenalter wieder in ihre Herkunftsstaaten zurückkehren und dort ihre Renten beziehen.

7.6 Fazit: Gegangen, um zurückzukehren

Die vorliegenden Kapitel haben gezeigt, dass deutsche Auswanderer eine positiv selektierte Gruppe darstellen. Die Entscheidung für eine internationale Migration ist jedoch in vielen Fällen nicht auf Dauer, sondern temporär angelegt und führt in vielen Fällen eher zu zirkulären Migrationsmustern ('brain circulation') statt zu einem dauerhaften Verlust an Hochqualifizierten. Die Auswirkungen auf das Herkunftsland sind dabei von dreierlei Faktoren abhängig: Erstens der Qualifikation der Rückwanderer, zweitens dem Alter der Rückwandernden und drittens dem Anteil der dauerhaft im Ausland Verbleibenden. Kapitel 5 ist dabei der ersten Frage nachgegangen; Ziel dieses Kapitels war die Beantwortung der zweiten und dritten Frage.

Die deutsche Wanderungsstatistik kann interessante Hinweise auf das Alter der nicht im Ausland verbleibenden Personen liefern. Zwar ist die Rückwanderung von Personen im Rentenalter umfangreicher als deren Emigration, die Zahlen zeigen aber deutlich, dass für den überwiegenden Teil der Auswanderer

Aus- und Rückwanderung erste Schritte im Laufe des Erwerbslebens darstellen. Humankapitaltheoretisch kann argumentiert werden, dass nach temporär begrenzter Erwerbstätigkeit im Ausland Rückkehr so erfolgt, dass noch genügend Zeit auf dem inländischen Arbeitsmarkt verbleibt, um ausreichend hohe Rückflüsse der durch den Auslandsaufenthalt getätigten Investitionen in Humankapital zu erlangen. Die Sorge, dass Rückwanderer zu alt sind, um dem inländischen Arbeitsmarkt noch für einen längeren Zeitraum zur Verfügung zu stehen, ist in vielen Fällen nicht zutreffend.

Die Permanenz der Migration deutscher Auswanderer wurde bisher nur in sehr wenigen Studien thematisiert. Dafür wurden vor allem die Verbleibs- bzw. Remigrationsabsichten von Auswanderern zu Grunde gelegt oder der Verbleib spezieller Bevölkerungsgruppen, z.B. von Wissenschaftsförderorganisationen geförderter Personen analysiert. Diese Untersuchungen zeigen ein widersprüchliches Bild der Dauerhaftigkeit der Auswanderung Deutscher mit einer Spannbreite von 15 % bis über 80 % an im Ausland Verbleibenden. Verlässliche Angaben über das tatsächliche Rückwanderungs- bzw. Verbleibsverhalten sind erst viele Jahre nach der Emigration möglich, wenn auch das Rückkehrgeschehen abgeschlossen ist. Das kann nur eine Analyse im Herkunftsland der Migranten leisten. Sowohl die deutsche Wanderungsstatistik als auch die Daten der Deutschen Rentenversicherung ermöglichen eine solche Analyse. Diese zwei Datenquellen wurden in diesem Kontext erstmals gemeinsam analysiert.

Bisher ist in der deutschen Wanderungsstatistik eine Verknüpfung von Zu- und Fortzügen derselben Person nicht möglich, da jeder Fort- bzw. Zuzug als unabhängiges Ereignis gewertet wird. Ab dem Jahr 2008 sollte gemäß der nationalen Umsetzung der EU-Verordnung zu Gemeinschaftsstatistiken über Wanderung und internationalen Schutz (Verordnung (EG) Nr. 862/2007 des Europäischen Parlaments und des Rates vom 11. Juli 2007 (ABl. EU Nr. L199 S. 23)) die Aufenthaltsdauer bei Zuzügen Deutscher aus dem Ausland erfasst und laut Angaben des Statistischen Bundesamtes für das Jahr 2009 das erste Mal ausgewiesen werden. Damit verbunden könnten in der Zukunft zumindest die Zuzüge als Personenstatistik gehandhabt und damit eine mögliche Überschätzung bei der Generierung von Verbleibsquoten als Relation aus den Fort- und Zuzügen gemindert werden.

Die Analyse der zum gegenwärtigen Zeitpunkt vorliegenden Wanderungsstatistik deutet in die Richtung, dass der Anteil temporärer Migranten in den vergangenen vierzig Jahren zunächst relativ stabil zwischen 80 und 90 % lag und in den vergangenen Jahren leicht abgenommen hat. Im Jahr 1967 wurden ca. 27.000 Fortzüge männlicher deutscher Staatsbürger verzeichnet, denen ca. 21.000 Zuzüge im Durchschnitt der folgenden fünf Jahre gegenüberstanden, so dass sich eine Rückwanderungsquote von ca. 78 % ergibt. Bis Mitte der 1990er

Jahre hatte sie einen schwankenden Verlauf zwischen 80 und 90 % und zeigt seitdem eine leicht rückläufige Entwicklung an: Im Jahr 2003 wurden noch ca. 80 % der Fortzüge männlicher Deutscher durch den Durchschnitt der Zuzüge der folgenden Jahre ersetzt, d.h. bei ca. 20 % der gegenwärtigen deutschen Auswanderer liegt eine längerfristige oder dauerhafte Migration vor.

Die Daten der Deutschen Rentenversicherung bieten mit den Informationen über den Rentenbestand personenbezogene Angaben über abgeschlossene Erwerbsverläufe älterer Geburtskohorten (1909-50). Die Analysen dieser Daten belegen, dass bei den älteren Geburtskohorten jeweils ca. 4 % der männlichen erwerbstätigen Bevölkerung ins Ausland ausgewandert sind. Nach diesen Daten gibt es zwischen den Geburtskohorten nur leichte Unterschiede, die allerdings auf eine Zunahme der Auswanderung hindeuten: Der Anteil der Auswanderer ist von 2,7 % in der Geburtkohorte 1909-20 auf ca. 4,4 % in der Geburtskohorte 1936-40 und 4,1 % in der Geburtskohorte 1941-45 gestiegen. Gleichzeitig zeigt der Kohortenvergleich schwankende Werte der temporären Auswanderung. So verbleiben ca. 28 % der Geburtskohorte 1909-20 im Ausland, aber nur 22 bzw. 23 % der Geburtskohorten 1926-30 bzw. 1931-35. Die folgenden Geburtskohorten weisen allerdings wieder höhere Anteile an dauerhaften Emigranten auf. Über die jüngeren Altersjahrgänge können noch keine Aussagen getroffen werden, da sie sich noch nicht im Rentenbestand befinden. Aus den Ergebnissen der Wanderungsstatistik lässt sich allerdings vermuten, dass eine Analyse der späteren Geburtskohorten höhere Auswanderungs- und geringere Rückwanderungswerte liefern wird.

Insgesamt lässt sich festhalten, dass die meisten Deutschen gegenwärtig für einen begrenzten Zeitraum migrieren. Die Ergebnisse beider Datengrundlagen korrespondieren, so dass hier von relativ validen Angaben ausgegangen werden kann.

8 ‚Kampf um die besten Köpfe'? Deutschland im europäischen Vergleich

Im Mittelpunkt der vorherigen Kapitel stand die Analyse des Umfangs und der zeitlichen Entwicklung sowie der Dauerhaftigkeit der Auswanderung hochqualifizierter Deutscher. Auf Basis von bisher in der Migrationsforschung selten genutzter Daten konnten empirisch fundierte und umfassende Aussagen zur Frage nach einem ‚brain drain' aus Deutschland getroffen werden. In diesem vorletzten Kapitel werden die bisherigen Ergebnisse zur Auswanderung aus Deutschland in einen international vergleichenden Kontext gestellt.

Bereits in Kapitel 3.3 wurden erste Ergebnisse zur Entwicklung der Auswanderung in anderen Industriestaaten diskutiert. Danach weist Deutschland eine im OECD-Vergleich weitgehend durchschnittliche Auswanderungsrate auf, die allerdings in den vergangenen Jahren deutlicher angestiegen ist als in vielen anderen europäischen Staaten. Der bisherige internationale Vergleich bezog sich ausschließlich auf den gesamten Umfang der Auswanderung eigener Staatsangehöriger aus den Staaten der Europäischen Union bzw. der OECD. Vor dem Hintergrund der Diskussion über einen zunehmenden ‚Kampf um die besten Köpfe' zwischen den Industriestaaten bezieht sich die folgende vergleichende Analyse ausschließlich auf die internationale Migration Hochqualifizierter und auf die Position Deutschlands in diesem Wettbewerb. Angesichts der Bedeutung Hochqualifizierter für die gesellschaftliche und ökonomische Entwicklung stellt sich die Frage, welche Staaten in Europa heute von der internationalen Migration im Sinne eines Nettogewinns von Hochqualifizierten profitieren (‚brain gain') und welche unter einem Nettoverlust leiden (‚brain drain'). Dafür konzentriert sich das Kapitel einerseits auf die Auswanderung und fragt danach, welche Staaten heute besonders viele der eigenen hochqualifizierten Staatsangehörigen verlieren. Andererseits wird die Zuwanderung ausländischer Hochqualifizierter analysiert. Während in den bisherigen Kapiteln ausschließlich die Migration Deutscher betrachtet wurde, wird in den folgenden Analysen neben dem ‚Auswanderungsland Deutschland' nun erstmals das ‚Einwanderungsland Deutschland' thematisiert. Die Frage ist hier, welche Staaten durch die Zuwanderung besonders viele hochqualifizierte ausländische Migranten gewinnen. Abschließend lässt sich auf der Basis der Bilanz zwischen Aus- und Zuwanderung die Frage nach den räumlichen Ungleichheiten angesichts des Wettbewerbs ‚um die besten Köpfe' zwischen den Industriestaaten beantworten. Diese Forschungsfragen werden durch einen Vergleich der intra-europäischen Migration zwischen den EU-15-Staaten beantwortet. Für die Konzentration auf die alten Mitgliedstaaten der Europäischen Union – vor der Erweiterung der EU in den Jahren 2004 und 2007 – spricht zum einen die bereits mehrfach betonte schlechte Datenlage. In den vorherigen Kapiteln wurde deutlich, wie schwierig die Analyse der Auswanderung Deutscher auf der Grundlage verfügbarer Datensätze ist. Diese Problematik wird durch das Ziel eines internationalen Vergleichs nochmals verschärft, weshalb der European Union Labour Force Survey auch für die folgenden Analysen wiederum die am besten geeignete Datenquelle darstellt. Ein zweiter Grund für die Konzentration auf die EU-15 betrifft die zwischen diesen Mitgliedstaaten existierenden Freizügigkeitsbestimmungen. Für vergleichende Analysen internationaler Migration stellt die Zuwanderungspolitik der Zielländer einen wichtigen Faktor bei der Erklärung des Umfangs und der Selektivität der Zuwanderer dar. Solche institutionellen Faktoren müssen bei der Analyse der intra-europäischen Migration zwischen den EU-15 nicht berücksichtigt werden. Die Migrationsmuster Hochqualifizierter sind hier weitgehend unabhängig von politischen Rahmenbedingungen zu erklären, während die in den meisten Ländern existierenden Übergangsbestimmungen mit den neuen EU-Beitrittsstaaten die jeweiligen Zuwanderungspolitiken stärker in den Mittelpunkt stellen würden.

Das Kapitel ist wie folgt gegliedert: In einem ersten Schritt wird ein Überblick über den Forschungsstand zur Migration zwischen den EU-15-Staaten präsentiert. Deutlich wird, dass das Thema erst in den letzten Jahren wieder verstärkte wissenschaftliche Aufmerksamkeit erfahren hat, während sich nach dem Ende der Gastarbeitermigration das Interesse bei Fragen der Migration in Richtung der Integration der Zuwanderer verschoben hatte. Vergleichende Studien zu aktuellen Entwicklungen der Migration Hochqualifizierter und zur Geographie der intra-europäischen Migration fehlen daher fast vollständig (Kapitel 8.1). Im darauf folgenden Unterkapitel 8.2 wird die Datengrundlage und die Forschungskonzeption der empirischen Analysen vorgestellt. Im Wesentlichen werden hierfür die konzeptionellen Überlegungen aus Kapitel 5 übernommen und auf die Analyse des gesamten europäischen Migrationssystems ausgedehnt. Zu Beginn der daran anschließenden empirischen Kapitel steht wieder die Untersuchung des Umfangs und der Entwicklung der intra-europäischen Migration. Die Analysen in Kapitel 8.3 greifen in einem ersten Schritt auf die Bestandsdaten und Flussgrößen europäischer Migration zurück, wie sie durch Eurostat – das europäische Statistikamt – meist auf Basis von Registerdaten, zur Verfügung gestellt werden. Ähnlich wie die deutsche Wanderungsstatistik ermöglichen diese Daten einen ersten Überblick und dienen als Referenz für die späteren Analysen. Erst Kapitel 8.4 widmet sich dem Qualifikationsniveau der Migranten. Gemäß der zugrunde liegenden Forschungskonzeption muss innerhalb eines hier angenommenen geschlossenen Migrationssystems der Verlust an Hochqualifizierten des einen Landes den gleichzeitigen Gewinn eines anderen Landes darstellen. Auf dieser Basis lassen sich die Auswanderung eigener hochqualifizierter Staatsbürger, die Zuwanderung hochqualifizierter EU-Ausländer und die Wanderungsbilanz der Migration Hochqualifizierter präzise bestimmen. Das Kapitel endet mit Schlussfolgerungen zur veränderten Position Deutschlands im europäischen Migrationssystem (Kapitel 8.5).

8.1 Forschungsüberblick zu intra-europäischen Wanderungen

Im Mittelpunkt des Kapitels steht die Frage nach Deutschlands Position im internationalen Wettbewerb um Hochqualifizierte, die empirisch anhand der intra-europäischen Migration zwischen den EU-15-Staaten bearbeitet wird. Im Rahmen des folgenden Kapitels wird in einem ersten Schritt eine Übersicht über die historischen Entwicklungen der Wanderungen zwischen den europäischen Staaten gegeben. Zweitens wird anhand aktueller Studien der Stand zur Diskussion über die Migration Hochqualifizierter in Europa vorgestellt.

In den vorliegenden historischen Darstellungen zur Migration in Europa wird deutlich, dass eine Sozialgeschichte des Kontinents ohne die Betrachtung von internationalen Wanderungsbewegungen kaum vorstellbar ist. So beschreibt *Bade* (2002: 17) bereits das Europa vor der Zeit der Industrialisierung als "bewegte Welt, auf deren Strassen sich ‚Wandernde', ‚Fahrende' und vornehme ‚Reisende' alltäglich begegneten." Bereits damals war Europa geprägt durch Flüchtlinge vor politischer und religiöser Verfolgung, Kriegsflüchtlinge, Land-Stadt-Migranten sowie Armuts- und Arbeitsmigranten, die aufgrund besserer Lebensbedingungen in anderen Regionen ihr Land verließen (siehe auch *Moch* 1992). Diese Studien widersprechen damit den klassischen Arbeiten zur Entstehung des Nationalismus in Europa, die meist auf die jahrhundertealten kulturellen Wurzeln heutiger Nationalstaaten verweisen (vgl. *Anderson* 1996). Noch größere Bedeutung bekam die Migration in Europa aber mit der Industrialisierung des Kontinents. Seit Beginn des 19. Jahrhunderts stiegen sowohl das Ausmaß als auch die Distanz der Migration in Europa deutlich an. Weitgehend analog zur Migrationsgeschichte Deutschlands (siehe Kapitel 3.1) und meist nur um wenige Jahre bzw. Jahrzehnte verschoben, entwickelten sich weite Teile Europas während des 19. Jahrhunderts zu einer Auswanderungsregion. Ange-

sichts der wirtschaftlichen Entwicklungen galt die Option der Emigration für
mehrere Generationen von Europäern als überaus attraktiver Lebensentwurf -
mit den USA als dem mit Abstand wichtigsten Zielland (vgl. *Hatton/Williamson*
1998 siehe auch Kapitel 3.1).

Neben der transatlantischen Auswanderung spielten auch die intra-
europäischen Wanderungen im 19. und zu Beginn des 20. Jahrhunderts eine
wichtige Rolle. Die Einwanderung der Iren nach Großbritannien, der Italiener
nach Frankreich oder auch der Polen und sonstiger Osteuropäer nach Deutschland zeigen, dass die in der Industrialisierung befindlichen Staaten zu wichtigen
Importeuren europäischer Arbeitsmigranten wurden. Erst die beiden Weltkriege
des 20. Jahrhunderts, der Wirtschaftsaufschwung der 1950er und 60er Jahre und
insbesondere die politischen Entwicklungen im Kontext des Kalten Krieges
brachten viele dieser traditionellen Migrationsbeziehungen in Europa zum
Erliegen, weshalb mit Ausnahme der transatlantischen Auswanderungswellen
diese frühen Formen der Migration in Europa heute oftmals vernachlässigt
werden (vgl. *King* 1993).

Erst nach dem Zweiten Weltkrieg entwickelte sich Westeuropa selbst zu
einer der weltweit wichtigsten Einwanderungsregionen. *Fassmann* und *Münz*
(1996), *Faist* und *Ette* (2007), *Geddes* (2003) sowie *Zimmermann* (2005) geben
einen detaillierten Überblick über den Umfang und die Entwicklung der Migration und der europäischen Migrationspolitik. Während gerade in den letzten
Jahrzehnten die Zuwanderung aus Staaten außerhalb der EU – den sogenannten
Drittstaaten – das Migrationsgeschehen in Europa dominierte, spielte in den
ersten Jahrzehnten nach dem Zweiten Weltkrieg die intra-europäische Migration
eine weitaus wichtigere Rolle. Hintergrund war die gestiegene Arbeitsnachfrage
in den Ländern im Norden Europas, die mit Ausnahme Irlands und Finnlands
insbesondere aus den europäischen Mittelmeerstaaten gedeckt wurde. So stieg
die intra-europäische Migration seit Mitte der 1950er Jahre deutlich an, erreichte
Ende der 1960er Jahre einen Höhepunkt und nahm erst ab Anfang der 1970er
Jahre wieder spürbar ab. Italien war während der 1950er Jahre das wichtigste
Auswanderungsland für intra-europäische Migranten, wurde später aber von
Spanien und zuletzt Griechenland und Portugal abgelöst (für einen Überblick
siehe u.a. *Böhning* 1984; *Hammar* 1985; *Kaelble* 2007; *Krane* 1979; *Massey et
al.* 1998; *Piore* 1979; *Salt/Clout* 1976). Erst die wachsenden sozialen Konflikte
in den Aufnahmeländern Europas und die sich abzeichnende Wirtschaftskrise zu
Beginn der 1970er Jahre beendete die Gastarbeiter-Anwerbeperiode. In den
Jahren danach kam es zu deutlichen Änderungen bei den Zielländern und
Formen der Migration, weshalb die Migrationsmuster nach 1973 weniger
eindeutig sind als während der 1950er und 60er Jahre. Der dominierende Trend
über alle Mitgliedstaaten ist seit Mitte der 1970er Jahre jedoch eine deutliche

Abnahme der innereuropäischen Migration, die zwischen 1985 und 1989 ihr niedrigstes Niveau erreichte (*Poulain* 1996: 65). Angesichts der Bedeutung Europas als wichtiger Einwanderungsregion seit Mitte des 20. Jahrhunderts ist es kaum verwunderlich, dass eine umfangreiche wissenschaftliche Literatur zum europäischen Migrationssystem existiert. Der Großteil dieser Literatur konzentriert sich jedoch auf die Entwicklungen der 1950er bis 70er Jahre und in noch größerem Umfang auf die Zuwanderung der Drittstaatsangehörigen insbesondere seit Ende der 1980er Jahre und dem Ende des Ost-West-Konflikts. In den 1990er Jahren und bis vor kurzem waren Studien zur intra-europäischen Migration zwischen den EU-15-Mitgliedstaaten äußerst selten (vgl. *Santacreu Fernández et al.* 2009: 53). Erst in den vergangenen Jahren ist das Interesse an den innereuropäischen Wanderungen wieder spürbar angestiegen, wofür es im Wesentlichen zwei Gründe gibt: Der erste Grund hängt eng mit der Entwicklung der intra-europäischen Migration selbst zusammen. Auch wenn im Allgemeinen davon ausgegangen wurde, dass der gemeinsame europäische Binnenmarkt keine signifikanten Auswirkungen auf das Migrationsgeschehen haben würde und kein '1992 effect' (*Penninx/Muus* 1989) erwartet wurde, lässt sich dennoch eine leichte Zunahme der Zahl innereuropäischer Migranten seit Anfang der 1990er Jahre verbuchen. Gestützt auf erste Analysen zu diesen neuen Entwicklungen und weitergehende konzeptionelle Überlegungen wird argumentiert, dass eine neue Form intra-europäischer Migration am Entstehen ist, die insbesondere durch die Migration von Hochqualifizierten getragen wird (vgl. *King* 2002; *Recchi* 2006). Der zweite Grund für das wiedererwachende Interesse an innereuropäischer Migration ist stärker politischen Ursprungs. Hintergrund sind die bereits seit den 1960er Jahren bestehenden Freizügigkeitsrechte innerhalb der EU. Gerade in den 1990er Jahren wurden diese mit dem Maastrichter Vertrag und der Einführung der Europäischen Staatsbürgerschaft weiter ausgebaut, um noch bestehende Mobilitätsbarrieren weitestmöglich abzubauen. In diesem Kontext steht auch die Agenda von Lissabon, wonach die EU sich im Jahr 2000 das Ziel gesteckt hat, „die Union zum wettbewerbsfähigsten und dynamischsten wissensbasierten Wirtschaftsraum in der Welt zu machen – einem Wirtschaftsraum, der fähig ist, ein dauerhaftes Wirtschaftswachstum mit mehr und besseren Arbeitsplätzen und einem größeren sozialen Zusammenhalt zu erzielen" (*Europäischer Rat* 2000). Gemäß dieser Zielsetzung gilt die Förderung intra-europäischer Migration zum einen als zentrale Vorbedingung für eine produktivere und wettbewerbsfähigere europäische Wirtschaft. Andererseits verbindet sich damit auch ein politisches Ziel, da die Freizügigkeitsbestimmungen und der Abbau von Grenzkontrollen einen wichtigen Beitrag für die Legitimation der EU in der Bevölkerung leisten. Zur Förderung dieser Ziele verabschiedete die Europäische Union im Jahr 2002 einen „Action plan for skills and mobility" und das Jahr 2006 wurde als „Europäisches Jahr der Mobilität der Arbeitnehmer" ausgerufen. Internationale Migration innerhalb Europas verläuft heute somit unter vollständig anderen institutionellen Rahmenbedingungen, was ebenfalls das Interesse an dieser neuen Form räumlicher Migration gesteigert hat.

Angesichts dieses wiedererwachten Interesses an der intra-europäischen Migration zwischen den EU-15-Staaten sollen im Weiteren einige ausgewählte Forschungsarbeiten vorgestellt werden, die sich insbesondere mit den Entwicklungen seit Mitte der 1980er Jahre auseinandersetzen.[10] Ein großer Teil dieser Studien hat die Migration in Europa im Allgemeinen zum Gegenstand. Aus dieser Sicht werden die innereuropäischen Wanderungen als ein weiteres Kapitel neben der meist im Mittelpunkt stehenden Zuwanderung von Drittstaatsangehörigen behandelt. Daneben existiert eine mittlerweile beachtliche Zahl von Veröffentlichungen der verschiedenen EU-Organisationen, die sich vor allem im Kontext der bereits erwähnten Agenda von Lissabon aus beschäftigungspolitischer Sicht mit der Migration in Europa auseinandersetzen. Alle diese Studien haben einen weitgehend deskriptiven Charakter und basieren auf Daten zu den Beständen der EU-Ausländer in den Mitgliedstaaten und den Flussgrößen innereuropäischer Wanderungsbewegungen. Weiterhin teilen mehrere dieser Studien, mit der Beschreibung des im Vergleich zu den USA niedrigen Niveaus intra-europäischer Migration, einen gemeinsamen Ausgangspunkt. Dabei stehen sich zwei konträre Auffassungen gegenüber: So wird auf der einen Seite angeführt, dass das niedrige Migrationsniveau in Europa Folge des abnehmenden Wohlstandsgefälles zwischen den EU-15-Staaten ist. Auf der anderen Seite wird argumentiert, dass das heutige Migrationsniveau weitaus höher liegt als es auf Grundlage dieser theoretischen Überlegungen zu erwarten wäre. Während seit Mitte der 1980er Jahre die Einkommensunterschiede zwischen den EU-15-Staaten konsequent abnahmen, stieg die intra-europäische Migration dessen ungeachtet stetig an (siehe z.b. *Currle* 2004; *Eurostat* 2006a; *Fassmann et al.* 2009; *Recchi* 2008; *Salt* 2001).

Aussagen zum Qualifikationsniveau intra-europäischer Migranten finden sich in diesen Studien auf Grundlage des Bestands und der Flussgrößen kaum.

---

[10]   Seit dem Ende des Ost-West-Konflikts haben sich die Ost-West-Wanderungen wieder zu einem bestimmenden Migrationsmuster innerhalb Europas entwickelt. Im Kontext der EU-Osterweiterung und der politischen Forderung nach Übergangsregeln für die Freizügigkeitsbestimmungen liegt hierzu eine Vielzahl von Studien vor, die meist auf Basis von ökonometrischen Modellen oder Migrationsintentionen zukünftige Migrationsbewegungen projizieren (siehe z.B. *Bauer/Zimmermann* 1999; *Boeri/Brücker* 2000; *Fassmann/Hintermann* 1997). Im Mittelpunkt dieses Kapitels steht allerdings die intra-europäische Migration zwischen den EU-15-Staaten, weshalb die Darstellung des Forschungsstandes nicht weiter auf Wanderungsbewegungen innerhalb der EU-25 bzw. EU-27 eingeht.

Im Wesentlichen existieren nur drei Datenquellen, auf deren Basis in den vergangenen Jahren weitergehende Informationen zur intra-europäischen Migration gewonnen wurden. An erster Stelle steht eine Reihe von qualitativen Studien und kleineren quantitativen Erhebungen, die sich meist mit speziellen Migrantengruppen wie Studierenden, Wissenschaftlern oder Hochqualifizierten beschäftigen. Eine zweite Gruppe von Studien basiert auf dem Pioneur-Projekt, in dessen Rahmen im Jahr 2004 erstmals mit Hilfe eines umfangreichen Surveys intra-europäische Migranten in den fünf größten Mitgliedstaaten der EU befragt wurden. An letzter Stelle stehen Studien auf der Basis von Wanderungsintentionen. Hier hat sich in den vergangenen Jahren das Eurobarometer zur wichtigsten Datenquelle auf europäischer Ebene entwickelt. Zum Abschluss dieser Forschungsübersicht werden im Folgenden zentrale Ergebnisse zur Frage der Migration Hochqualifizierter vorgestellt, die auf einer dieser drei Datenquellen beruhen.

Die erste Gruppe von Studien basiert auf qualitativen Erhebungen und kleineren quantitativen Befragungen zu meist speziellen Gruppen intra-europäischer Migranten. Ähnlich wie bei der Forschungsübersicht in Kapitel 5.1 stellen auch hier Studien zur europäischen Migration von Studierenden (vgl. *Findlay et al.* 2006; *King/Ruiz-Gelices* 2003) und Wissenschaftlern (vgl. *Ackers/Gill* 2008; *Jahr et al.* 2002) einen großen Anteil der vorliegenden Arbeiten dar. Schon allein die Auswahl dieser beiden Bildungs- bzw. Berufsgruppen gibt Aufschluss über die Bedeutung höherer Qualifikationen für Migrationsentscheidungen in Europa. Weiterhin zeigen sich im Rahmen von Studien zu europäischen Mobilitätsprogrammen oder auch der Europäischen Hochschulabsolventenstudie deutliche Unterschiede zwischen der Bedeutung einzelner EU-Staaten als Herkunfts- bzw. Zielland von Hochqualifizierten. Die Bedeutung des Qualifikationsniveaus für Migrationsentscheidungen in Europa wird auch in der Studie von *Favell* (2008) zur Heterogenität von Mobilitätsprojekten der Europäer deutlich. Auf der Basis qualitativer Interviews analysierte er die unterschiedlichen Motive, Verläufe und Erfahrungen von intra-europäischen Migranten. Während die Auswahl der Interviewpartner ein äußerst breites Spektrum umfasste, wurde die Bedeutung des Qualifikationsniveaus für die Migrationsentscheidung der von ihm als „Eurostars" bezeichneten jüngeren intra-europäischen Migranten deutlich (für weitere Studien siehe z.B. *Scott* 2006; *Verwiebe* 2004; *Verwiebe/Eder* 2006).

Der vermutlich anspruchsvollste und umfassendste Versuch der Analyse intra-europäischer Migration liegt dem Pioneur-Projekt mit dem European Internal Movers Social Survey (EIMSS) zugrunde. Der im Jahr 2004 durchgeführte Survey basiert auf 5.000 Interviews mit Migranten der fünf größten EU-Mitgliedstaaten (Deutschland, Frankreich, Großbritannien, Italien, Spanien) die zwischen 1974 und 2003 als Erwachsene in einen der jeweils anderen genannten Mitgliedstaaten migriert sind und dort seit mindestens einem Jahr leben (*Recchi/Favell* 2009 siehe auch Kapitel 2.6.3). Der Survey stellt die aktuell umfassendste Grundlage zur Analyse der unterschiedlichen Motive und Migrationsverläufe intra-europäischer Migranten dar. Aktuelle Aussagen zur Aus- und Zuwanderung von Hochqualifizierten innerhalb Europas und zum europäischen Vergleich sind auf dieser Datengrundlage aber nur sehr eingeschränkt möglich. Dies liegt erstens an der Wahl der Grundgesamtheit, in die auch lang zurückliegende Auswanderungen mit eingeflossen sind und zweitens an der disproportionalen Stichprobenziehung. So liegt die durchschnittliche Aufenthaltsdauer der EU-Migranten bei 15 Jahren, woran bereits deutlich wird, dass kurzfristigere und temporäre Auslandsaufenthalte deutlich unterrepräsentiert und Aussagen zu aktuelleren Migrationsprozessen kaum möglich sind (*Braun/Arsene* 2009: 34). In der Konsequenz ist die Gruppe der erfassten EU-Migranten sehr heterogen. Sie beinhaltet als zwei der quantitativ bedeutsamsten Gruppen die „late traditional migrants", die angesichts ihrer Motive und Charakteristika weitgehend mit den Gastarbeiterwanderungen vergleichbar sind und Ruhestandswanderungen. Trotz dieser Einschränkungen des Datensatzes für die hier interessierenden Fragen bestätigt der EIMSS-Survey, dass in der aktuellsten Zuwanderungsperiode zwischen 1994 und 2003 immerhin 63 % der aus berufsbezogenen Gründen ausgewanderten Personen hochqualifiziert sind. Dabei bestehen deutliche Unterschiede sowohl zwischen den Herkunftsländern der Hochqualifizierten als auch zwischen den favorisierten Zielländern (*Santacreu Fernández et al.* 2009: 63).[11]

Eine dritte Gruppe von Studien basiert auf der Analyse von Wanderungsintentionen (vgl. Kapitel 2.5.4). Als Datengrundlage für vergleichende europäische Studien haben sich die Eurobarometer Surveys etabliert, in deren Rahmen in den vergangenen Jahren wiederholt Fragen zur räumlichen Mobilität gestellt wurden. Insbesondere die Befragung im September 2005, die in Vorbereitung des Europäischen Jahrs der Mobilität der Arbeitnehmer durchgeführt und im Auftrag der Europäischen Kommission von der European Foundation for the Improvement of Living and Working Conditions ausgewertet wurde, fand die bisher größte Beachtung (*Vandenbrande et al.* 2006). Ähnlich wie die bereits bekannten Befunde zur Auswanderung aus Deutschland (vgl. Kapitel 5.1.1) zeigt sich auch für die anderen europäischen Staaten, dass es die jüngeren

---

[11] Ein weiteres Problem von EIMSS stellt die Stichprobenziehung dar, bei der es gerade durch das onomastische Verfahren und die Verwendung von Telefonbucheinträgen bis hin zur Verwendung klassischer Snowball-Sampling Strategien, zumindest in einer Reihe von Staaten, zu deutlichen Verzerrungen gekommen ist (*Santacreu Fernández et al.* 2006). Dies zeigt einmal mehr die Schwierigkeiten des Samplings von Migrantenbevölkerungen.

Europäer mit einem vergleichsweise hohen Bildungs- und Qualifikationsniveau und geringeren familiären Verpflichtungen sind, die eine höhere Wahrscheinlichkeit für eine innereuropäische Wanderung haben. Für die Erklärung der Migrationsentscheidung scheinen die individuellen sozio-ökonomischen Charakteristika von größerer Bedeutung zu sein als makroökonomische Unterschiede zwischen den Mitgliedstaaten (*Fouarge/Ester* 2008; zu weiteren Studien auf der Basis (früherer) Eurobarometer Surveys, die aber zu weitgehend ähnlichen Ergebnissen kommen, siehe auch *Fertig/Schmidt* 2002; *Hadler* 2006; *Zaiceva/Zimmermann* 2008).

Ziel dieses Kapitels war es, einen allgemeinen Überblick über die Entwicklung innereuropäischer Wanderungsbewegungen zu vermitteln sowie auf Basis aktueller Studien Aussagen über das Qualifikationsniveau der heutigen Migranten zu gewinnen. Auf Basis der vorliegenden Studien zeigt sich, dass es in den vergangenen Jahrzehnten zu einer Zunahme des Bildungs- und Qualifikationsniveaus intra-europäischer Migranten gekommen ist. Dennoch bleiben trotz der wachsenden Zahl an Studien mehrere Fragen offen: Ein erstes Problem betrifft die Beschreibung aktueller Trends. Da die Mehrzahl der Studien auf Bestandsdaten beruht, sind Aussagen zu gegenwärtigen Entwicklungen nur eingeschränkt möglich. Dieses Problem betrifft auch den EIMSS-Survey als aktuell anspruchsvollstem Projekt zur intra-europäischen Migration. Ein zweites Problem ist das weitgehende Fehlen international vergleichender Studien zur Aus- und Zuwanderung von Hochqualifizierten. Obwohl es in mehreren Studien Hinweise auf deutliche räumliche Ungleichheiten innerhalb des europäischen Migrationssystems gibt, wurden diese noch in keiner Studie systematisch untersucht. Auch hier stellen die verfügbaren Daten das zentrale Problem für eine solche Analyse der Geographie der Migration Hochqualifizierter in Europa dar. Auch Studien zu Migrationsabsichten helfen an dieser Stelle kaum weiter, da sie zwar Aussagen zum Auswanderungspotenzial in den EU-15-Staaten ermöglichen, in der Regel aber nicht nach den Zielländern und damit nach dem entsprechenden Zuwanderungspotenzial fragen. Angesichts dieser offenen Fragen wird es die Aufgabe des folgenden Kapitels sein, die Potenziale des EULFS für weitergehende Analysen vorzustellen.

8.2 Forschungskonzeption und Datengrundlagen

Im Mittelpunkt des Kapitels steht die vergleichende Analyse der intra-europäischen Migration Hochqualifizierter. Analog zum Vorgehen in den bisherigen Kapiteln dieses Buches wird diese Frage auf Basis unterschiedlicher

Datengrundlagen beantwortet. Als Referenz und zur Beschreibung des Umfangs und der Entwicklung innereuropäischer Wanderungsbewegungen dienen die von Eurostat zur Verfügung gestellten Daten zu Beständen und Flussgrößen der Migration in Europa. Zur eigentlichen Analyse der Migration der Hochqualifizierten greifen die folgenden Analysen in einem zweiten Schritt wieder auf den European Union Labour Force Survey zurück.

8.2.1 Analyse intra-europäischer Migration auf Basis der europäischen Wanderungsstatistik

Ein erster Überblick über die Wanderungen zwischen den EU-15-Staaten lässt sich am besten auf Basis der von Eurostat zur Bevölkerung nach Staatsangehörigkeit bzw. zur internationalen Migration zur Verfügung gestellten Daten erhalten. Analog zur Beschreibung der Auswanderung aus Deutschland auf Basis der Wanderungsstatistik in Kapitel 4 ermöglichen diese Daten erstens die Analyse des Umfangs und der Entwicklung dieser Migrationsprozesse im Allgemeinen. Zweitens lässt sich auf dieser Grundlage aber auch die Bedeutung der einzelnen Mitgliedstaaten als Herkunfts- und Zielland intra-europäischer Migranten analysieren. Für diese in Kapitel 8.3 im Mittelpunkt stehenden Analysen ist zu beachten, dass bei den Daten zum Bestand von Personen mit ausländischer Staatsangehörigkeit die Angaben in den meisten Fällen aus allgemeinen Bevölkerungsregistern bzw. speziellen Ausländerregistern stammen oder – in einer geringen Zahl von Fällen – auf Basis von Zensusdaten geschätzt sind. Für die Angaben zur internationalen Migration spielen die Bevölkerungs- bzw. Ausländerregister eine noch größere Rolle. Hier sind es nur Irland und Großbritannien, die davon abweichende Verfahren zur Bestimmung der internationalen Migration wählen (vgl. *Eurostat* 2010a; *Eurostat* 2010b; *Poulain et al.* 2006).

Bei der Verwendung und Interpretation dieser Daten vervielfältigen sich die Einschränkungen zur Qualität und Vergleichbarkeit administrativer Datenquellen, wie sie bereits intensiv für den Fall der deutschen Wanderungsstatistik in Kapitel 4.1 diskutiert wurden. Dies gilt insbesondere für die Flussgrößen der Migration, da zwischen den Mitgliedstaaten kein Konsens darüber besteht, was unter internationaler Migration zu verstehen und wie sie am besten statistisch zu erfassen ist (siehe hierzu insbesondere *Raymer/Willekens* 2008: 3). So kommt es zu erheblichen Schwankungen hinsichtlich der Qualität der Daten, weshalb strenge Vergleichbarkeit nicht erwartet werden darf. Diese Datenprobleme wurden regelmäßig von *Salt* (2001) in den Arbeiten für den Europarat und die Europäische Kommission benannt, aber erst in den vergangenen Jahren wurde versucht, durch Projekte wie THESIM oder MIMOSA die aktuelle Situation der unterschiedlichen statistischen Systeme zu dokumentieren und über alternative Erfassungssysteme zu diskutieren (z.B. *Poulain* 1996; *Nowok et al.* 2006; *Kupiszewska/Nowok* 2008; siehe zu ähnlichen Problemen *King* 1993). Als Konsequenz aus dieser weitgehend unbefriedigenden Situation zur Datenlage über Migration in Europa wurde im Jahr 2007 mit der Verordnung 862/2007 des Europäischen Parlaments und des Rates zu Gemeinschaftsstatistiken über Wanderungen und internationalen Schutz eine neue rechtliche Grundlage geschaffen, um zukünftig vergleichbare Angaben zur internationalen Migration in Europa zur Verfügung zu stellen. Diese neue Rechtsgrundlage wird voraussichtlich dafür sorgen, dass zukünftig bessere Datengrundlagen zur Analyse der intra-europäischen Migration bestehen werden, diese waren aber für die hier vorgestellten Analysen noch nicht verfügbar.

8.2.2   Analyse intra-europäischer Migration auf Basis des European Union Labour Force Survey

Die Eurostat-Daten und die auf dieser Basis berechenbaren Kennziffern ermöglichen einen guten ersten Überblick über den Umfang und die Entwicklung der intra-europäischen Migration. Analog zur Situation der deutschen Wanderungsstatistik fehlen diesen Daten jedoch sämtliche Angaben zum sozioökonomischen Hintergrund der Migranten. Aus diesem Grund basieren die weiteren Analysen des Kapitels wieder auf den Daten des European Union Labour Force Survey (EULFS), der bereits für die Untersuchung der Selektivität der Aus- und Rückwanderung Deutscher innerhalb der Europäischen Union in Kapitel 5 genutzt wurde.

Die Besonderheiten des EULFS und seine jeweiligen Vor- und Nachteile wurden bereits in Kapitel 5.2 ausführlich diskutiert, weshalb an dieser Stelle darauf verzichtet werden kann. Ziel der folgenden Analysen ist es, für möglichst viele der EU-15-Staaten vergleichende Aussagen zur Aus- und Zuwanderung von hochqualifizierten Migranten zu treffen. Während für die Analysen in Kapitel 5 auf die Frage nach dem Wohnort zwölf Monate vor der aktuellen Befragung als Konzeptionalisierung räumlicher Mobilität zurückgegriffen wurde, wird in diesem Kapitel auf die Aufenthaltsdauer zurückgegriffen. Bei der Frage nach dem Wohnort zwölf Monate zuvor galten alle Befragten als Migranten, die angaben, zwölf Monate zuvor in einem anderen Staat als dem jetzigen gelebt zu haben. Bei der Frage nach der Aufenthaltsdauer gelten analog dazu alle Befragten als Migranten, die angaben, sich seit maximal fünf Jahren im entsprechenden Land aufzuhalten.[12] Grund für die Verwendung dieser alternativen Konzeptionalisierung räumlicher Mobilität ist die Seltenheit internationaler Migrationsereignisse selbst in großen internationalen Surveys wie dem EULFS. Gerade in Ländern mit einem geringen Umfang der internationalen Migration sind die Fallzahlen zur Aus- und Zuwanderung von Hochqualifizierten nicht ausreichend, wenn nur die Wanderungen innerhalb eines Zwölfmonatszeitraums betrachtet werden.

Auf der Grundlage dieser Konzeptionalisierung räumlicher Mobilität stellt Abbildung 8.1 das Forschungskonzept für die folgenden Analysen dar. Während sich Kapitel 5 auf die Auswanderung aus Deutschland in die übrigen Mitgliedstaaten der Europäischen Union konzentrierte, sind jetzt deutlich mehr Migrationsbeziehungen Gegenstand der Analyse. Die Abbildung macht mit den drei Kästchen am linken Rand deutlich, dass der EULFS erstens Analysen über die einheimischen, nicht mobilen Wohnbevölkerungen in den jeweiligen EU-Mitgliedstaaten ermöglicht. Zweitens ermöglicht er die Analyse der Auswanderung aus jedem einzelnen Mitgliedstaat in die übrigen EU-15-Staaten. Die Zahl der Auswanderer eines Mitgliedstaats in die übrigen EU-15-Staaten entsteht dabei durch die Addition der Auswanderer einer Nationalität in jedem der EU-15-Staaten. Drittens lässt sich auch für jeden Mitgliedstaat die Zahl der Zuwanderer aus den übrigen EU-15-Staaten als Summe der Zuwanderer mit den jeweiligen Nationalitäten erfassen. Der EULFS erfasst auf dieser Basis die intraeuropäischen Wanderungen innerhalb eines geschlossenen Migrationssystems, in dem jede Auswanderung eines Mitgliedstaats gleichzeitig die Zuwanderung in einen anderen bedeutet, während Migrationsbeziehungen mit Staaten außerhalb Europas nicht erfasst werden. Die intra-europäische Migration wird somit zu einem Nullsummenspiel, das zur Analyse der Ungleichheiten zwischen den Mitgliedstaaten besonders gut geeignet ist.

Der Wechsel der Konzeptionalisierung räumlicher Mobilität von der Frage nach dem Wohnort vor zwölf Monaten zur Aufenthaltsdauer wurde mit der Problematik zu kleiner Fallzahlen begründet. Ein weiterer Vorteil ist, dass die Angaben zur Aufenthaltsdauer für eine größere Zahl von Mitgliedstaaten vorliegen. Tabelle 8.1 stellt die Datenverfügbarkeit für die notwendigen Informationen zu Aufenthaltsdauer und Nationalität dar. Sieht man von den Jahren 1996-1998 ab, in denen speziell für den Fall Deutschlands, aber teilweise auch in anderen Ländern wichtige Angaben fehlen, existieren kontinuierliche Zeitreihen für 13 der 15 Mitgliedstaaten der Europäischen Union. Nur für Irland und Italien

---

[12]   Diese Konzeptionalisierung räumlicher Mobilität entspricht dem Vorgehen in Kapitel 6. Dort wurden deutsche Auswanderer in die USA bzw. in die Schweiz im Rahmen der Zensen erfasst, wobei ebenfalls als Auswanderer galt, wer sich maximal seit fünf Jahren im jeweiligen Zielland aufhielt.

fehlen wichtige Angaben zur Nationalität der befragten Personen, weshalb die folgenden Analysen dieses Kapitels auf den EU-13 beruhen. Aus der Kombination gepoolter Daten für die Jahre 1999-2006 analog zum Vorgehen in Kapitel 5 und der Konzeptionalisierung von räumlicher Mobilität für Personen mit einer Aufenthaltsdauer von maximal 5 Jahren, existieren auch für die kleineren Mitgliedstaaten weitgehend belastbare und vergleichbare Zahlen. Nachteil dieser Konzeptionalisierung ist jedoch, dass durch die längere Zeitspanne retrospektive Angaben ungenauer werden und vor allem durch potenzielle Rückwanderungen die Selektivität der ursprünglichen Auswanderung weniger präzise ermittelt werden kann.

Abbildung 8.1: Konzeptionelle Darstellung der vergleichenden Untersuchung von intra-europäischen Wanderungen mit Hilfe des European Union Labour Force Survey

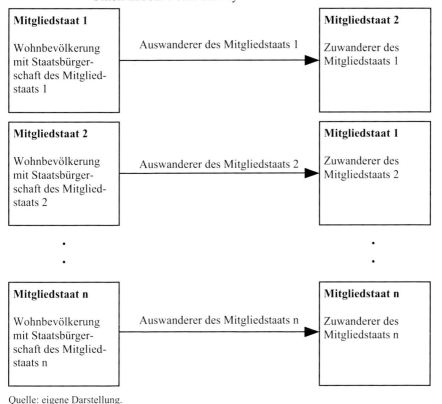

Quelle: eigene Darstellung.

Die Nutzung des EULFS für die Analyse intra-europäischer Migration ist nicht vollständig neu, wurde aber bisher niemals in diesem Umfang und für diese Fragestellung verwendet (Werner/König 2001; Green et al. 2009; Bonin et al. 2008). Weiterhin hat diese Konzeptionalisierung gewisse Ähnlichkeiten sowohl mit den Arbeiten der OECD an der Database on Immigrants, wie sie in Kapitel 3.3 bereits Verwendung gefunden hat (Dumont/Lemaître 2005; Dumont/Lemaître 2008) als auch den Arbeiten der Weltbank (Docquier/Marfouk 2005). Wie diese Arbeiten auch erlaubt der EULFS die Berechnung der Auswanderung und Zuwanderung nach Bildungs- und Qualifikationsniveau. Durch die höhere Vergleichbarkeit der EULFS Daten, den Fokus auf das geschlossene europäische Migrationssystem sowie die aktuelleren Zahlen gehen die folgenden Analysen aber deutlich über bisherige Analysen auf Basis der genannten Datenbanken hinaus.

Tabelle 8.1: Verfügbarkeit von Angaben zur Aufenthaltsdauer und der Staatsangehörigkeit im EULFS, 1999-2006

	99	00	01	02	03	04	05	06	Ges.
BE	x	x	x	x	x	x	x	x	8
DK	x	x	x	x	x	x	x	x	8
DE	x	x	x	x	x	x	x	x	8
FI	x	x	x	x	x	x	x	x	8
FR	x	x	x	x	x	x	x	x	8
GR	x	x	x	x	x	x	x	x	8
IE							x		1
IT							x	x	2
LU	x	x	x	x	x	x	x	x	8
NL	x	x	x	x	x	x	x	x	8
AT	x	x	x	x	x	x	x	x	8
PT	x	x	x	x	x	x	x	x	8
SE	x	x	x	x	x	x	x	x	8
ES	x	x	x	x	x	x	x	x	8
GB	x	x	x	x	x	x	x	x	8

Quelle: European Union Labour Force Survey.

8.3 Entwicklung intra-europäischer Wanderungsbewegungen

Die Forschungsübersicht hat bereits deutlich gemacht, dass die intra-europäische Migration keinen neuen Trend darstellt. Im Gegenteil, Wanderungsbewegungen haben zu unterschiedlichen Zeiten eine wichtige Rolle für die Entwicklung des europäischen Kontinents gespielt. Bevor die eigentlichen Fragen zum Vergleich der heutigen Migration Hochqualifizierter zwischen den EU-15-Staaten im Mittelpunkt stehen, werden in einem ersten Schritt die Migrationsbeziehungen zwischen den Mitgliedstaaten unabhängig von den Qualifikationsaspekten der Migranten betrachtet. Die europäische Wanderungsstatistik bietet auf Basis der Angaben über den Bestand der EU-Ausländer die Möglichkeit, traditionelle Migrationsbeziehungen in Europa sowie wichtige Herkunfts- und Zielländer der Migranten zu identifizieren (Kapitel 8.3.1). Weiterhin ermöglicht sie auf Basis der Flussgrößen der Migration aktuellere Entwicklungen der intra-europäischen Wanderungsbewegungen zu analysieren (Kapitel 8.3.2).

8.3.1 Traditionelle Migrationsbeziehungen in Europa

Der Bestand der EU-Ausländer in den Mitgliedstaaten der Europäischen Union ermöglicht einen guten Überblick über die intra-europäische Wanderungsgeschichte der vergangenen Jahrzehnte. Auch wenn diese Statistiken über Personen mit ausländischer Staatsbürgerschaft keinerlei Informationen über den Zuwanderungszeitpunkt beinhalten – erst vor kurzem eingewanderte Personen sind in diesen Zahlen genauso enthalten wie Angaben über die Kinder der Zuwanderer, die noch immer die Staatsbürgerschaft ihrer Eltern haben, lassen sich bereits auf dieser Datenbasis wichtige Strukturen der traditionellen Migrationsbeziehungen in Europa erkennen.

Tabelle 8.2 stellt den Bestand an EU-15-Ausländern in den einzelnen Mitgliedstaaten der Europäischen Union dar. Danach lebten im Jahr 2008 insgesamt 6,9 Mio. Europäer außerhalb ihres jeweiligen Herkunftslandes in einem der übrigen 14 Mitgliedstaaten. Die in absoluten Zahlen größten Auswanderungsgruppen sind die Italiener mit 1,2 Mio. und die Portugiesen mit 960.000 Auswanderern. Diese Daten spiegeln die Wanderungsbeziehungen wider, wie sie sich nach dem Zweiten Weltkrieg zwischen Süd- und Nordeuropa und insbesondere im Kontext der Gastarbeiteranwerbung entwickelt haben. Dieses Muster wird auch durch die Auswanderungsrate, als Anteil der Auswanderer im Verhältnis zur Größe der einheimischen Bevölkerung, bestätigt, nach der 9,4 % der Portugiesen in einem der übrigen EU-15-Staaten leben. Erst danach folgen die, gemessen an der Bevölkerungszahl, großen EU-Staaten Großbritannien mit 870.000, Deutschland mit 720.000 und Frankreich mit 570.000 Auswanderern. Im Verhältnis zu seiner Bevölkerungsgröße weist Deutschland die, gemessen an den Bestandszahlen, niedrigste Auswanderungsrate intra-europäischer Migranten innerhalb der EU auf (siehe auch Kapitel 3.3). Hingegen ist Deutschland aus der Perspektive der Zuwanderung für die Europäer der größte „migration magnet" (*Fijalkowski* 1998) in Europa. Insgesamt leben 1,8 Mio. EU-Ausländer in Deutschland, gefolgt von Frankreich mit 1,2 Mio. Migranten aus den EU-14-Staaten. Auch dies ist Folge der traditionellen Süd-Nord-Migrationsbeziehungen in Europa, wobei unter Berücksichtigung der Zuwanderungsrate – als Anteil der Zuwanderer im Verhältnis zur Größe der einheimischen Bevölkerung – auch die Bedeutung kleinerer nord- und mitteleuropäischer Länder als wichtige Zuwanderungsländer deutlich wird. Dies gilt beispielsweise für Belgien, das in Relation zu seiner Bevölkerungsgröße einen noch deutlich höheren Bestand an EU-Ausländern aufweist als Frankreich oder Deutschland.

Neben den Randverteilungen spiegelt auch der Bestand bestimmter Staatsangehörigkeitsgruppen in einzelnen Zielländern die traditionellen Arbeitsmigrationsbeziehungen in Europa wider. So stellen mit 42 % die Portugiesen in Frankreich und mit 32 % die Italiener in Deutschland die jeweils größten Gruppen unter den EU-14-Ausländern dar. Noch deutlicher werden diese Migrationsbeziehungen aus Sicht des Herkunftslandes: So leben über 83 % der in die übrigen EU-15 ausgewanderten Griechen in Deutschland. Neben den Arbeitsmigrationsbeziehungen werden aber auch weitere auf sprachlicher oder räumlicher Nähe oder auch auf historischen Verbindungen beruhende Beziehungen zwischen einzelnen Nachbarstaaten deutlich: So leben beispielsweise 88 % der in die EU-14 ausgewanderten Iren in Großbritannien und 78 % der Österreicher in Deutschland, während umgekehrt 72 % der europäischen Zuwanderer in Österreich Deutsche sind und in Schweden 42 % der EU-14-Ausländer aus Finnland stammen.

Trotz der in diesen Bestandsdaten zum Ausdruck kommenden Dominanz traditioneller Migrationsbeziehungen, lassen diese Daten erste aktuelle Veränderungen innerhalb der intra-europäischen Migration erkennen. Neben die klassischen Süd-Nord-Wanderungen sind, beispielsweise mit der Ruhesitzmigration, neue Migrationsformen getreten (vgl. *Recchi* 2006). Vor diesem Hintergrund lässt sich u.a. erklären, wieso sich zwischenzeitlich Spanien zum drittwichtigsten Zielland für intra-europäische Migranten entwickelt hat und immerhin 41 % der im EU-Ausland lebenden Briten und 25 % der deutschen EU-Ausländer in Spanien leben. Eine genauere Analyse der aktuellen Veränderungen der intra-europäischen Migration bedarf aber Informationen über die Flussgrößen der Migration, die im Mittelpunkt des folgenden Kapitels stehen.

Tabelle 8.2: Bestand an EU-15 Ausländern in den Mitgliedstaaten der EU-15 nach Staatsangehörigkeit 2008 in 1.000 sowie Auswanderungs- und Zuwanderungsrate, in Prozent

	Staatsangehörigkeit															Ges.[3]	Rate[4]
	BE	DK	DE	FI	FR	GR	IE	IT	LU	NL	AT	PT	SE	ES	GB		
BE		3,2	38,4	3,0	130,6	15,2	3,4	169,0	4,4	123,5	2,5	29,8	4,4	42,7	25,1	595,1	6,1
DK	0,7		18,0	2,2	4,5	0,8	1,2	3,8	0,0	6,0	1,0	0,9	12,1	2,9	13,7	67,9	1,3
DE	24,9	20,2		14,3	115,9	316,9	10,7	570,2	10,7	141,5	191,9	122,6	18,7	114,5	105,9	1778,9	2,4
FI	0,2	0,6	3,3		1,4	0,4	0,4	1,3	0,0	1,0	0,4	0,3	8,3	1,0	3,1	21,8	0,4
FR	81,6	5,7	91,0	3,0		5,7	7,8	178,5	4,9	35,5	4,9	492,0	8,0	134,6	133,7	1186,9	2,0
GR	0,9	0,5	3,2	0,6	2,5		1,9	5,5	0,1	1,9	1,1	4,2	0,5	1,9	3,8	28,5	0,3
IE	0,9	0,7	10,1	0,9	8,9	0,4		6,1	0,0	3,9	0,6	1,8	1,7	6,0	110,6	152,6	4,0
IT	5,8	2,2	40,2	1,7	30,8	7,1	2,7		0,3	8,2	6,6	4,8	3,5	17,4	26,4	157,7	0,3
LU	16,5	2,2	11,6	1,1	26,6	1,4	1,2	19,1		3,8	0,7	76,6	1,7	3,2	5,0	170,6	61,4
NL	26,2	2,7	62,4	2,0	15,1	6,9	3,9	19,0	0,3		3,6	12,9	3,3	16,5	40,2	215,1	1,4
AT	1,4	1,0	119,8	1,1	6,0	2,4	0,8	13,4	0,5	6,3		1,4	2,9	2,5	7,8	167,4	2,2
PT	3,1	1,1	15,5	0,7	10,5	0,3	0,9	6,0	0,2	6,6	0,8		1,7	18,0	23,6	88,9	0,9
SE	0,9	38,4	24,7	80,4	5,7	4,3	1,6	5,1	0,0	6,7	3,0	1,4		4,1	15,7	192,2	2,2
ES	34,1	12,2	182,1	11,1	113,2	4,2	15,3	158,7	0,6	49,6	9,8	127,7	22,3		354,7	1095,6	2,7
GB	12,2	12,2	100,3	9,7	100,3	13,5	369,7	88,4	0,6	45,5	19,8	84,6	25,7	60,9		947,8	1,7
Ges.[1]	209,5	107,1	720,5	131,8	572,1	379,5	421,7	1244,1	22,7	440,1	246,7	961,0	114,7	426,3	869,3	6867,0	1,9
Rate[2]	2,2	2,1	1,0	2,6	1,0	3,7	11,0	2,2	8,2	2,8	3,3	9,4	1,3	1,1	1,6	1,9	

[1] Summe der Auswanderer in anderen EU-14-Staaten. [2] Auswanderungsrate (EU-Ausländer von Mitgliedstaat n / einheimische Bevölkerung in Mitgliedstaat n); [3] Summe der im jeweiligen Land lebenden Einwohner aus den anderen EU-14-Staaten, [4] Zuwanderungsrate (EU-Ausländer in Mitgliedstaat n / einheimische Bevölkerung in Mitgliedstaat n)

Quelle: Eurostat (migr_stock); Daten für Großbritannien und Frankreich für das Jahr 2005. Daten für Griechenland sind Schätzungen basierend auf Angaben des EULFS, wie sie von Eurostat bereitgestellt werden (lfsa_pganws), zur Anzahl von EU-15-Staatsangehörigen in Griechenland insgesamt. Daten für Irland basieren auf dem Zensus 2006 (*Central Statistical Office* 2007: 146). Eigene Berechnungen.

8.3.2 Aktuellere Entwicklungen der intra-europäischen Migration

Bereits die Bestandsdaten im vorherigen Abschnitt haben verdeutlicht, dass es
in den vergangenen Jahren zu Veränderungen in den, durch die Gastarbeiteran-
werbeperiode gekennzeichneten, traditionellen Migrationsbeziehungen Europas
gekommen ist. Diese aktuelleren Entwicklungen lassen sich besser auf Basis der
jährlichen Flussgrößen intra-nationaler Migration analysieren, wobei die Datenlage auf europäischer Ebene zur Migration zwischen den einzelnen EU-Staaten
im Vergleich zum Bestand an Ausländern vergleichsweise schlecht ist. Aus
diesem Grund werden für die Analyse der intra-europäischen Wanderungsbewegungen die nationalen Statistiken zur Einwanderung nach Staatsangehörigkeit herangezogen. Als innereuropäischer Migrant werden in den einzelnen
EU-15-Staaten alle Einwanderer gezählt, die eine Staatsangehörigkeit der
übrigen EU-14-Staaten besitzen. Die Rückwanderung eigener Staatsangehöriger
wird nicht berücksichtigt, da nur Angaben zur Staatsangehörigkeit und nicht zu
den Herkunftsländern vorliegen. Aus diesem Grund lässt sich die Rückwanderung aus den EU-14-Staaten nicht von Rückwanderern außerhalb der EU unterscheiden. Weitere Schwächen dieses Vorgehens bestehen darin, dass für zwei
bzw. drei EU-Staaten keine ausreichend differenzierten Angaben zur Einwanderung vorliegen, um sämtliche intra-europäischen Wanderungsbewegungen
erfassen zu können. Ein letztes Problem besteht wieder in der zwischen den
Staaten unterschiedlichen Definition internationaler Migration: So wird in
einigen Staaten die Zuwanderung erst ab einer Aufenthaltsdauer von drei, sechs
bzw. zwölf Monaten statistisch erfasst, während andere Staaten der internationalen Migration kein vergleichbares zeitliches Kriterium zu Grunde legen. Trotz
dieser Einschränkungen lassen sich auf dieser Basis weitgehend vergleichbare
Daten der Aus- und Zuwanderung innerhalb Europas für eine möglichst große
Zahl von Staaten und einen längeren Zeitraum bestimmen.

In einem ersten Schritt steht die Entwicklung der Zuwanderungsländer in-
tra-europäischer Migranten im Mittelpunkt. Hier stehen für immerhin zwölf der
EU-15-Staaten Zeitreihen für die Jahre von 1996 bis 2007, zur Verfügung (vgl.
Abbildung 8.2). Danach sind die innereuropäischen Wanderungen in den zwölf
Jahren von 328.000 Personen im Jahr 1996 auf 437.000 Personen im Jahr 2007
um 33 % angestiegen. Damit wird die in der Literatur wiederholt geäußerte
Annahme bestätigt, dass es in den vergangenen Jahren zu einem Anstieg der
Migrationsbewegungen zwischen den EU-Mitgliedstaaten gekommen ist (siehe
hierzu auch *Salt et al.* 2004). Neben diesem allgemeinen Anstieg kam es, trotz
dieses vergleichsweise kurzen Zeitraums, zu deutlichen Veränderungen hinsichtlich der Bedeutung einzelner Staaten als Zielländer intra-europäischer
Migranten: Während die Bedeutung der Benelux-Staaten wie auch der angel-

sächsischen Länder und Skandinaviens als Zuwanderungsländer weitgehend konstant blieb, hat Deutschland seine traditionelle Rolle als wichtigstes Zielland europäischer Migranten weitgehend verloren. Wanderten im Jahr 1996 noch 172.000 Europäer nach Deutschland zu, hat sich diese Zahl im Verlaufe von nur zwölf Jahren fast halbiert. Zwischenzeitlich hat sich Spanien zum wichtigsten Zielland innerhalb der EU-15 entwickelt, das im Jahr 2007 ein Drittel aller intra-europäischen Migranten auf sich vereinigte. Angesichts dieser Flussgrößen wird sichtbar, dass sich die ursprünglich überwiegend Süd-Nord geprägten Migrationsbeziehungen in Europa deutlich zu Gunsten Südeuropas verschoben haben. Weiterhin sind die Migrationsbeziehungen – im Kontext des allgemeinen Anstiegs intra-europäischer Wanderungen – heute erheblich heterogener und weisen eine größere Zahl an Zielländern auf als noch während der 1950er und 60er Jahre (siehe auch *Recchi* 2008).

Abbildung 8.2: Entwicklung der Zuwanderung aus der EU-15 nach Zielländern, 1996-2007, in 1.000

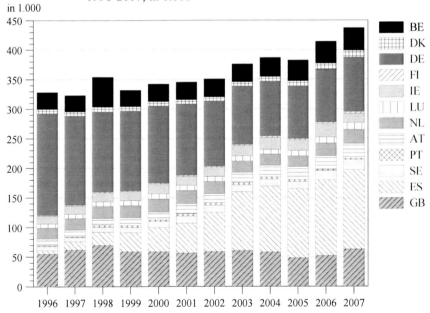

Quelle: Angaben zur Zuwanderung von EU-15-Ausländern, ohne Zuwanderung der jeweils eigenen Staatsbürger, basierend auf Eurostat (migr_immictz). Daten für Belgien (1998, 2000, 2002, 2004-2006), Irland (1996-2007), Österreich (2000) und Portugal (2005) basieren auf der OECD International Migration Database; Daten für UK auf den Angaben des Office for National Statistics (2009). Daten für EL, F und I liegen nicht vor. Eigene Berechnungen und Darstellung.

Der Bedeutungsgewinn Spaniens innerhalb der innereuropäischen Wanderungen wird auch bei Betrachtung der Auswanderungsländer deutlich. Für die Analyse der Zuwanderungsländer intra-europäischer Migranten reichten Daten über die gesamte Gruppe der EU-15-Einwanderer aus. Für die Untersuchung der Auswanderung auf Basis der Einwanderungsdaten bedarf es hingegen der zusätzlichen Differenzierung nach einzelnen Staatsangehörigkeiten. Solch differenzierte Angaben liegen für eine große Zahl europäischer Staaten nur für wenige Jahre vor, weshalb sich die folgenden Analysen auf das Jahr 2007 konzentrieren. Für dieses Jahr stehen auf der Basis der Einwanderungsdaten von immerhin 13 EU-Staaten Angaben über den Umfang der Auswanderung aus den EU-15-Staaten zur Verfügung. Abbildung 8.3 stellt in Form der Säulen sowohl die Auswanderung aus den EU-15-Mitgliedstaaten in die übrigen EU-14-Staaten im Jahr 2007 dar als auch die bereits aus Abbildung 8.2 bekannten Angaben zur Zuwanderung in die einzelnen Mitgliedstaaten für das gleiche Jahr. Danach befinden sich unter den 422.000 intra-europäischen Migranten im Jahr 2007 nur 24.000 Spanier, was der insgesamt niedrigsten Auswanderungsrate in Europa entspricht. Die absolut höchste Auswanderung im Jahr 2007 findet sich in Deutschland mit 73.000 Auswanderern, gefolgt von Großbritannien mit 62.000, Italien mit 54.000 und Portugal mit 44.000 Auswanderern.

Zusätzlich beinhaltet Abbildung 8.3 die Netto-Migrationsrate als Verhältnis aus Wanderungssaldo und Bevölkerungsgröße, wodurch ein deutliches räumliches Muster von Migrationsbeziehungen in Europa ersichtlich wird. So profitieren insbesondere Spanien, Belgien, Irland und Luxemburg von der intra-europäischen Migration. In allen vier Staaten tragen die inner-europäischen Wanderungen zu einem jährlichen Bevölkerungszuwachs von ca. 0,3 % bzw. im Fall von Luxemburg sogar von über 3 % bei. Damit haben sich mit Spanien und Irland zwei traditionelle Auswanderungsländer zu Wanderungsgewinnern der intra-europäischen Migration entwickelt. Andererseits weisen Portugal, Finnland, Griechenland und Italien auch heute noch eine negative Netto-Migrationsrate auf. Diese Staaten verlieren jährlich etwa 0,1 % ihrer Bevölkerung durch die intra-europäische Migration bzw. im Fall Portugals sogar 0,4 %. Weitgehend ausgeglichene Wanderungsbilanzen finden sich in Großbritannien, Dänemark und Deutschland.

Die Analyse der Flussgrößen intra-europäischer Wanderungsbewegungen zeigt, dass es im Vergleich zur Gastarbeiter-Anwerbeperiode in den vergangenen Jahren zu erheblichen Veränderungen innerhalb der intra-europäischen Migration und zu deutlich heterogeneren Migrationsbeziehungen gekommen ist. Deutschland hat seine Rolle als wichtigstes Zielland in Europa zwischenzeitlich verloren, es weist heute, ähnlich wie Großbritannien, eine nahezu ausgeglichene Wanderungsbilanz auf. Es ist die Aufgabe des nächsten Kapitels, diese Migrationsmuster hinsichtlich des Qualifikationsprofils der Migranten weiter zu differenzieren.

Abbildung 8.3: Auswanderung, Zuwanderung und Netto-Migrationsrate in den EU-15-Mitgliedstaaten 2007, in 1.000 und Prozent

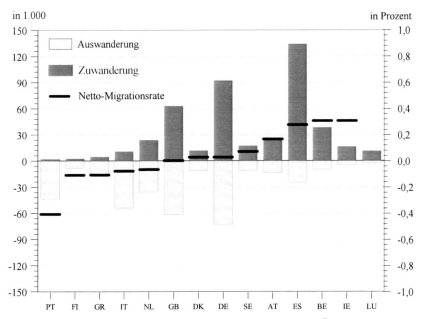

Anmerkung: Die Netto-Migrationsrate für Luxemburg wird aus Gründen der Übersichtlichkeit nicht dargestellt, sie liegt bei 3,2 %.
Quelle: Angaben zur Zuwanderung von EU-15-Ausländern, ohne Zuwanderung der jeweils eigenen Staatsbürger, basierend auf Eurostat (migr_immictz), Daten zur Zuwanderung nach FR liegen nicht vor, Angaben zu GB und IT für 2005 und PT für 2006. Eigene Berechnungen und Darstellung.

8.4 ‚Brain Drain' oder ‚Brain Gain'? Intra-europäische Wanderungen Hochqualifizierter

Neben einem Überblick über die inner-europäische Wanderungsgeschichte ermöglichten die im vorherigen Kapitel präsentierten Daten einen ersten Eindruck über die heutigen Migrationsbeziehungen in Europa. Insbesondere wurde deutlich, dass Deutschland seine Rolle als wichtigstes Zuwanderungsland verloren hat und heute nur noch einen weitgehend ausgeglichenen Wanderungs-

saldo aufweist. Angesichts der Bedeutung Hochqualifizierter für die gesellschaftliche und ökonomische Entwicklung gilt es, diese Ergebnisse hinsichtlich
der Migration Hochqualifizierter zu differenzieren. Welche Mitgliedstaaten der
EU erfahren heute von der intra-europäischen Migration einen ‚brain gain' im
Sinn eines Nettogewinns von Hochqualifizierten und welche Staaten erfahren
einen ‚brain drain', also einen Nettoverlust von Hochqualifizierten? Welche
räumlichen Ungleichheiten bestehen zwischen den EU-Staaten angesichts der
internationalen Mobilität von Hochqualifizierten? Und wo steht Deutschland in
diesem internationalen Vergleich?

Die folgenden Analysen im Rahmen dieses Unterkapitels basieren auf dem
European Union Labour Force Survey. Dieser ermöglicht – weitgehend analog
zum Vorgehen in Kapitel 5, die bisher ausschließlich quantitative Betrachtung
der Bestands- und Flussgrößen intra-europäischer Migranten um qualitative
Aspekte zur Selektivität und Qualifikation dieser Migration zu ergänzen. Wie
bereits in den vorherigen Analysen des EULFS liegt der Fokus auch hier wieder
auf der Gruppe der 25- bis 64-jährigen Erwerbstätigen. Im Unterschied dazu
sind die Auswanderer hier aber, wie in Kapitel 8.2 diskutiert, auf der Basis der
Aufenthaltsdauer definiert. Auf dieser Basis und entsprechend der Konzeption
der intra-europäischen Migration im Sinne eines geschlossenen Systems ermöglicht der EULFS die Berechnung sowohl der Auswanderung eigener Hochqualifizierter in die jeweils übrigen EU-Mitgliedstaaten als auch der Zuwanderung
von hochqualifizierten Migranten mit der Staatsangehörigkeit einer der übrigen
EU-Staaten. Wie bereits in Kapitel 8.2 vorgestellt, liegen entsprechende Daten
für die Jahre 1999 bis 2006 für immerhin 13 EU-Mitgliedstaaten vor. Analog
zum Vorgehen im vorherigen Abschnitt werden auf dieser Datengrundlage
sowohl die Zu- und Auswanderung von Hochqualifizierten als auch die Netto-
Migrationsraten der Hochqualifizierten – als Verhältnis zwischen dem Wanderungssaldo Hochqualifizierter und dem Umfang der entsprechenden Qualifikati-
onsgruppe in der einheimischen Bevölkerung – berechnet.

Betrachtet man sich in einem ersten Schritt die Ergebnisse für die Migration von Personen mit hohem Bildungsniveau (siehe Abbildung 8.4), zeigt sich
für Deutschland die im europäischen Vergleich mit jährlich 27.000 Personen
höchste Auswanderung von deutschen Hochschulabsolventen in die EU-14.
Gleichzeitig profitiert Deutschland aber auch durch die Zuwanderung von
jährlich 32.000 EU-14-Ausländern mit gleichem Bildungsniveau am deutlichsten. Während für Deutschland also ein leicht positiver Wanderungssaldo von
Hochschulabsolventen resultiert, findet sich ein deutlich negativeres Verhältnis
in Frankreich, das mit 26.000 auswandernden hochqualifizierten Personen die
zweithöchste Auswanderung, aber mit knapp 17.000 Zuwanderern nur die
vierthöchste Zuwanderung in Europa verzeichnet. Die Migrationsbeziehungen

zwischen den EU-15-Staaten für Personen mit tertiärem Bildungsabschluss
lassen sich wiederum am deutlichsten durch die Netto-Migrationsrate für Personen mit hohem Bildungsniveau ausdrücken, die das Wanderungssaldo ins
Verhältnis zur Größe der Gruppe der Hochschulabsolventen in Deutschland
setzt. Danach hat Deutschland eine leicht positive aber weitgehend ausgeglichene Bilanz und liegt dadurch im europäischen Vergleich im Mittelfeld. Ähnlich
ausgeglichene Bilanzen finden sich auch für Großbritannien und Dänemark. Am
deutlichsten profitiert Spanien von der intra-europäischen Migration Hochqualifizierter. Dort sind im jährlichen Durchschnitt der Jahre 1999-2006 jeweils
13.300 europäische Hochschulabsolventen mehr zugewandert als hochqualifizierte Spanier ausgewandert sind, womit diese Gruppe durch die intra-
europäische Migration jährlich um etwa 0,3 % gewachsen ist. Ebenfalls erheblich profitieren Luxemburg und Belgien von der intra-europäischen Migration
Hochqualifizierter, die gemeinsam ebenfalls einen jährlichen Wanderungsüber-
schuss von etwa 12.000 Personen verzeichnen. Die mit 0,4 bis 0,5 % am deutlichsten negativen Netto-Migrationsraten finden sich in Finnland, den Niederlanden, Griechenland und Portugal. Allein die Niederlande verlieren jährlich
8.900 Hochqualifizierte mehr als sie durch Zuwanderung gewinnen.

Insgesamt zeigt sich eine erstaunliche Übereinstimmung zwischen den allgemeinen Netto-Migrationsraten in Kapitel 8.3 auf Basis der europäischen
Wanderungsstatistik und den speziellen Netto-Migrationsraten der Hochqualifizierten auf Basis des EULFS. Auch hier wird die bereits diskutierte zunehmende
Ausdifferenzierung des europäischen Migrationssystems sichtbar: Während mit
Spanien ein ehemaliges Auswanderungsland mittlerweile einen ‚brain gain'
durch die intra-europäische Migration erfährt, sind Griechenland und Portugal
noch immer Netto-Exporteure von (hochqualifizierten) Migranten. Für Deutschland bleibt festzuhalten, dass es sich auch bei Betrachtung des Bildungsniveaus
im europäischen Mittelfeld befindet. Es lässt sich hier, ähnlich wie für Großbritannien und mit Abstrichen auch Frankreich, weder von einem ‚brain gain' noch
von einem ‚brain drain' sprechen.

Abbildung 8.4: Auswanderung, Zuwanderung und Netto-Migrationsrate von
Personen mit tertiärem Bildungsabschluss (ISCED 5 und 6)
innerhalb der EU-13, in 1.000 und Prozent, jährlicher
Durchschnitt der Jahre 1999-2006 [25-64 Jahre, erwerbstätig]

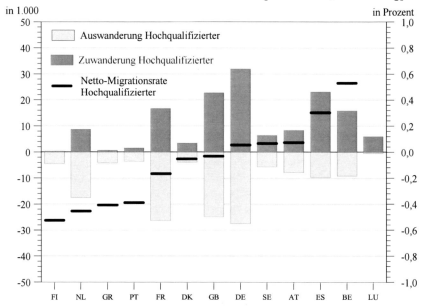

Anmerkung: Die Netto-Migrationsrate Hochqualifizierter für Luxemburg wird aus Gründen der
Übersichtlichkeit nicht dargestellt, sie liegt bei 25,3 %.
Quelle: European Union Labour Force Survey; eigene Berechnungen und Darstellung.

Um diese deutlichen Länderunterschiede detaillierter betrachten zu können,
stellt Tabelle 8.3 den durchschnittlichen jährlichen Wanderungssaldo von
hochgebildeten Personen für die Migration zwischen den 13 analysierten EU-
Staaten für den Zeitraum 1999-2006 dar. Die Konzentration auf den Saldo
verbirgt das teilweise sehr hohe Migrationsvolumen zwischen den Staaten, stellt
aber die einfachste Kennziffer zur Beschreibung der Migrationsbeziehungen
zwischen den einzelnen Staaten dar. Als Lesehilfe der Tabelle zwei Beispiele:
So sind im untersuchten Zeitraum 280 hochqualifizierte und erwerbstätige
Belgier weniger nach Österreich ausgewandert als umgekehrt hochqualifizierte
Österreicher nach Belgien zugewandert sind. Es besteht somit ein Netto-
Wanderungsverlust von Österreichern nach Belgien. Ein zweites Beispiel
betrifft die nächste Zeile: Mit Deutschland erfährt Österreich einen Netto-
Wanderungsgewinn, d.h. mehr hochqualifizierte Deutsche migrieren nach

Österreich als umgekehrt hochqualifizierte Österreicher nach Deutschland migrieren. Weiterhin weist die Tabelle in der untersten Zeile den Wanderungssaldo für das jeweilige Land insgesamt aus.

Von besonderem Interesse sind die Länder, die einen besonders ausgeprägten Wanderungsgewinn bzw. Wanderungsverlust erfahren haben. So verzeichnete Spanien mit allen großen Staaten Europas einen ausgeprägten Wanderungsgewinn. Insbesondere Frankreich und Großbritannien, aber auch Deutschland, verlieren deutlich mehr hochqualifizierte eigene Staatsangehörige als sie umgekehrt hochqualifizierte Spanier gewinnen können. Im Gegensatz zur meist verbreiteten Annahme, dass Spanien für Ruhestandsmigranten attraktiv ist, zeigen diese Ergebnisse, dass Spanien in den vergangenen Jahren in der Lage war, in größerem Umfang qualifizierte Arbeitskräfte aus den anderen EU-Mitgliedstaaten anzulocken (zur Bedeutung Spaniens für die aktuelle Migration in Europa siehe auch die Ergebnisse des EIMS-Surveys *Braun/Arsene* 2009: 49).

Von Interesse sind ebenfalls Luxemburg und Belgien, die beide mit (fast) allen anderen europäischen Staaten einen positiven Wanderungssaldo aufweisen, was vermutlich mit der Bedeutung der beiden Staaten für die Europäische Union und die dort ansässigen Institutionen zu erklären ist. Umgekehrt verlieren Frankreich und die Niederlande, die beiden Staaten mit dem höchsten Wanderungsverlust an hochqualifizierten Beschäftigten, ihre Staatsangehörigen an fast alle Länder der EU und sind umgekehrt kaum in der Lage Hochqualifizierte anzuziehen. So weist Frankreich den einzig signifikanten Wanderungsgewinn mit den Niederlanden auf, während die Niederlande mit keinem einzigen Land einen signifikant positiven Wanderungssaldo der Hochqualifizierten vorzuweisen hat. Dieses Ergebnis mag auf den ersten Blick überraschen, da beide Länder mit Paris und Amsterdam zwei besonders attraktive „Eurocities" (*Favell* 2008) aufweisen. Dennoch scheinen die beiden Länder in ihrer Gesamtheit nicht attraktiv genug zu sein, um die Auswanderung der eigenen höher gebildeten Staatsangehörigen durch die Zuwanderung von intra-europäischen Migranten zu kompensieren.

Tabelle 8.3: Durchschnittlicher jährlicher Wanderungssaldo von Personen mit tertiärem Bildungsabschluss (ISCED 5 und 6) innerhalb der EU-13, Durchschnitt der Jahre 1999-2006

Herkunfts-land	Zielland												
	AT	BE	DE	DK	ES	FI	FR	GR	LU	NL	PT	SE	GB
AT		280	-720	-10	-230	10	-30	-30	70	-150	-190	-60	640
BE	-280		-1.270	-570	350	-310	-1.700	-440	1.400	-1.720	-210	-280	-1.580
DE	720	1.270		10	2.450	-810	-2.270	-1.220	480	-2.910	-120	490	-2.580
DK	10	570	-10		-80	-140	270	10	160	-210	50	-40	-180
ES	230	-350	-2.450	80		-450	-3.930	-10	220	-1.380	-900	-300	-4.070
FI	-10	310	810	140	450		-60	30	130	120	60	1.610	580
FR	30	1.700	2.270	-270	3.930	60		-130	2.150	-930	100	-150	930
GR	30	440	1.220	-10	10	-30	130		80	200	0	40	1.400
LU	-70	1.400	-480	-160	-220	-130	-2.150	-80		-180	-70	-220	280
NL	150	1.720	2.910	210	1.380	-120	930	-200	180		-30	100	1.680
PT	190	210	120	-50	900	-60	-100	0	70	30		20	710
SE	60	280	-490	40	300	-1.610	150	-40	220	-100	-20		530
GB	-640	1.580	2.580	180	4.070	-580	-930	-1.410	280	-1.680	-710	-530	
Ges.	400	6.620	4.490	-420	13.290	-4.150	-9.700	-3.520	5.440	-8.920	-2.050	710	-2.200

Quelle: European Union Labour Force Survey; eigene Berechnungen.

Die bisherigen Ergebnisse zeigen, dass die klassischen Zielländer intra-
europäischer Migranten der 1950er und 60er Jahre nicht mehr notwendigerweise
die Zielländer heutiger hochgebildeter Migranten darstellen. Großbritannien und
Deutschland weisen nur noch nahezu ausgeglichene Wanderungsbilanzen auf
und Finnland und die Niederlande verlieren durch die internationale Migration
hochgebildete Arbeitskräfte. Diese Ergebnisse bestätigen sich auch bei der
Analyse des Berufsqualifikationsniveaus. Analog zum Vorgehen in Kapitel 5
und 6 stellen hier die beiden ersten ISCO-Berufshauptgruppen die als Hochqualifizierte bezeichneten Migranten dar (siehe Abbildung 8.5).

Abbildung 8.5: Auswanderung, Zuwanderung und Netto-Migrationsrate von
Personen mit hoher Berufsqualifikation (ISCO-
Berufshauptgruppen 1 und 2) innerhalb der EU-13, in 1.000 und
Prozent, jährlicher Durchschnitt der Jahre 1999-2006 [25-64
Jahre, erwerbstätig]

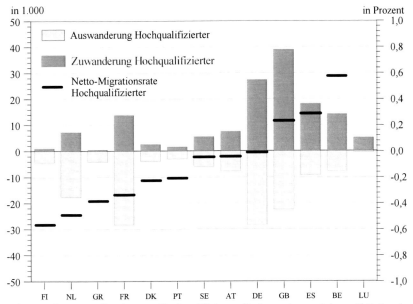

Anmerkung: Die Netto-Migrationsrate Hochqualifizierter für Luxemburg wird aus Gründen der
Übersichtlichkeit nicht dargestellt, sie liegt bei 19,4 %.
Quelle: European Union Labour Force Survey; eigene Berechnungen und Darstellung.

Auch hier weist Deutschland die mit 28.000 Personen höchste Auswanderung
dieser Berufsqualifikationsgruppe auf, allerdings auch eine mit 27.000 Personen

wiederum ähnlich hohe Zuwanderung. Bei der Analyse der Netto-Migrationsrate zeigt sich eine mit den Ergebnissen zum Bildungsniveau weitgehend vergleichbare Rangfolge. Der Wanderungssaldo dieser hochqualifizierten Gruppe ist für Deutschland wiederum nahezu ausgeglichen, wenn auch jetzt mit durchschnittlich -1.000 Personen jährlich leicht negativ im Vergleich zu den +4.500 Personen Wanderungsgewinn im Fall von Personen mit tertiärer Bildung. Auch für die anderen Staaten lassen sich die vorherigen Ergebnisse weitgehend bestätigen. Der einzig signifikante Unterschied zeigt sich im Fall Großbritanniens, das zwar einen weitgehend ausgeglichenen Wanderungssaldo hinsichtlich der Auswanderung und Zuwanderung von Personen mit Hochschulabschluss aufwies. Gemessen am Qualifikationsniveau des ausgeübten Berufes erzielt es aber mit durchschnittlich +16.400 Personen jährlich den deutlichsten Wanderungsgewinn für diese beiden Berufsgruppen. Gerade für ‚Führungskräfte' scheint der britische Arbeitsmarkt – weitgehend unabhängig vom formalen Bildungsabschluss – besonders attraktiv zu sein.

8.5 Fazit: Ungleichheiten im europäischen Migrationssystem

Im Mittelpunkt des Kapitels standen zwei wesentliche Anliegen: Angesichts des internationalen Wettbewerbs um hochqualifizierte Arbeitskräfte sollte zum einen die Entwicklung der Auswanderung aus Deutschland in einem international vergleichenden Rahmen analysiert werden. Zum anderen sollte der bisher das Buch bestimmende Fokus auf das ‚Auswanderungsland Deutschland' durch die Betrachtung des ‚Einwanderungslandes Deutschland' ergänzt werden. Mit der Analyse dieser beiden Aspekte im Kontext der intra-europäischen Migration wurde die übergeordnete Frage des Buches nach einem möglichen ‚brain drain' aus Deutschland entsprechend ergänzt. Dieses Kapitel fragte danach, welche Staaten in Europa heute von der internationalen Migration Hochqualifizierter im Sinne eines ‚brain gains' profitieren und welche unter einem ‚brain drain' leiden.

Die Analyse der Daten der europäischen Wanderungsstatistik sowie des European Union Labour Force Survey zeigen ein weitgehend eindeutiges Ergebnis: Deutschland belegt im europäischen Wettbewerb um hochqualifizierte Arbeitskräfte einen Platz im Mittelfeld. Sowohl die allgemeine Netto-Migrationsrate als auch die Netto-Migrationsrate der Hochqualifizierten zeigt, dass Deutschland im EU-Rahmen eine ausgeglichene Wanderungsbilanz aufweist. Dieses Ergebnis gilt sowohl für die internationale Migration von Personen mit tertiärem Bildungsabschluss als auch für Personen mit einer hohen Berufsqualifikation (ISCO-Berufshauptgruppen 1 und 2). Trotz eines insgesamt

hohen Wanderungsvolumens in Deutschland kam es im Fall der Hochschulabsolventen zu einem nur geringfügig positiven Wanderungssaldo, der einem
durchschnittlichen jährlichen Gewinn von +4.500 Hochschulabsolventen entspricht. Auf der Seite der Berufsqualifikation zeigte sich ein minimal negativer
Wanderungssaldo, der einem jährlichen Verlust von -1.000 Personen aus den
beiden ISCO Gruppen der ‚Führungskräfte' und der ‚Wissenschaftler' entspricht. Für die Beantwortung der Frage nach einem ‚brain drain' oder einem
‚brain gain' in Deutschland scheint die Antwort eindeutig: Deutschland profitiert weder von der internationalen Migration noch erleidet es daraus einen
Verlust. Angesichts dieser Ergebnisse ist zu erwarten, dass die internationale
Migration auf die ökonomische Entwicklung in Deutschland keinen sonderlich
ausgeprägten Einfluss haben dürfte.

Für den europäischen Vergleich gilt es diese Schlussfolgerung aber weiter
zu qualifizieren. Mit Belgien, Luxemburg, Spanien und, in eingeschränktem
Maße auch Großbritannien, gibt es in Europa einige Staaten, die deutlich von
der intra-europäischen Migration profitieren, während Finnland, die Niederlande
oder auch Griechenland Hochqualifizierte verlieren. Die ausgeglichene Wanderungsbilanz Deutschlands zeigt im Vergleich mit den anderen europäischen
Staaten, dass Deutschland im Wettbewerb ‚um die besten Köpfe' eben nur einen
durchschnittlichen Platz belegt. Auch vor dem Hintergrund der intra-
europäischen Migration in den 1950er bis 1970er Jahren gilt es diese Ergebnisse
zu bewerten. So profitierte Deutschland als „migration magnet" für Europäer
über mehrere Jahrzehnte von den intra-europäischen Wanderungen. In diesem
zeitlichen Vergleich wird deutlich, dass insbesondere das ‚Einwanderungsland
Deutschland' in den vergangenen Jahrzehnten an Attraktivität verloren hat.
Heute ist es Spanien, das quantitativ am stärksten von der intra-europäischen
Migration im Allgemeinen als auch der Mobilität der Hochqualifizierten profitiert, ein Land das bis in die 1980er Jahre selbst noch zu den Auswanderungsländern Europas gehörte.

9 Fazit: Deutschland ein Einwanderungsland!

Der Ausgangspunkt des Buches war die seit mehreren Jahren währende kontroverse Debatte über die Auswanderung aus Deutschland. Die Konfliktlinien dieses neuerlichen Migrationsdiskurses zeigen die enge Verbindung internationaler Migration mit gesellschaftlichen Ängsten in Deutschland. Diese waren in den Jahrzehnten nach dem Zweiten Weltkrieg meist mit der Einwanderung von Ausländern verknüpft. Die damalige Migrationspolitik war geprägt durch die konsequente Ablehnung des faktischen Status Deutschlands als Einwanderungsland, die international den Ruf des „reluctant country of immigration" mit sich brachte (*Cornelius et al.* 2004). Die vergangenen Jahre zeigen aber, dass auch die internationale Migration Deutscher Anlass gesellschaftlicher Sorgen darstellt, die aufgrund der Erfahrungen im 19. Jahrhundert eng mit aktuellen sozialen und wirtschaftlichen Problemen verknüpft werden.

Angesichts der Diskrepanz zwischen der gesellschaftlichen und ökonomischen Bedeutung der Auswanderung auf der einen und dem oftmals geradezu spekulativen Kenntnisstand über das Thema auf der anderen Seite, konzentrierte sich dieses Buch auf die Beschreibung und Erklärung der internationalen Migration Deutscher. Diese hat sich in den vergangenen drei Jahrzehnten zwischen Mitte der 1970er Jahre und heute mehr als verdreifacht. Im Mittelpunkt des Buches stand aber weniger die Entwicklung des Umfangs der Auswanderung aus Deutschland als vielmehr die Analyse der Qualifikation der Migranten. Handelt es sich bei der Auswanderung aus Deutschland tatsächlich um einen ‚brain drain' im Sinne einer dauerhaften Auswanderung der Hochqualifizierten aus Deutschland? Dieser übergeordneten Frage widmeten sich die einzelnen Kapitel und Analysen dieses Buches. Ziel dieses abschließenden Kapitels ist es, die zentralen Befunde des Buches entlang der zu Beginn formulierten Forschungsfragen nochmals aufzugreifen. Auf der Grundlage von acht wesentlichen Aspekten entsteht eine abschließende Antwort auf die Frage nach einem ‚brain drain' aus Deutschland.

(1) ‚Brain Drain'? Positive Selektivität deutscher Auswanderer

Deutsche Auswanderer sind eine deutlich selektive Gruppe: Dies betrifft erstens die demographischen Merkmale. Die internationale Migration Deutscher ist eng an bestimmte Lebensphasen gekoppelt: Auswanderer sind demnach meist deutlich jünger als die nicht mobile Bevölkerung, zu einem erheblich höheren Anteil ledig und tendenziell eher männlich. Zudem lebten sie vor ihrer Auswanderung meist in Groß- und Universitätsstädten, womit bereits wichtige Charakteristika deutscher internationaler Migranten benannt sind. Zweitens zeigt sich am Beispiel der Auswanderung in die EU-14, dass deutsche internationale Migranten auch hinsichtlich ihrer sozio-ökonomischen Merkmale eine deutlich positiv selektierte Gruppe darstellen: Die Analyse nach dem höchsten abgeschlossenen Bildungsabschluss zeigt, dass etwa die Hälfte der deutschen Migranten einen Hochschulabschluss aufweist, während dies nur für etwas mehr als ein Viertel der Vergleichsgruppe der nicht mobilen deutschen Wohnbevölkerung zutrifft. Die Berufsqualifikation der deutschen Auswanderer liegt ebenfalls weit über dem Niveau der Bevölkerung in Deutschland im Allgemeinen: Über die Hälfte der Auswanderer sind in einer der beiden, hinsichtlich der Komplexität der Aufgaben und Pflichten einer Tätigkeit, höchsten Berufsgruppen – den ‚Führungskräften' bzw. den ‚Wissenschaftlern' – beschäftigt, während der Vergleichswert für die international nicht Mobilen bei nur etwa einem Fünftel liegt. Auch die Analyse der Tätigkeiten deutscher Auswanderer bestätigt deren positive Selektivität: Der Anteil der im Bereich wissensintensiver Dienstleistungen beschäftigten Auswanderer liegt z.B. für den Bereich der ‚Forschung und Entwicklung' mehr als doppelt so hoch wie unter der nicht mobilen Vergleichsgruppe. Auch wenn die Gründe für die Auswanderung aus Deutschland mit Sicherheit vielfältig sind, ist es eine wirtschaftlich äußerst produktive und hochqualifizierte Bevölkerungsgruppe, die sich für eine internationale Migration entscheidet. Angesichts dieser Ergebnisse stellt die Auswanderung somit einen Verlust für den auf qualifizierte Arbeitskräfte angewiesenen deutschen Arbeitsmarkt dar.

(2) ‚Brain Drain'? Zeitliche und geographische Entwicklungen der
    Auswanderung aus Deutschland

Die These eines ‚brain drain' aus Deutschland wird auch durch die zeitliche Entwicklung der Selektivität bestätigt. Am Beispiel der Entwicklung der Auswanderung Deutscher in die USA und in die Schweiz während der vergangenen zwei Jahrzehnte, zeigte sich, dass sowohl das Bildungs- und Qualifikationsniveau als auch die Beschäftigung in durch wissensintensive Dienstleistungen geprägten Wirtschaftszweigen im Vergleich mit den international nicht mobilen Deutschen weit überproportional angestiegen ist. Der prozentuale Anteil deutscher Auswanderer mit einem tertiären Bildungsabschluss stieg insbesondere zwischen den Jahren 1990 und 2000 um etwa 45 % an, hat sich seitdem aber nur noch geringfügig erhöht bzw. ist in etwa gleich geblieben, während die Vergleichswerte für die deutsche Wohnbevölkerung insgesamt nur eine Steigerung von 7 % für die Jahre zwischen 1990 und 2000 bzw. ein gleichbleibendes Niveau für den Zeitraum zwischen 2000 und 2008 belegen.

Auch die geographischen Differenzierungen zeigen die Bedeutung der Migration Hochqualifizierter für die Erklärung der Auswanderung aus Deutschland. Frühere Studien konzentrierten sich meist auf die USA als traditionell wichtigstem Zielland Deutscher. Durch die Ergänzung der Analyse um die Europäische Union und die Schweiz sind jetzt Aussagen über etwa zwei Drittel aller deutschen Auswanderer möglich. Die zuvor am Beispiel der EU-14 getroffenen Aussagen über das Bildungsniveau, die Berufsqualifikation und die Beschäftigung in wissensintensiven Dienstleistungen deutscher Auswanderer bestätigen sich sowohl für die USA als auch für die Schweiz. Diese Ergebnisse zeigen, dass der ,brain drain' im Sinne der Auswanderung Hochqualifizierter aus Deutschland aus zeitlicher Perspektive in den vergangenen Jahrzehnten deutlich angestiegen ist und aus geographischer Perspektive bestätigt sich ein weitgehend universelles Muster der Bedeutung der internationalen Migration Hochqualifizierter.

(3) ,Brain Drain'? Im internationalen Vergleich niedriges Niveau der Auswanderung hochqualifizierter Deutscher

Die bisherigen Befunde zur Selektivität deutscher Auswanderer und die zeitliche und geographische Entwicklung bestätigten die Annahme eines ,brain drain' aus Deutschland. Dennoch sind diese Ergebnisse auf der Grundlage des internationalen Vergleichs zu relativieren. So stellen Deutsche – und zwar unabhängig von ihrem Bildungs- oder Qualifikationsniveau – eine quantitativ große Gruppe international mobiler Personen dar. Die Auswanderungsrate zeigt jedoch für Deutschland einen Platz im Mittelfeld der anderen Industriestaaten und somit kein außergewöhnlich hohes Auswanderungsniveau. Auch hinsichtlich der Entwicklung der Auswanderung steht Deutschland nicht alleine: Deutlicher als in Deutschland stieg die Auswanderung aus Schweden in den vergangenen zwei Jahrzehnten und auch in anderen europäischen Staaten wie z.B. den Niederlanden oder Großbritannien kam es zu substantiell ansteigenden Auswanderungszahlen. Gleiches gilt auch für die Auswanderungsrate hochqualifizierter Deutscher. Am Beispiel der Auswanderung in die EU-14 zeigt sich, dass sowohl Deutsche mit tertiärem Bildungsabschluss als auch mit besonders hohen Berufsqualifikationen eine im europäischen Vergleich unterdurchschnittliche Wahrscheinlichkeit der Auswanderung haben. So liegt der Anteil der internationalen Migration von Hochschulabsolventen in Österreich, den Niederlanden, Belgien aber auch Frankreich bis zu viermal höher als in Deutschland. Auch wenn die bisherigen Ergebnisse eine zunehmende Bereitschaft Hochqualifizierter zur Auswanderung aus Deutschland signalisieren, zeigten der internationale und der europäische Vergleich, dass die Auswanderung im Allgemeinen und die der Hochqualifizierten im Speziellen eher unterdurchschnittlich ausgeprägt sind.

(4) ‚Brain Circulation'? Temporäre Auslandsaufenthalte dominieren die internationale Migration Deutscher

Während ‚brain drain' in den zuvor dargestellten Ergebnissen ausschließlich als Beschreibung der Auswanderung Hochqualifizierter genutzt wurde, gilt es, diese Analysen hinsichtlich der Dauerhaftigkeit der Auswanderung weiter zu qualifizieren. Internationale Migration wurde früher als ein meist einmaliger und endgültiger Entschluss, der zu einer dauerhaften Auswanderung führte, gesehen. In der Migrationsforschung ist umstritten, inwieweit diese Charakterisierung früherer Wanderungen jemals die Realität präzise beschrieben hat. Unumstritten ist jedoch, dass heute ein zunehmender Anteil internationaler Migration nur temporär und mit einer abnehmenden Aufenthaltsdauer im Ausland verbunden ist. Der Begriff der ‚brain circulation' beschreibt den außerordentlich hohen Anteil kurzfristiger Auslandsaufenthalte und den hohen Anteil der Rückwanderung.

Für Deutschland ließen sich im Rahmen dieser Studie erstmals belastbare Daten zum Umfang der während ihres Erwerbslebens jemals im Ausland berufstätigen Deutschen und zu ihrem Rückwanderungsverhalten analysieren. Diese personenbezogenen Daten liegen über die Deutsche Rentenversicherung vor, beziehen sich also daher ausschließlich auf abgeschlossene Erwerbsverläufe und damit ältere Geburtskohorten der zwischen 1909 und 1950 geborenen Personen. Danach waren ca. 4 % der männlichen erwerbstätigen Bevölkerung in Deutschland jemals im Ausland berufstätig, von denen wiederum 70-80 % rückgewandert sind. Diese Werte für abgeschlossene Berufsverläufe im Kohortenvergleich ließen sich auch auf Basis der Wanderungsstatistik im Periodenvergleich und

auch für die letzten Jahre weitgehend bestätigen. In Verbindung mit der Altersstruktur der Aus- und Rückwanderer ist angesichts dieses hohen Anteils der
Rückwanderer tatsächlich für einen Großteil deutscher internationaler Migranten eher von einer ‚brain circulation' als von einem dauerhaften Verlust zu
sprechen.

(5) ‚Brain Circulation'? Hohe internationale Mobilität der Hochqualifizierten

Der Umfang der Rückwanderungen zeigt, dass sich etwa drei Viertel aller
international mobilen Deutschen im Sinne einer ‚brain circulation' ausschließlich temporär im Ausland aufhalten. Doch auch hier ist nicht nur der Umfang
allein, sondern die Qualifikation der Migranten von entscheidender Bedeutung.
Analog zur Auswanderung wurde am Beispiel der Migration Deutscher innerhalb der EU erstmals die Selektivität der Rückwanderer analysiert. Die gängige
Annahme der Migrationsforschung geht von einer Verstärkung der ursprünglichen Selektivität der Auswanderung durch die Rückwanderer aus. Für den
deutschen Fall müssten angesichts dieser Annahme die Rückwanderer durchschnittlich ein geringeres Bildungs- und Qualifikationsniveau aufweisen als die
deutlich positiv selektierten Auswanderer. Die „Schlechtesten der Besten"
würden somit nach Deutschland zurückkehren.

Die empirischen Ergebnisse widersprechen dieser Annahme aber zumindest teilweise und belegen eine ‚brain circulation' zumindest für bestimmte
Gruppen der Hochqualifizierten. Demnach liegt das durchschnittliche Bildungsniveau, gemessen am Anteil der Personen mit einem Hochschulabschluss, unter
den deutschen Rückwanderern sogar leicht höher als unter den Auswanderern.
Es scheinen also die „Besten der Besten" zu sein, die sich für eine Rückkehr
nach Deutschland entscheiden. Bei der vergleichenden Analyse der Berufsqualifikation von Aus- und Rückwanderern zeigte sich jedoch ein, auch in multivariaten Analysen bestätigtes, deutlich unterschiedliches Muster zwischen verschiedenen Gruppen der Hochqualifizierten. Während der Anteil der ‚Wissenschaftler' unter den Rückwanderern dem der Auswanderer entsprach, liegt der
Anteil der ‚Führungskräfte' bei den Rückwanderern deutlich niedriger. ‚Brain
circulation' beschreibt demnach das zirkuläre Wanderungsverhalten der Gruppe
der ‚Wissenschaftler'. Bei den ‚Führungskräften' lässt sich dagegen von einer
tendenziell längerfristigen Auswanderung ausgehen, was als dauerhafter Verlust
dieser Migrantengruppe im Sinne eines ‚brain drain' interpretiert werden sollte.
Aufgrund dieser Migrationsmuster unter verschiedenen Gruppen der Hochqualifizierten lag die Rückwanderungsquote unter den Hochschulabsolventen im
vergangenen Jahrzehnt bei ca. 85 % und damit höher als der durchschnittliche

Anteil der Rückwanderer. Hingegen lag der Vergleichswert bei den ‚Führungskräften' nur bei einem Drittel, was auch quantitativ den Verlust von Hochqualifizierten in diesem Arbeitsmarktsegment in Deutschland verdeutlicht.

(6) ‚Brain Gain'? Zuwanderung hochqualifizierter ausländischer Migranten

Neben der Frage des ‚brain drain' und der ‚brain circulation' galt es abschließend die Frage zu klären, ob der Verlust bestimmter Gruppen von Hochqualifizierten durch die Zuwanderung hochqualifizierter ausländischer Migranten nach
Deutschland im Sinne eines ‚brain gain' kompensiert wird. Eine solche Wanderungsbilanz Hochqualifizierter konnte zumindest für die Migrationsbeziehungen
zwischen Deutschland und der EU-14 erstellt werden. Danach zeigt sich für die
letzten Jahre für Deutschland mit jährlich ca. +4.500 Personen ein leicht positiver Wanderungssaldo für Personen mit hohem Bildungsniveau. Es wandern
ungefähr genauso viele höher gebildete Deutsche aus Deutschland in Richtung
eines der hier analysierten EU-Mitgliedstaaten aus, wie umgekehrt hochqualifizierte Staatsbürger aus den gleichen EU-Mitgliedstaaten nach Deutschland
einwandern. Zu ähnlichen Ergebnissen kommt auch die Analyse des Wanderungssaldos nach Berufsqualifikationen, hier allerdings verbunden mit einem
leichten Wanderungsverlust hochqualifizierter Deutscher von ca. -1.000 Personen jährlich. Zumindest unter ausschließlicher Betrachtung der Migrationsbeziehungen innerhalb Europas findet sich für Deutschland kein ausgeprägter
‚brain gain'. Die weitgehend ausgeglichene Wanderungsbilanz Hochqualifizierter zeigt, dass durch die Zuwanderung von Europäern der zuvor im europäischen Kontext konstatierte ‚brain drain' weitgehend ausgeglichen wird. Ein
Gewinn an Hochqualifizierten durch die internationale Migration ist zumindest
aus der Perspektive des europäischen Migrationssystems für Deutschland nicht
zu erwarten.

(7) ‚Brain Gain'? Vom „migration magnet" ins Mittelfeld europäischer
Einwanderungsländer

Die weitgehend ausgeglichene Netto-Migrationsrate Hochqualifizierter zwischen Deutschland und der EU mag angesichts der traditionellen Rolle als
„migration magnet" und wichtigstem Zielland europäischer Migranten verwundern. Diese Rolle wird angesichts der hohen Zahl von 1,8 Mio. EU-Ausländern
in Deutschland nach wie vor bestätigt. Der Bedeutungsverlust Deutschlands als
Zuwanderungsland wird aber nicht nur bei der Migration Hochqualifizierter

sichtbar. Auch die innereuropäischen Wanderungen im Allgemeinen zeigen die abnehmende Bedeutung Deutschlands: Während die intra-europäische Migration zwischen den EU-15-Mitgliedstaaten im Zeitraum von 1996 bis 2007 um 33 % gestiegen ist, hat sich die Zuwanderung nach Deutschland im gleichen Zeitraum fast halbiert und liegt hinter Spanien heute nur noch an zweiter Stelle. Beim Vergleich der Wanderungsbilanz Hochqualifizierter findet sich Deutschland sogar nur noch im Mittelfeld der europäischen Einwanderungsländer. Danach profitierten in den vergangenen Jahren Luxemburg, Belgien und Spanien am stärksten von der intra-europäischen Migration Hochqualifizierter, während Finnland, die Niederlande, Griechenland und Portugal am deutlichsten verloren. Ähnlich ausgeglichene Zu- und Auswanderungsbilanzen wie in Deutschland finden sich auch in Dänemark, Schweden, Österreich und bedingt auch für Großbritannien. Im „Wettbewerb um globale Talente" spielt Deutschland somit keine führende Rolle.

(8) Das , Einwanderungsland Deutschland' gestalten

Ziel dieses Buches war es, möglichst belastbare empirische Aussagen zur Auswanderung aus Deutschland und zur Frage eines möglichen ‚brain drain' zu gewinnen. Deutlich wurde einerseits, dass die Migration Hochqualifizierter einen wichtigen und nach wie vor zunehmenden Anteil an der Auswanderung aus Deutschland darstellt. Andererseits zeigten die Ergebnisse, dass gerade die Situation Hochqualifizierter durch eine steigende internationale Mobilität mit einer wachsenden Zahl temporärer Auslandsaufenthalte und einem entsprechend hohen Niveau der Rückwanderungen gekennzeichnet ist, was eher dem Muster einer ‚brain circulation' als einem dauerhaften Verlust entspricht. Weiterhin liegt die Auswanderungsrate im Allgemeinen als auch die der Hochqualifizierten im europäischen Vergleich auf einem unterdurchschnittlichen Niveau. Im internationalen Wettbewerb um Hochqualifizierte hat Deutschland in den letzten Jahren allerdings offensichtlich an Attraktivität verloren und findet sich heute nur noch im Mittelfeld der europäischen Einwanderungsländer. Bisher ist Deutschland noch in der Lage, die Auswanderung (hochqualifizierter) eigener Staatsangehöriger durch die Zuwanderung (hochqualifizierter) ausländischer Migranten zu kompensieren. Von einem Gewinn für Deutschland durch die internationale Migration im Sinn eines ‚brain gain' lässt sich in der gegenwärtigen Situation aber kaum sprechen.

Angesichts der voraussichtlich auch zukünftig auf vergleichbarem Niveau verbleibenden internationalen Migration Deutscher sind zwei potenzielle Handlungsoptionen denkbar. Die erste setzt an der hohen Rückwanderungsrate von

Deutschen an und konzentriert sich auf die Entwicklung spezieller Programme, die für einzelne Berufsgruppen eine Rückkehr nach Deutschland (noch) attraktiver machen bzw. die Karriereoptionen in Deutschland verbessern. Beispiele für solche Programme finden sich bereits heute insbesondere im wissenschaftlichen Bereich. Stichwortartig sind hier die Juniorprofessur oder das stärker leistungsorientierte System für die Besoldung der Professorinnen und Professoren zu nennen. Weitere Beispiele betreffen die Einführung neuer Förderpreise wie z.b. des Sofia-Kovalevskaja-Preises der Alexander von Humboldt-Stiftung oder des BioFuture-Preises des BMBF, mit denen ausländische oder im Ausland forschende deutsche Wissenschaftler für Forschungsarbeiten und den Aufbau von jungen Forschungsgruppen in Deutschland gewonnen werden sollen.

Die zweite Handlungsoption setzt nicht bei der Auswanderung Deutscher, sondern bei der Zuwanderung ausländischer Migranten an. Während sich Deutschland in den Jahren nach dem Zweiten Weltkrieg zu einem der weltweit wichtigsten Zuwanderungsländer entwickelt hatte – mit einem Wanderungsgewinn von 5,8 Millionen Personen im Verlauf der vergangenen vier Jahrzehnte – zeigten die hier präsentierten Ergebnisse, dass Deutschland seine Rolle als Zuwanderungsland in den vergangenen Jahren weitgehend eingebüßt hat. Gerade die Wanderungsbilanz Hochqualifizierter zeigt, dass Deutschland im „Wettbewerb um globale Talente" nur im Mittelfeld spielt. Während Deutschland in der zweiten Hälfte des 20. Jahrhunderts umfassend von der internationalen Migration profitiert hat, ist dieses Potenzial zu Beginn des 21. Jahrhunderts weitgehend ausgeschöpft. Angesichts der zunehmenden Transnationalisierung der Gesellschaften, der Globalisierung der Wirtschaftsbeziehungen und des weiteren Wettbewerbs um hochqualifizierte Arbeitskräfte in heutigen Wissensökonomien gilt es, das ‚Einwanderungsland Deutschland' weiter zu entwickeln. Ziel muss es sein, für potenzielle Zuwanderer attraktive Einwanderungsbedingungen zu schaffen, bereits in Deutschland lebende Migranten weiter zu qualifizieren und zu einem längerfristigen Aufenthalt zu bewegen sowie Rahmenbedingungen zu entwickeln, die den Migranten eine ihren Qualifikationen adäquate Beschäftigung in Deutschland ermöglicht.

Literaturverzeichnis

Abella, Manolo, 2006: Global Competition for Skilled Workers and Consequences. In: *Pang, Eng Fong* (Hrsg.): Competing for Global Talent. Geneva: ILO: 11-32

Ackers, Louise, 2005: Moving People and Knowledge: Scientific Mobility in the European Union. In: International Migration 43, 5: 99-131

Ackers, Louise; Gill, Bryony, 2008: Moving People and Knowledge. Scientific Mobility in an Enlarging European Union. Cheltenham: Edward Elgar

Adams, Richard A., 2003: International Migration, Remittances and the Brain Drain: A Study of 24 Labor-Exporting Countries, World Bank Policy Research Working Paper 3069. Washington: World Bank

Adams, Walter (Hrsg.), 1968: The Brain Drain. New York: Macmillan

Altbach, Philip G., 1989: The new internationalism: Foreign students and scholars. In: Studies in Higher Education 14, 2: 125-136

Anderson, Benedict, 1996: Die Erfindung der Nation: Zur Karriere eines folgenreichen Konzepts. Frankfurt a. M. / New York

Appadurai, Arjun, 1991: Global Ethnoscapes: Notes and Queries for a Transnational Anthropology. In: *Fox, Richard G.* (Hrsg.): Recapturing Anthropology. Santa Fe: School of American Research Press: 191-211

Arthur, Michael, 1994: The boundaryless career: A new perspective for organizational inquiry. In: Journal of Organizational Behavior 15: 295-306

Auriol, Laudeline; Sexton, Jerry, 2001: Human Resources in Science and Technology: Measurement Issues and International Mobility: International Mobility of the Highly Skilled. Paris: OECD: 13-38

Backhaus, Beate et al., 2002: Brain Drain - Brain Gain - Eine Untersuchung über internationale Berufskarrieren. Kassel: Gesellschaft für empirische Studien

Bade, Klaus J. (Hrsg.), 1992: Deutsche im Ausland - Fremde in Deutschland. Migration in Geschichte und Gegenwart. München: C.H. Beck

Bade, Klaus J., 2002: Europa in Bewegung: Migration vom späten 18. Jahrhundert bis zur Gegenwart. München: C. H. Beck

Bade, Klaus J., 2004: Sozialhistorische Migrationsforschung, Vol. 13. Göttingen: V&R unipress

Bade, Klaus J.; Oltmer, Jochen, 2008: Deutschland. In: *Bade, Klaus J. et al.* (Hrsg.): Enzyklopädie Migration in Europa. Vom 17. Jahrhundert bis zur Gegenwart, 2. Edition. Paderborn, München, Wien, Zürich: Ferdinand Schöningh, Wilhelm Fink: 141-170

Bähr, Jürgen et al., 1992: Bevölkerungsgeographie. Berlin, New York: Walter de Gruyter

Balch, Alex et al., 2004: The Political Economy of Labour Migration in the European Construction Sector. In: *Bommes, Michael et al.* (Hrsg.): Organisational Recruitment and Patterns of Migration, Vol. 25. Osnabrück: IMIS: 179-200

BAMF, 2006: Migrationsbericht 2005. Nürnberg: BAMF

Bauer, Thomas K.; Zimmermann, Klaus F., 1999: Assessment of Possible Migration Pressure and its Labour Market Impact Following EU Enlargement to Central and Eastern Europe. Bonn: IZA

Beaverstock, Jonathan V., 2004: 'Managing across borders': knowledge management and expatriation in professional service legal firms. In: Journal of Economic Geography 4, 2: 157-179

Beck, Ulrich, 1997: Was ist Globalisierung? Frankfurt a. M.: Suhrkamp

Becker, Sascha O. et al., 2004: How large is the 'Brain Drain' from Italy? In: Giornale degli Economisti e Annali di Economia 63: 1-32

Beine, Michel et al., 2006: Measuring International Skilled Migration: New Estimates Controlling for Age of Entry, Policy Research Discussion Paper. Washington D.C.: World Bank

Berthiaume Shukert, Elfrieda; Smith Scibetta, Barbara, 1988: War Brides of World War II. Novato, California: Presidio

Bhagwati, Jagdish N. (Hrsg.), 1976: The Brain Drain and Taxation - Theory and Empirical Analysis. Amsterdam: North Holland

Bhagwati, Jagdish N.; Dellafar, W., 1973: The brain drain and income taxation. In: World Development 1: 94-100

Bhagwati, Jagdish N.; Hamada, Koichi, 1974: The brain drain, international integration of markets for professionals and unemployment: a theoretical analysis. In: Journal of Development Economics 1: 19-24

Bhagwati, Jagdish N.; Hamada, Koichi, 1975: Domestic distortions, imperfect information and the brain drain. In: Journal of Development Economics 2: 139-53

Bhargava, Alok et al., 2010: Modeling the Effect of Physician Emigration on Human Capital Development, http://perso.uclouvain.be/frederic.docquier/oxlight.htm, Abruf: 31.03.2010

Bilsborrow, Richard E. et al., 1997: International Migration Statistics. Guidelines for Improving Data Collection Systems. Geneva: ILO

Blitz, Brad K., 2005: 'Brain Circulation': The Spanish medical profession and international medical recruitment in the United Kingdom. In: Journal of European Social Policy 15, 4: 363-379

Blumenthal, P. et al. (Hrsg.), 1996: Academic Mobility in a Changing World. London: Jessica Kingsley Publishers

BMBF, 2000: Deutsche Studierende im Ausland. Ein statistischer Überblick 1980-1998. Bonn: BMBF

Boeri, Tito; Brücker, Herbert, 2000: The Impact of Eastern Enlargement on Employment and Labour Markets in the EU Member States. Berlin, Milano

Böhning, W. R., 1984: Studies in International Labour Migration. London: Macmillan

Bölsker-Schlicht, Franz, 1992: Torfgräber, Grasmäher, Heringsfänger ... - deutsche Arbeitswanderer im ‚Nordsee-System'. In: *Bade, Klaus J.* (Hrsg.): Deutsche im Ausland - Fremde in Deutschland. Migration in Geschichte und Gegenwart. München: C.H. Beck: 255-262

Bonin, Holger et al., 2008: Geographic Mobility in the European Union: Optimising its Economic and Social Benefits. IZA Research Report 19, IZA: Bonn.

Borjas, George J., 1987: Self-selection and the earnings of immigrants. In: The American Economic Review 77: 531-553

Borjas, George J., 1989: Immigrant and Emigrant Earnings: A Longitudinal Study. In: Economic Inquiry 27, 1: 21-37

Borjas, George J.; Bratsberg, Bernt, 1996: Who leaves? The outmigration of the foreign-born. In: Review of Economics and Statistics 78: 165-176

Böttcher, Karl Wilhelm, 1948: Die deutschen Flüchtlinge als europäisches Problem. In: Frankfurter Hefte 3: 601-614

Boyd, Monica, 1989: Family and Personal Networks in International Migration: Recent Developments and New Agendas. In: International Migration Review 23, 3: 638-670

Bozkurt, Ödül, 2006: Wired for Work: Highly Skilled Employment and Global Mobility in Mobile Telecommunications Multinationals. In: *Favell, Adrian; Smith, Michael Peter* (Hrsg.): The Human Face of Global Mobility: International Highly Skilled Migration in Europe, North America and the Asia-Pacific. New Brunswick: Transaction: 211-246

Brandes, Detlef, 1992: Die Deutschen in Rußland und der Sowjetunion. In: *Bade, Klaus J.* (Hrsg.): Deutsche im Ausland - Fremde in Deutschland. Migration in Geschichte und Gegenwart. München: C.H. Beck: 85-134

Braun, Michael; Arsene, Camelia, 2009: The demographics of movers and stayers in the European Union. In: Recchi, Ettore; Favell, Adrian (Hrsg.): Pioneers of European Integration. Citizenship and Mobility in the EU. Cheltenham u.a.: Edward Elgar: 26-51

Bretting, Agnes, 1992: Mit Bibel, Pflug und Büchse: deutsche Pioniere im kolonialen Amerika. In: *Bade, Klaus J.* (Hrsg.): Deutsche im Ausland - Fremde in Deutschland. Migration in Geschichte und Gegenwart. München: C.H. Beck: 135-148

Brücker, Herbert, 2010: Deutschland leidet unter einem Brain Drain. In: Wirtschaftsdienst, 3: 138-139

Brücker, Herbert; Ringer, Sebastian, 2008: Ausländer in Deutschland: Vergleichsweise schlecht qualifiziert. In: IAB-Kurzbericht 1/2008: 1-8

Buchholt, Helmut; Schmitz, Gernot, 2006: Germany. In: *Kelo, Maria et al.* (Hrsg.): EURODATA. Student mobility in European higher education. Bonn: Lemmens Verlags- und Mediengesellschaft: 114-127

Büchner, Charlotte, 2004: Investition in Humankapital: Auslandsaufenthalte von Schülern. In: DIW Wochenbericht 45/2004: 709-712

Buechtemann, Christoph F., 2001: Deutsche Nachwuchswissenschaftler in den USA: Ergebnisse der Vorstudie. In: *BMBF* (Hrsg.): Deutsche Nachwuchswissenschaftler in den USA. Perspektiven der Hochschul- und Wissenschaftspolitik. Bonn: BMBF: 19-89

Bundesamt für Statistik, Schweizerische Eidgenossenschaft: Eidgenössische Volkszählungen 1990 und 2000. Neuchâtel: Bundesamt für Statistik, Schweizerische Eidgenossenschaft

Bundesamt für Statistik, Schweizerische Eidgenossenschaft, 2008: Ausländerinnen und Ausländer in der Schweiz, Bericht 2008. Neuchâtel: Bundesamt für Statistik, Schweizerische Eidgenossenschaft

Bundesamt für Statistik, Schweizerische Eidgenossenschaft, 2009: Personenfreizügigkeit und Migration. In: Demos, Informationen aus der Demografie Nr. 4, Dezember 2009

Burgdörfer, Friedrich, 1930: Die Wanderungen über die Deutschen Reichsgrenzen im letzten Jahrhundert. In: Allgemeines Statistisches Archiv 20: 161-196, 383-419, 537-551

Campbell, Gibson; Jung, Kay, 2006: Historical Census Statistics on the Foreign Born Population of the Unites States: 1850 to 2000, Population Division, Working Paper 81. Washington D.C.: U.S. Census Bureau

Carrington, William J. ; Detragiache, Enrica, 1998: How big is the brain drain?, IMF Working Paper WP/98/102. Washington D.C.: IMF

Cassarino, Jean-Pierre, 2004: Theorising Return Migration: The Conceptual Approach to Return Migrants Revisited. In: International Journal on Multicultural Societies 6, 2: 253-279

Castells, Manuel, 2001: The Power of Identity, Vol. 2. Oxford, UK / Massachusetts, USA: Blackwell Publishers

Castles, Stephen, 2006: Guestworkers in Europe: A Resurrection? In: International Migration Review 40, 4: 741-766

Castles, Stephen; Miller, Mark J., 2009: The Age of Migration: International Population Movements in the Modern World. Houndmills: Palgrave Macmillan

Central Statistical Office, 2007: Census 2006. Volume 4 - Usual Residence, Migration, Birthplaces and Nationalities. Dublin: Stationery Office

Chiswick, Barry R., 1986: Human Capital and the Labor Market Adjustments of Immigrants: Testing Alternative Hypotheses. In: *Stark, Oded* (Hrsg.): Research in Human Capital and Development, Vol. 4. Greenwich, CT: JAI Press: 1-26

Chiswick, Barry R., 1999: Are Immigrants Favorably Self-Selected? In: The American Economic Review, Papers and Proceedings 89: 181-185

Constant, Amélie; Massey, Douglas S., 2002: Return Migration by German Guestworkers: Neoclassical versus New Economic Theories. In: International Migration 40, 4: 5-38

Constant, Amélie; D'Agosto, Elena, 2008: Where do the Brainy Italians Go? IZA Discussion Paper No. 3325. Bonn: IZA

Cornelius, Wayne A. et al. (Hrsg.), 1994: Controlling Immigration. A Global Perspective. Stanford: Stanford University Press

Cornelius, Wayne A. et al. (Hrsg.), 2004: Controlling Immigration. Stanford, California: Stanford University Press

Currle, Edda (Hrsg.) 2004: Migration in Europa - Daten und Hintergründe. Stuttgart: Lucius & Lucius

Currle, Edda, 2006: Theorieansätze zur Erklärung von Rückkehr und Remigration. In: *Informationszentrum Sozialwissenschaften* (Hrsg.): Migration und ethnische Minderheiten. Sozialwissenschaftlicher Fachinformationsdienst. Bonn: Informationszentrum Sozialwissenschaften: 7-23

Dalen, Hendrik P. van; Henkens, Kène, 2007: Longing for the Good Life: Understanding Emigration from a High-Income Country. In: Population and Development Review 33, 1: 37-65

Delfillippi, Robert J.; Arthur, Michael, 1994: The boundaryless career: A competency-based perspective. In: Journal of Organizational Behavior 15: 307-324

den Adel, Madelon et al., 2004: Recruitment and the Migration of Foreign Workers in Health and Social Care. In: *Bommes, Michael et al.* (Hrsg.): Organisational Recruitment and Patterns of Migration, Vol. 25. Osnabrück: IMIS: 201-230

DAAD, 2009: Wissenschaft weltoffen 2009. Daten und Fakten zur Internationalität von Studium und Forschung in Deutschland. Bielefeld: W. Bertelsmann Verlag

Deutscher Bundestag, 2004: Antwort der Bundesregierung auf die Große Anfrage „Abwanderung deutscher Nachwuchswissenschaftler und akademischer Spitzenkräfte (‚Braindrain')". Drucksache 15/3185. Berlin

Deutscher Bundestag, 2007: Antwort der Bundesregierung auf die Große Anfrage „Konsequenzen der Auswanderung Hochqualifizierter aus Deutschland". Drucksache 16/5417. Berlin

Diehl, Claudia, 2007: Materialband und Endbericht zur Neuzuwandererbefragung - Pilotstudie. Erste und zweite Welle. Materialien zur Bevölkerungswissenschaft, Heft 122. Wiesbaden: Bundesinstitut für Bevölkerungsforschung

Diehl, Claudia; Dixon, David, 2005: Zieht es die Besten fort? Ausmaß und Formen der Abwanderung deutscher Hochqualifizierter in die USA. In: Kölner Zeitschrift für Soziologie und Sozialpsychologie 57, 4: 714-734

Diehl, Claudia; Grobecker, Claire, 2006: Neuzuwanderer in Deutschland, Ergebnisse des Mikrozensus 2000 bis 2003. In: Wirtschaft und Statistik 11: 1-12

Diehl, Claudia; Preisendörfer, Peter, 2007: Gekommen um zu bleiben? Bedeutung und Bestimmungsfaktoren der Bleibeabsicht von Neuzuwanderern in Deutschland. In: Soziale Welt 58: 5-28

Diehl, Claudia et al., 2008: Auswanderung von Deutschen: kein dauerhafter Verlust von Hochschulabsolventen. In: DIW Wochenbericht 05/2008: 49-55

Dinkel, Reiner H.; Lebok, Uwe, 1994: Außenwanderungen und Bevölkerungsentwicklung in Deutschland. In: Geographische Rundschau 46, 3: 128-135

Docquier, Frédéric; Marfouk, Abdeslam, 2005: International Migration by Educational Attainment (1990-2000) - Release 1.1., Policy Research Working Papers 3381. Washington D.C.: World Bank

Docquier, Frédéric; Marfouk, Abdeslam, 2006: International Migration by Educational Attainment (1990-2000). In: *Özden, Caglar; Schiff, Maurice* (Hrsg.): International Migration, Remittances and the Brain Drain. Washinton D. C.: Palgrave-Macmillan: 151-199

Docquier, Frédéric; Marfouk, Abdeslam, 2007: The Brain Drain Data Base, Weltbank. Washington

Docquier, Frédéric; Rapoport, Hillel, 2007: Skilled Migration: The Perspective of Developing Countries. In: IZA Discussion Paper Series 2873

Docquier, Frédéric; Rapoport, Hillel, 2008: Brain drain. In: *Blume, Lawrence E.* (Hrsg.): The New Palgrave Dictionary of Economics Online. Palgrave Macmillan

Docquier, Frédéric; Rapoport, Hillel, 2009: Documenting the brain drain of "la crème de la crème": Three case-studies on international migration at the upper tail of the education distribution. In: Journal of Economics and Statistics 229, 6: 679-705

Doeringer, Peter B.; Piore, Michael J., 1971: Internal Labour Markets and Manpower Analysis. London

Dumont, Jean-Christophe; Lemaître, Georges, 2005: Counting Immigrants and Expatriates in OECD Countries: A New Perspective, OECD Social Employment and Migration Working Papers, No. 25. Paris: OECD

Dumont, Jean-Christophe; Lemaître, Georges, 2008: Counting foreign-born and expatriates in OECD countries: a new perspective. In: *Raymer, James; Willekens, Frans* (Hrsg.): International Migration in Europe. Data, Models and Estimates: John Wiley & Sons: 11-40

Dustmann, Christian, 1996: Return Migration - The European Experience. In: Economic Policy: An European Forum 22, 1: 215-249

Edin, Per-Anders et al., 2000: Emigration of immigrants and measures of immigrant assimilation: Evidence from Sweden. In: Swedish Economic Policy Review 7: 163-204

Eliasson, Kent et al., 2003: Geographical Labour Mobility: Migration or Commuting? In: Regional Studies 37, 8: 827-837

Ellis, Mark; Wright, Richard, 1998: When Immigrants are not Migrants: Counting Arrivals of the Foreign Born using the U.S. Census. In: International Migration Review 32, 1: 127-144

Enders, Jürgen; Bornmann, Lutz, 2002: Internationale Mobilität bundesdeutscher Promovierter – Eine Sekundäranalyse der Kasseler Promoviertenstudie. In: Mitteilungen aus der Arbeitsmarkt- und Berufsforschung 35, 1: 60-73

Enders, Jürgen; Mugabushaka, Alexis-Michel, 2004: Wissenschaft und Karriere. Erfahrungen und Werdegänge ehemaliger Stipendiaten der DFG. Bonn: DFG

Erlinghagen, Marcel et al., 2009: Deutschland ein Auswanderungsland? In: DIW Wochenbericht 39/2009: 663-669

Esser, Raingard, 2003: Language No Obstacle: war brides in the German Press, 1945-49. In: Women's History Review 12, 4: 577-603

Ette, Andreas, 2003: Politische Ideen und Policy-Wandel: die ‚Green Card' und ihre Bedeutung für die deutsche Einwanderungspolitik. In: IMIS-Beiträge 22: 39-50

Ette, Andreas et al., 2008: Measuring spatial mobility with the German Microcensus: The case of German return migrants. In: Zeitschrift für Bevölkerungswissenschaft 33, 3-4: 409-431

Europäischer Rat, 2000: Schlussfolgerungen des Vorsitzes des Europäischen Rates vom 23. und 24. März 2000 in Lissabon. Brüssel

European Commission, 2008: Quality Report on the European Union Labour Force Survey 2006. Luxemburg: Office for Official Publications of the European Communities

European Economic Advisory Group, 2003: Report on the European Economy 2003. München: Ifo Institute for Economic Research

Eurostat, 2000: Europäische Sozialstatistik. Bevölkerung. Luxemburg: Amt für amtliche Veröffentlichungen der Europäischen Gemeinschaften

Eurostat, 2001: Europäische Sozialstatistik. Bevölkerung. Luxemburg: Amt für amtliche Veröffentlichungen der Europäischen Gemeinschaften

Eurostat, 2002: Europäische Sozialstatistik. Wanderung. Detaillierte Tabellen auf CD-Rom. Luxemburg: Amt für amtliche Veröffentlichungen der Europäischen Gemeinschaften

Eurostat, 2003: The European Union Labour Force Survey. Methods and Definitions - 2001. Luxemburg: Amt für amtliche Veröffentlichungen der Europäischen Gemeinschaften

Eurostat, 2004: Bevölkerungsstatistik. Luxemburg: Amt für amtliche Veröffentlichungen der Europäischen Gemeinschaften

Eurostat, 2006a: Employment in Europe, 2006 Report. Luxemburg: Office for Official Publications of the European Communities

Eurostat, 2006b: Die ausländische Bevölkerung in den Mitgliedstaaten der EU. In: Statistik kurz gefasst 8/2006

Eurostat, 2010a: International migration flows. Reference Metadata in Euro SDMX Metadata Structure: Statistical Office of the European Communities (Eurostat)

Eurostat, 2010b: Population by citizenship and by country of birth. Reference Metadata in Euro SDMX Metadata Structure: Statistical Office of the European Communities (Eurostat)

Faist, Thomas, 1997: The Crucial Meso-Level. In: *Hammar, Tomas et al.* (Hrsg.): International Migration, Immobility and Development. Multidisciplinary Perspectives. Oxford: Berg: 187-217

Faist, Thomas, 2000: The Volume and Dynamics of International Migration and Transnational Social Spaces. Oxford: Oxford University Press

Faist, Thomas, 2007: Transnationale Migration als relative Immobilität in einer globalisierten Welt. In: Berliner Journal für Soziologie, 3: 365-385

Faist, Thomas; Ette, Andreas (Hrsg.), 2007: The Europeanization of National Policies and Politics of Immigration. Between Autonomy and the European Union. Basingstoke: Palgrave Macmillan

Fassmann, Heinz et al., 2009: Statistics and Reality. Concepts and Measurements of Migration in Europe. Amsterdam: Amsterdam University Press

Fassmann, Heinz; Hintermann, Christiane, 1997: Migrationspotential Ostmitteleuropa. Struktur und Motivation potentieller Migranten aus Polen, der Slowakei, Tschechien und Ungarn. Wien: Verlag der österreichischen Akademie der Wissenschaften

Fassmann, Heinz; Münz, Rainer (Hrsg.), 1996: Migration in Europa. Historische Entwicklung, aktuelle Trends, politische Reaktionen. Frankfurt a. M.: Campus

Favell, Adrian, 2008: Eurostars and Eurocities. Free Movement and Mobility in an Integrating Europe. Oxford: Blackwell

Favell, Adrian et al., 2006: The Human Face of Global Mobility: A Research Agenda. In: *Favell, Adrian; Smith, Michael Peter* (Hrsg.): The Human Face of Global Mobility: International Highly Skilled Migration in Europe, North America and the Asia-Pacific. New Brunswick: Transaction: 1-25

Fawcett, James T., 1989: Networks, Linkages, and Migration Systems. In: International Migration Review 23, 3: 671-680

Fawcett, James T.; Arnold, Fred, 1987: The Role of Surveys in the Study of International Migration: An Appraisal. In: International Migration Review 21, 4: 1523-1540

Ferenczi, Imre; Willcox, Walter F., 1929-31: International Migrations, Bd. 1. New York: National Bureau of Economic Research

Fernandez, Edward W., 1995: Estimation of the Annual Emigration of U.S. Born Persons by Using Foreign Censuses and Selected Administrative Data: Circa 1980. Population Division Working Paper No. 10. Washington, D.C.: U.S. Census Bureau

Fertig, Michael; Schmidt, Christoph M., 2002: Mobility within Europe. The Attitudes of European Youngsters. In: RWI: Discussion Papers 1

Fijalkowski, Jürgen, 1998: Germany, Europe's biggest magnet. In: *Amersfoort, Hans van; Doomernik, Jeroen* (Hrsg.): International migration: processes and interventions. Amsterdam: Institute for Migration and Ethnic Studies: 86-104

Findlay, Allan M., 1990: A migration channels approach to the study of high level manpower movements. In: International Migration 28: 15-24

Findlay, Allan M., 1993: New Technology, High-Level Labour Movements and the Concept of the Brain Drain. In: *OECD* (Hrsg.): New Technology, High-Level Labour Movements and the Concept of the Brain Drain. Paris: OECD: 149-159

Findlay, Allan et al., 2006: Ever Reluctant Europeans. The changing Geographies of UK Students studying and working abroad. In: European Urban and Regional Studies 13, 4: 291-318

Finn, Michael G., 2007: Stay Rates of Foreign Doctorate Recipients from U.S. Universities, 2005. Oak Ridge: Oak Ridge Institute for Science and Engineering

Fischer, Wolfram, 1985: Wirtschaft und Gesellschaft Europas 1850 - 1914. In: *Fischer, Wolfram* (Hrsg.): Europäische Wirtschafts- und Sozialgeschichte von der Mitte des 19. Jahrhunderts bis zum Ersten Weltkrieg. Handbuch der Europäischen Wirtschafts- und Sozialgeschichte, Bd. 5. Stuttgart: Klett-Cotta: 1-207

Fischer, Wolfram, 1987: Wirtschaft, Gesellschaft und Staat in Europa 1914 - 1980. In: *Fischer, Wolfram* (Hrsg.): Europäische Wirtschafts- und Sozialgeschichte vom Ersten Weltkrieg bis zur Gegenwart. Handbuch der Europäischen Wirtschafts- und Sozialgeschichte, Bd. 6. Stuttgart: Klett-Cotta: 1-221

Florida, Richard, 2007: The Flight of the Creative Class. The New Global Competition for Talent. New York: Collins

Foadi, Sonia Morano, 2006: Key issues and causes of the Italian brain drain. In: Innovation: The European Journal of Social Science Research 19, 2: 209-223

Fouarge, Didier; Ester, Peter, 2008: How Willing are Europeans to Migrate? A Comparison of Migration Intentions in Western and Eastern Europe. In: *Wilthagen, Ton* (Hrsg.): Innovating European Labour Markets: Dynamics and Perspectives. Cheltenham: Edward Elgar: 49-71

Freeman, Gary P., 1995: Modes of immigration politics in liberal democratic states. In: International Migration Review 29, 4: 881-902

Freund, Alexander, 2004: Aufbrüche nach dem Zusammenbruch. Die deutsche Nordamerika-Auswanderung nach dem Zweiten Weltkrieg. Studien zur historischen Migrationsforschung 12. Göttingen: V&R unipress

Fuller, Theodore D. et al., 1990: Urban Ties of Rural Thais. In: International Migration Review 24, 3: 534-562

Gaillard, Jacques; Gaillard, Anne Marie, 1997: Introduction: The International Mobility of Brains: Exodus or Circulation? In: Science Technology and Society 2, 2: 195-228

Galor, Oded; Stark, Oded, 1990: Migrants' savings, the probability of return migration and migrants' performance. In: International Economic Review 31: 463-467

Galor, Oded; Stark, Oded, 1991: The probability of return migration, migrants' work effort and migrants' performance. In: Journal of Development Economics 35, 2: 399-405

Gans, Herbert J., 2000: Filling in some holes: six areas of needed immigration research. In: *Foner, Nancy et al.* (Hrsg.): Immigration Research for a New Century: Multidisciplinary Perspectives. New York: Russell Sage Foundation: 77-89

Gatzweiler, Hans Peter, 1975: Zur Selektivität interregionaler Wanderungen. Ein theoretisch-empirischer Beitrag zur Analyse und Prognose altersspezifischer interregionaler Wanderungen. Bonn: Bundesforschungsanstalt für Landeskunde und Raumordnung

Geddes, Andrew, 2003: The Politics of Migration and Immigration in Europe. London: Sage

Geddes, Andrew et al., 2004: The Impact of Organised Interests on Migration Processes from a Cross-national and Cross-sectoral Perspective. In: *Bommes, Michael et al.* (Hrsg.): Organisational Recruitment and Patterns of Migration. Osnabrück: Institut für Migrationsforschung und Interkulturelle Studien: 231-278

Ghosh, Bimal, 2000: Return Migration: Reshaping Policy Approaches. In: *Ghosh, Bimal* (Hrsg.): Return Migration: Journey of Hope or Despair? Genf: International Organization for Migration and the United Nations: 181-226

Gibbs, James C. et al., 2001: Evaluating Components of International Migration: Native Emigrants, Population Division Working Paper 63. Washington D.C.: U. S. Census Bureau

Gimbel, John, 1990: Science, Technology, and Reparations: Exploitation and Plunder in Postwar Germany. Stanford: Stanford University Press

Glick Schiller, Nina et al., 1992: Transnationalism: A New Analytical Framework for Understanding Migration. In: Annals of the New York Academy of Science 645: 1-24

Glick Schiller, Nina et al., 1997: From Immigrant to Transmigrant: Theorizing Transnational Migration. In: Soziale Welt, Sonderband 12: 121-140

Godwin, Matthew et al., 2009: The Anatomy of the Brain Drain Debate, 1950-1970s: Witness Seminar. In: Contemporary British History 23, 1: 35-60

Götzfried, August, 2004: Welche hochqualifizierten Humanressourcen gibt es in Europa und wo sind sie beschäftigt? Statistik kurz gefasst, Wissenschaft und Technologie, 11/2004. Luxembourg: Eurostat

Green, Anne E. et al., 2009: Short-Term Mobility. Final Report. Warwick: Warwick Institute for Employment Research

Grobecker, Claire et al., 2009: Bevölkerungsentwicklung 2007. In: Wirtschaft und Statistik 1: 55-67

Grubel, Herbert G.; Scott, Anthony, 1977: The Brain Drain: Determinants, Measurement and Welfare Effects. Waterloo, Ca: Wilfrid Laurier University Press

Guild, Elspeth, 2007: EU Policy on Labour Migration. A First Look at the Commission's Blue Card Initiative. In: CEPS Policy Brief 145

Hadler, Markus, 2006: Intentions to migrate within the European Union: A challenge for simple macro-level explanations. In: European Societies 8, 1: 111-140

Hammar, Tomas, 1985: European Immigration Policy: A Comparative Study. Cambridge: Cambridge University Press

Hannerz, Ulf, 1992: Cultural Complexity. Studies in the Social Organization of Meaning. New York: Columbia University Press

Haque, Nadeem U.; Kim, Se-Kik, 1995: 'Human capital flight': impact of migration on income and growth,. In: IMF Staff Papers 42, 3: 577-607

Hartmann, Michael, 2007: Soziale Selektion, Hauskarrieren und geringe Internationalisierung. In: Personalführung 1/2007: 54-62

Hatton, Timothy J., 2004: Emigration from the UK, 1870-1913 and 1950-1998. In: European Review of Economic History 8, 2: 149-171

Hatton, Timothy J.; Williamson, Jeffrey G., 1998: The Age of Mass Migration: Causes and Economic Impact. New York: Oxford University Press

Haug, Sonja, 2001: Bleiben oder Zurückkehren? Zur Messung, Erklärung und Prognose der Rückkehr von Immigranten in Deutschland. In: Zeitschrift für Bevölkerungswissenschaft 26, 2: 231-270

Haug, Sonja, 2005: Die Datenlage im Bereich der Migrations- und Integrationsforschung. Ein Überblick über wesentliche Migrations- und Integrationsindikatoren und die Datenquellen, Working Paper 1/2005. Nürnberg: BAMF

Haug, Sonja, 2009: Migration and Statistics. In: RatSWD Working Paper 101

Haug, Sonja; Sauer, Lenore, 2006: Bestimmungsfaktoren internationaler Migration. Ein Überblick über Theorien zur Erklärung von Wanderungen. In: *Informationszentrum Sozialwissenschaften* (Hrsg.): Migration und ethnische Minderheiten. Sozialwissenschaftlicher Fachinformationsdienst. Bonn: Informationszentrum Sozialwissenschaften: 7-34

Haug, Werner; Müller-Jentsch, Daniel, 2008: Die Neue Zuwanderung in Zahlen - als separate Beilage. In: *Avenir Suisse; Müller-Jentsch, Daniel* (Hrsg.): Die Neue Zuwanderung. Die Schweiz zwischen Brain-Gain und Überfremdungsangst. Zürich: Verlag Neue Züricher Presse

Held, David et al. (Hrsg.), 1999: Global Transformations. Politics, Economics and Culture: Polity

Heß, Barbara; Sauer, Lenore, 2007: Migration von hoch Qualifizierten und hochrangig Beschäftigten aus Drittstaaten nach Deutschland. Nürnberg: BAMF

Hicks, John, 1932: The Theory of Wages. London: MacMillan

Hoesch, Kirsten, 2009: Was bewegt Mediziner? Die Migration von Ärzten und Pflegepersonal nach Deutschland und Großbritannien. Zürich u.a.: Lit

Hollifield, James, F. 1992: Immigrants, markets and states: the political economy of postwar Europe. Cambridge: Harvard University Press

Hollifield, James F., 2000: The politics of international migration: How can we 'bring the state back in'? In: *Brettell, Caroline B.; Hollifield, James F.* (Hrsg.): Migration Theory: Talking Across Disciplines. New York: Routledge: 137-185

Holmes, Madelyn, 1988: Forgotten migrants. Foreign workers in Switzerland before World War I. Rutherford: Fairleigh Dikinson University Press

Hugo, Graeme J., 1981: Village-Community Ties, Village Norms, and Ethnic and Social Networks: A Review of Evidence from the Third World. In: *De Jong, Gordon F.; Gardner, Robert W.* (Hrsg.): Migration Decision Making. Multidisciplinary Approaches to Microlevel Studies in Developed and Developing Countries. New York: Pergamon Press: 186-224

Hugo, Graeme J., 2006: An Australian Diaspora? In: International Migration 44, 1: 105-133

Hugo, Graeme J. et al., 2001: Emigration from Australia, Economic Implications.CEDA Information Paper No. 77. Melbourne: CEDA

Hugo, Graeme J. et al., 2003: Australia's Diaspora: Its Size, Nature and Policy Implications. CEDA Information Paper No. 80. Melbourne: CEDA

Huinink, Johannes; Kley, Stefanie, 2008: Regionaler Kontext und Migrationsentscheidungen im Lebensverlauf. In: Kölner Zeitschrift für Soziologie und Sozialpsychologie 48: 162-184

ILO, 1990: ISCO-88: International Standard Classification of Occupations. Geneva: International Labour Office

Imhof, Kurt, 2008: Die Schweiz wird deutsch! Eine Medienanalyse. In: *Avenir Suisse; Müller-Jentsch, Daniel* (Hrsg.): Die Neue Zuwanderung. Die Schweiz zwischen Brain-gain und Überfremdungsangst. Zürich: Verlag Neue Züricher Zeitung: 165-181

Iqbal, Mahmood, 2000: Brain Drain: Empirical Evidence of Emigration of Canadian Professionals to the United States. In: Canadian Tax Journal 48: 674-688

Iredale, Robyn, 2001: The Migration of Professionals: Theories and Typologies. In: International Migration 39, 5: 7-26

Isserstedt, Wolfgang et al., 2007: Die wirtschaftliche und soziale Lage der Studierenden in der Bundesrepublik Deutschland 2006. 18. Erhebung des Deutschen Studentenwerks durchgeführt durch HIS Hochschul-Informations-System. Berlin: BMBF

Isserstedt, Wolfgang; Schnitzer, Klaus, 2005: Internationalisierung des Studiums - Ausländische Studierende in Deutschland - Deutsche Studierende im Ausland. Ergebnisse der 17. Sozialerhebung des Deutschen Studentenwerks, durchgeführt durch HIS Hochschul-Informations-System. Berlin: BMBF

Jahr, Volker et al., 2002: Mobilität von Hochschulabsolventinnen und -absolventen in Europa. In: *Bellmann, Lutz; Velling, Johannes* (Hrsg.): Arbeitsmärkte für Hochqualifizierte. Nürnberg: IAB: 317-373

Jankowitsch, Beate et al., 2000: Die Rückkehr ausländischer Arbeitsmigranten seit Mitte der achtziger Jahre. In: *Alba, Richard et al.* (Hrsg.): Deutsche und Ausländer: Freunde, Fremde oder Feinde? Empirische Befunde und theoretische Erklärungen. Wiesbaden: Westdeutscher Verlag: 93-109

Jasso, Guillermina, 2009: Ethnicity and the immigration of highly-skilled workers to the United States. In: Paper presented at the IUSSP Conference 2009 in Marrakesh

Jasso, Guillermina et al., 2000: The New Immigrant Survey Pilot (NIS-P): Overview and New Findings about U. S. Legal Immigrants at Admission. In: Demography 37, 1: 127-138

Jasso, Guillermina; Rosenzweig, Mark R., 1988: How Well do U.S. Immigrants do? Vintage Effects, Emigration Selectivity, and Occupational Mobility. In: Research in Population Economics 6: 229-253

Jespersen, Svend Torp et al., 2007: Brain Drain eller Brain Gain? Vandringer af Hojtuddannede til og fra Danmark: Social Forsknings Instiituttet

Joppke, Christian, 1997: Why liberal states accept unwanted immigration. In: World Politics 50: 266-293

Kaelble, Hartmut, 2007: Sozialgeschichte Europas. 1945 bis zur Gegenwart. Bonn: Bundeszentrale für politische Bildung

Kaiser, Claudia; Friedrich, Klaus, 2002: Deutsche Senioren unter der Sonne Mallorcas: das Phänomen Ruhesitzwanderung. In: Praxis Geographie 2: 14-19

Kalter, Frank, 1997: Wohnortwechsel in Deutschland. Ein Beitrag zur Migrationstheorie und zur empirischen Anwendung von Rational-Choice-Modellen. Opladen: Leske + Budrich

Kalter, Frank, 2000: Theorien der Migration. In: *Mueller, Ulrich et al.* (Hrsg.): Handbuch der Demographie, 1. Modelle und Methoden. Berlin: 438-475

Kanbur, Ravi; Rapoport, Hillel., 2005: Migration selectivity and the evolution of spatial inequality. In: Journal of Economic Geography 5, 1: 43-57

Kapur, Devesh; McHale, John, 2005: Give Us Your Best and Brightest: The Global Hunt for Talent and Its Impact on the Developing World. Washington: Brookings Institution Press

Kiehl, Melanie; Werner, Heinz, 1998: Die Arbeitsmarktsituation von EU-Bürgern und Angehörigen von Drittstaaten in der EU, IAB-Werkstattbericht Nr. 7/1998. Nürnberg

King, Russell, 1993: European international migration 1945-90: a statistical and geographical overview. In: *King, Russell* (Hrsg.): Mass Migration in Europe. The Legacy and the Future. Chichester: John Wiley & Sons: 19-39

King, Russell, 2000: Generalizations from the History of Return Migration. In: *Ghosh, Bimal* (Hrsg.): Return Migration: Journey of Hope or Despair? Genf: International Organization for Migration and the United Nations: 7-56

King, Russell, 2002: Towards a New Map of European Migration. In: International Journal of Population Geography 8, 2: 89-106

King, Russell et al., 2006: Time, Generations and Gender in Migration and Settlement. In: *Kraal, Karen* (Hrsg.): The Dynamics of International Migration and Settlement in Europe. A State of the Art. Amsterdam: Amsterdam University Press: 233-267

King, Russell et al., 2008: Internal and International Migration: Bridging the Theoretical Divide. In: Sussex Centre for Migration Research Working Paper 52

King, Russell; Ruiz-Gelices, Enric, 2003: International Student Migration and the European 'Year Abroad': Effects on European Identity and Subsequent Migration Behaviour. In: International Journal of Population Geography 9: 229-252

Kivisto, Peter; Faist, Thomas, 2010: Beyond a Border. The Causes and Consequences of Contemporary Immigration. Los Angeles u.a.: Pine Forge

Klinthäll, Martin, 1999: Homeward Bound: Return Migration from Sweden to Germany, Greece, Italy and the United States during the period 1968–1993. Lund: Department of Economic History, Lund University

Kolb, Holger et al., 2004: Recruitment and Migration in the ICT Sector. In: *Bommes, Michael et al.* (Hrsg.): Organisational Recruitment and Patterns of Migration, Vol. 25. Osnabrück: IMIS: 147-178

Köllmann, Wolfgang, 1976: Bevölkerungsgeschichte 1800 - 1976. In: *Zorn, Wolfgang; Aubin, Herrmann* (Hrsg.): Handbuch der deutschen Wirtschafts- und Sozialgeschichte, Bd. 2 (das 19. und 20. Jahrhundert). Stuttgart: Ernst Klett Verlag: 9-50

Kopetsch, Thomas, 2008: Das Ausland lockt. In: Deutsches Ärzteblatt 105, 14: 626-628

Kopetsch, Thomas, 2009: The migration of doctors to and from Germany. In: Journal of Public Health 17: 33-39

Koser, Khalid; Lutz, Helma (Hrsg.), 1998: The New Migration in Europe. Social Constructions and Social Realities. Basingstoke: MacMillan

Koser, Khalid; Salt, John, 1997: The Geography of Highly Skilled International Migration. In: International Journal of Population Geography 3: 285-303

Krane, Ronald E. (Hrsg.), 1979: International Labor Migration in Europe. New York: Praeger

Kupiszewska, Dorota; Nowok, Beata, 2008: Comparability of statistics on international migration flows in the European Union. In: *Raymer, James; Willekens, Frans* (Hrsg.): International Migration in Europe: Wiley: 41-71

Kuptsch, Christiane; Pang, Eng Fong (Hrsg.), 2006: Competing for global talent. Geneva: ILO

Lavenex, Sandra, 2006: The Competition State and the Multilateral Liberalization of Skilled Migration. In: *Favell, Adrian; Smith, Michael Peter* (Hrsg.): The Human Face of Global Mobility, International Highly Skilled Migration in Europe, North America and the Asia-Pacific. New Brunswick: Transaction Publishers: 29-53

Lederer, Harald, 2004: Indikatoren der Migration: Zur Messung des Umfangs und der Arten von Migration in Deutschland unter besonderer Berücksichtigung des Ehegatten- und Familiennachzugs sowie der illegalen Migration. Bamberg: europäisches forum für migrationsstudien

Lederer, Harald; Currle, Edda, 2004: Vereinigtes Königreich. In: *Currle, Edda* (Hrsg.): Migration in Europa - Daten und Hintergründe. Stuttgart: Lucius & Lucius: 123-160

Leidel, Melanie, 2004: Statistische Erfassung der Mobilität von Studierenden. In: Wirtschaft und Statistik 10: 1167-1180

Lemaître, Georges et al., 2006: Harmonised statistics on immigrant inflows - preliminary results, sources and methods. Paris: OECD

Limmer, Ruth; Schneider, Norbert F., 2008: Studying Job-Related Spatial Mobility in Europe. In: *Schneider, Norbert F*; *Meil, Gerardo* (Hrsg.): Mobile Living Across Europe. Volume I. Relevance and Diversity of Job-Related Spatial Mobility in Six European Countries. Opladen, Farmington Hills: Barbara Budrich: 13-45

Lindstrom, David P.; Massey, Douglas S., 1994: Selective Emigration, Cohort Quality, and Models of Immigrant Assimilation. In: Social Science Research 23, 4: 315-349

Mahroum, Sami, 1999: Highly skilled globetrotters: the international migration of Human capital. In: *OECD* (Hrsg.): Background Report on OECD Workshop on Science and Technology Labour Markets. Paris: OECD: 168-185

Mahroum, Sami, 2002: The International Mobility of Academics: The UK Case. USA: dissertation.com

Mai, Ralf, 2003: Abwanderung aus Ostdeutschland. Strukturen und Milieus der Altersselektivität und ihre regionalpolitische Bedeutung. Frankfurt a. M.: Peter Lang

Marschalck, Peter, 1973: Deutsche Überseewanderung im 19. Jahrhundert. Ein Beitrag zur soziologischen Theorie der Bevölkerung. Stuttgart: Klett

Martí, Mónica; Ródenas, Carmen, 2007: Migration Estimation Based on the Labour Force Survey: An EU-15 Perspective. In: International Migration Review 41, 1: 101-126

Martin, Susan F.; Lowell, B. Lindsay, 2002: Einwanderungspolitik für Hochqualifizierte in den USA. In: *Münz, Rainer* (Hrsg.): Migrationsreport 2002. Frankfurt a. M.: Campus: 119-139

Massey, Douglas S., 1987: Understanding Mexican Migration to the United States. In: American Journal of Sociology 92: 1372-1403

Massey, Douglas S., 1990: Social Structure, Household Strategies, and the Cumulative Causation of Migration. In: Population Index 56, 1: 3-26

Massey, Douglas S., 1999: International Migration at the Dawn of the Twenty-First Century: The Role of the State. In: Population and Development Review 25, 2: 303-322

Massey, Douglas S. et al., 1993: Theories of International Migration: A Review and Appraisal. In: Population and Development Review 19, 3: 431-466

Massey, Douglas S. et al., 1998: Worlds in Motion. Oxford: Clarendon Press

Massey, Douglas S. et al., 2002: Beyond Smoke and Mirrors: Mexican Immigration in an Age of Economic Integration. New York: Russell Sage Foundation

Massey, Douglas S.; Espinosa, Kristin, 1997: What's driving Mexican-U.S. Migration? A Theoretical, Empirical and Policy Analysis. In: American Journal of Sociology 102: 939-999

Massey, Douglas S.; Redstone Akresh, Ilana, 2006: Immigrant Intentions and Mobility in a Global Economy: The Attitudes and Behavior of Recently Arrived U. S. Immigrants. In: Social Science Quarterly 87, 5: 954-971

Mau, Steffen, 2007: Transnationale Vergesellschaftung. Die Entgrenzung sozialer Lebenswelten. Frankfurt a. M. / New York: Campus Verlag

Mau, Steffen et al., 2007: Innereuropäische Wanderungen - Die Wanderungsmotive von Deutschen mit mittleren Qualifikationen. In: BIOS: Zeitschrift für Biographieforschung, Oral History und Lebensverlaufanalysen 20, 2: 214-232

Mau, Steffen et al., 2008: Grenzen in der globalisierten Welt. Selektivität, Internationalisierung, Exterritorialisierung. In: Leviathan 36, 1: 123-148

McKenzie, David; Rapoport, Hillel, 2007: Self-selection patterns in Mexico-U.S. migration: The role of migration networks. In: World Bank Policy Research Working Paper 4118

Mika, Tatjana, 2006: Zuwanderung, Einwanderung und Rückwanderung in den Datensätzen des FDZ-RV. In: *Deutsche Rentenversicherung Bund* (Hrsg.): Forschungsrelevante Daten der Rentenversicherung, Bericht vom zweiten Workshop des Forschungsdatenzentrums der Rentenversicherung (FDZ-RV) vom 27. bis 29. Juni 2005 in Würzburg. Berlin: wdv Gesellschaft für Medien und Kommunikation: 93-113

Mika, Tatjana, 2007: Potenziale der Migrationsforschung mit dem Rentenbestand und dem Rentenzugang. In: *Deutsche Rentenversicherung Bund* (Hrsg.): Erfahrungen und Perspektiven: Bericht vom dritten Workshop des Forschungsdatenzentrums der Rentenversicherung (FDZ-RV) vom 26. bis 28. Juni in Bensheim. Bad Homburg: wdv Gesellschaft für Medien und Kommunikation: 52-81

Miyagiwa, Kaz, 1991: Scale economies in education and the brain drain problem. In: International Economic Review 32: 743-759

Moch, Leslie P., 1992: Moving Europeans: Migration in Western Europe since 1650. Bloomington: Indiana University Press

Mönckmeier, Wilhelm, 1912: Die deutsche überseeische Auswanderung. Jena

Money, Jeanette, 1999: Fences and Neighbours. The Political Geography of Immigration Control. Ithaca, London: Cornell University Press

Mountford, Andrew, 1997: Can a brain drain be good for growth in the source economy? In: Journal of Development Economics 53: 287-303

Munshi, Kaivan, 2003: Networks in the Modern Economy: Mexican Migrants in the US Labor Market. In: Quarterly Journal of Economics 118: 549-97

Mytzek, Ralf; Brzinsky, Christian, 2004: Struktur und Ausmaß grenzüberschreitender Mobilität von Deutschen in Europa. In: *Mytzek, Ralf; Schömann, Klaus* (Hrsg.): Transparenz von Bildungsabschlüssen in Europa. Sektorale Studien zu Mobilität von Arbeitskräften. Berlin: edition sigma: 49-58

Nerger-Focke, Karin, 1995: Die deutsche Amerikaauswanderung nach 1945. Rahmenbedingungen und Verlaufsformen. Stuttgart: Verlag Hans-Dieter Heinz

Neske, Matthias; Currle, Edda, 2004: Schweden. In: *Currle, Edda* (Hrsg.): Migration in Europa - Daten und Hintergründe. Stuttgart: Lucius & Lucius: 195-238

Niefert, Michaela et al., 2001: Willingness of Germans to move abroad. In: *Friedmann, Ralph* (Hrsg.): Econometric Studies. Münster: Lit Verlag: 317-333

Nowok, Beata et al., 2006: Statistics on International Migration Flows. In: *Poulain, Michel et al.* (Hrsg.): THESIM. Towards Harmonised European Statistics on International Migration. Louvain: Presses Universitaires de Louvain: 203-231

o.V., 2006: Guidelines for Measuring Emigration through the Use of Immigration Statistics of Receiving Countries. Edinburgh, Scotland

OECD, 2002: International Mobility of the Highly Skilled. Paris: OECD

OECD, 2008a: International Migration Outlook: SOPEMI - 2008 Edition. Paris: OECD

OECD, 2008b: The Global Competition for Talent. Mobility of the Highly Skilled. Paris: OECD

OECD, 2009a: The Future of International Migration to OECD Countries. Paris: Organisation for Economic Co-operation and Development

OECD, 2009b: International Migration Outlook: SOPEMI 2009 Edition, Special Focus: Managing Labour Migration Beyond the Crisis. Paris: OECD

Office for National Statistics, 2009: Long-Term International Migration 1991 - latest. Newport: http://www.statistics.gov.uk/statbase/Product.asp?vlnk=15054

Oltmer, Jochen, 2010: Migration im 19. und 20. Jahrhundert. Enzyklopädie deutscher Geschichte, Band 86. München: Oldenbourg Wissenschaftsverlag

Pagenstecher, Cord, 1996: Die ,Illusion' der Rückkehr. Zur Mentalitätsgeschichte von "Gastarbeit" und Einwanderung. In: Soziale Welt 47, 2: 149-179

Parnreiter, Christof, 2000: Theorien und Forschungsansätze zu Migration. In: *Husa, Karl et al.* (Hrsg.): Internationale Migration. Die globale Herausforderung des 21. Jahrhunderts. Frankfurt a. M.: 25-52

Peixoto, João, 2001: The International Mobility of Highly Skilled Workers in Transnational Corporations: the Macro and Micro Factors of the Organizational Migration of Cadres. In: International Migration Review 35, 4: 1030-1053

Penninx, R.; Muus, Philip, 1989: No Limits for Migration after 1992? The Lessons of the Past and a Reconnaissance of the Future. In: International Migration 27, 3: 373-388

Pépin, Luce, 2007: The History of EU Cooperation in the Field of Education and Training: how lifelong learning became a strategic objective. In: European Journal of Education 42, 1: 121-132

Piore, Michael J., 1979: Birds of Passage: Migrant Labor and Industrial Societies. Cambridge: Cambridge University Press

Pohjola, Anneli, 1991: Social Networks - Help or Hindrance to the Migrant? International Migration. In: International Migration 29, 3: 435-444

Pohlmann, Markus, 2009: Globale ökonomische Eliten? Eine Globalisierungsthese auf dem Prüfstand der Empirie. In: Kölner Zeitschrift für Soziologie und Sozialpsychologie 61: 513-534

Pohlmann, Markus; Bär, Stefan, 2009: Grenzenlose Karrieren? - Hochqualifiziertes Personal und Top-Führungskräfte in Ökonomie und Medizin. In: Österreichische Zeitschrift für Soziologie 34, 4: 13-40

Portes, Alejandro et al., 1999: The Study of Transnationalism: Pitfalls and Promise of an Emergent Research Field. In: Ethnic and Racial Studies 22, 2: 217-237

Portes, Alejandro; Rumbaut, Rubén G., 1996: Immigrant America - A Portrait. Berkeley and Los Angeles, California: University of California Press

Poulain, Michel, 1996: Migration Flows Between the Countries of the European Union: Current Trends. In: *Rees, Philip et al.* (Hrsg.): Population Migration in the European Union: John Wiley & Sons: 51-65

Poulain, Michel et al., 2006: THESIM: Towards Harmonised European Statistics on International Migration: Presses Universitaires de Louvain

Poutvaara, Panu et al., 2009: Self-Section and Earnings of Emigrants from a Welfare State, IZA DP No. 4144. Bonn: IZA

Pries, Ludger, 1997: Neue Migration im transnationalen Raum. Baden-Baden: Nomos

Pries, Ludger, 2008: Die Transnationalisierung der sozialen Welt. Sozialräume jenseits von Nationalgesellschaften. Frankfurt a. M.: Suhrkamp

Prognos, 2008: Gründe für die Auswanderung von Fach- und Führungskräften aus Wirtschaft und Wissenschaft (im Auftrag des BMWi). Berlin, Basel

Ray, Kristin Michelle et al., 2006: International Health Worker Mobility: Causes, Consequences, and Best Practices. In: International Migration 44, 2: 181-203

Raymer, James; Willekens, Frans, 2008: Introduction and outline. In: *Raymer, James; Willekens, Frans* (Hrsg.): International Migration in Europe: Wiley: 1-8

Recchi, Ettore, 2006: From Migrants to Movers: Citizenship and Mobility in the European Union. In: *Smith, Michael Peter; Favell, Adrian* (Hrsg.): The Human Face of Global Mobility. New Brunswick/USA, London/UK: Transaction Publishers: 53-77

Recchi, Ettore, 2008: Cross-state Mobility in the EU. In: European Societies 10, 2: 197-224

Recchi, Ettore; Favell, Adrian (Hrsg.), 2009: Pioneers of European Integration. Citizenship and Mobility in the EU. Cheltenham u.a.: Edward Elgar

Reher, David; Requena, Miguel, 2009: The National Immigrant Survey of Spain: A new data source for migration studies in Europe. In: Demographic Research 20: 253-278

Rendall, Michael S. et al., 2003: Estimation of annual international migration from the Labour Force Surveys of the United Kingdom and the continental European Union. In: Statistical Journal of the United Nations ECE 20: 219-234

Robinson, Chris; Tomes, Nigel, 1982: Self-selection and interprovincial migration in Canada. In: Canadian Journal of Economics XV: 474-502

Röder, Werner, 1992: Die Emigration aus dem nationalsozialistischen Deutschland. In: *Bade, Klaus J.* (Hrsg.): Deutsche im Ausland - Fremde in Deutschland. Migration in Geschichte und Gegenwart. München: C.H. Beck: 345-353

Roy, A. D., 1951: Some Thoughts on the Distribution of Earnings. In: Oxford Economic Papers 3: 135-146

Ruggles, Steven et al., 2009: Integrated Public Use Microdata Series: Version 4.0 [Machine-readable database]. Minneapolis: Minnesota Population Center (producer and distributor)

Ruhs, Martin; Anderson, Bridget (Hrsg.), 2010: Who Needs Migrant Workers? Labour shortages, immigration, and public policy. Oxford: Oxford University Press

Sachverständigenrat deutscher Stiftungen für Integration und Migration, 2009: Qualifikation und Migration: Potenziale und Personalpolitik in der 'Firma' Deutschland. Berlin

Saint-Paul, Gilles, 2004: The Brain Drain: Some Evidence from European Expatriates in the United States, IZA-Discussion Paper No. 1310. Bonn: IZA

Salt, John, 1983: High Level Manpower Movements in Northwest Europe and the Role of Careers: An Explanatory Framework. In: International Migration Review 4: 633-652

Salt, John, 1986: International Migration: A Spatial Theoretical Approach. In: *Pacione, Michael* (Hrsg.): Population Geography: Process and Prospect. London: 166-193

Salt, John, 1992: Migration Processes among the Highly Skilled in Europe. In: International Migration Review 26, 2: 484-505

Salt, John, 1997: International Movements of the Highly Skilled, Vol. 3. Paris: OECD Publishing

Salt, John, 2001: Current Trends in International Migration in Europe, Vol. 33: Council of Europe

Salt, John; Clout, Hugh (Hrsg.), 1976: Migration in Post-war Europe: Geographical Essays. Oxford: Oxford University Press

Salt, John et al., 2004: International labour migration. Population Studies, Bd. 44. Straßburg: Council of Europe Publishing

Santacreu Fernández, Oscar et al., 2006: Stichprobenziehung für Migrantenpopulationen in fünf Ländern. Eine Darstellung des methodischen Vorgehens im PIONEUR-Projekt. In: ZUMA-Nachrichten 59, 30: 72-88

Santacreu Fernández, Oscar et al., 2009: Deciding to move: migration projects in an integrating Europe. In: *Recchi, Ettore; Favell, Adrian* (Hrsg.): Pioneers of European Integration. Citizenship and Mobility in the EU. Cheltenham u.a.: Edward Elgar: 52-71

Sassen, Saskia, 1999: Guests and Aliens. New York: The New Press

Sauer, Lenore; Ette, Andreas, 2007: Auswanderung aus Deutschland: Stand der Forschung und erste Ergebnisse zur internationalen Migration deutscher Staatsbürger, Materialien zur Bevölkerungswissenschaft, Heft 123. Wiesbaden: Bundesinstitut für Bevölkerungsforschung

Schlömer, Claus, 2009: Binnenwanderungen in Deutschland zwischen Konsolidierung und neuen Paradigmen. Bonn: Bundesinstitut für Bau-, Stadt- und Raumforschung

Schniedewind, Karen, 1992: Fremde in der alten Welt: die transatlantische Rückwanderung. In: *Bade, Klaus J.* (Hrsg.): Deutsche im Ausland - Fremde in Deutschland. Migration in Geschichte und Gegenwart. München: C.H. Beck: 179-184

Schödl, Günter, 1992: Die Deutschen in Ungarn. In: *Bade, Klaus J.* (Hrsg.): Deutsche im Ausland - Fremde in Deutschland. Migration in Geschichte und Gegenwart. München: C.H. Beck: 70-84

Schönhuth, Michael, 2008: Remigration von Spätaussiedlern: ethnowissenschaftliche Annäherungen an ein neues Forschungsfeld. In: IMIS Beiträge 33/2008: 61-83

Schroedter, Julia H. et al., 2006: Die Umsetzung der Bildungsskala ISCED-1997 für die Volkszählung 1970, die Mikrozensus-Zusatzerhebung 1971 und die Mikrozensen 1976-2004. ZUMA-Methodenbericht 2006/08. Mannheim

Schündeln, Matthias, 2007: Are Immigrants More Mobile Than Natives? Evidence from Germany. In: IZA Discussion Paper Series 3226

Schupp, Jürgen et al., 2005: Internationale Mobilität von deutschen Staatsbürgern. In: Zeitschrift für Bevölkerungswissenschaft 30, 2-3: 279-292

Schupp, Jürgen et al., 2008: Leben außerhalb Deutschlands - Eine Machbarkeitsstudie zur Realisierung von Auslandsbefragungen auf Basis des Sozio-oekonomischen Panels (SOEP). In: SOEPpapers on Multidisciplinary Panel Data Research 120, August 2008

Schwarz, Karl, 1972: Demographische Grundlagen der Raumforschung und Landesplanung. Hannover: Akademie für Raumforschung und Landesplanung

Scott, Sam, 2006: The Social Morphology of Skilled Migration: The Case of the British Middle Class in Paris. In: Journal of Ethnic and Migration Studies 32, 7: 1105 - 1129

Senn, Josef Fidelis et al., 2003: Arbeitsmarktpolitische Instrumente auf dem betriebsinternen Arbeitsmarkt. In: *Klein-Schneider, Hartmut* (Hrsg.): Interner Arbeitsmarkt. Beschäftigung und Personalentwicklung in Unternehmen und Verwaltungen. Frankfurt a. M.: BUND: 108-123

Shachar, Ayelet, 2006: The race for talent: Highly skilled migrants and competitive immigration regimes. In: New York University Law Review 81, 1: 148-206

Sjaastad, Larry A., 1962: The costs and return of human migration. In: Journal of Political Economy Vol. 70, Supplement: 80-93

Solimano, Andrés, 2008: Causes and Consequences of Talent Mobility. In: *Solimano, Andrés* (Hrsg.): The International Mobility of Talent. Types, Causes, and Development Impact. Oxford: Oxford University Press: 1-18

Sriskandarajah, Dhananjayan; Drew, Catherine, 2006: Brits abroad. Mapping the scale and nature of British emigration. London: ippr

Statistisches Bundesamt, 1963: Auswanderung nach Übersee. In: Wirtschaft und Statistik 4: 191, 209-10

Statistisches Bundesamt, 2006a: Bevölkerung und Erwerbstätigkeit, Wanderungen 2005, Fachserie 1, Reihe 1.2. Wiesbaden: Statistisches Bundesamt

Statistisches Bundesamt, 2006b: Bevölkerung und Erwerbstätigkeit. Natürliche Bevölkerungsbewegung 2004. Fachserie 1, Reihe 1.1. Wiesbaden: Statistisches Bundesamt

Statistisches Bundesamt, 2009a: Deutsche Studierende im Ausland. Statistischer Überblick 1997 - 2007. Wiesbaden: Statistisches Bundesamt

Statistisches Bundesamt, 2009b: „Zuwanderung nach Deutschland 2008 konstant geblieben". Pressemitteilung Nr. 276 vom 23. Juli 2009

Steinert, Johannes-Dieter, 1992: Drehscheibe Westdeutschland: Wanderungspolitik im Nachkriegsjahrzehnt. In: *Bade, Klaus J.* (Hrsg.): Deutsche im Ausland - Fremde in Deutschland. Migration in Geschichte und Gegenwart. München: C.H. Beck: 386-392

Steinert, Johannes-Dieter; Weber-Newth, Inge, 2000: Labour and Love. Deutsche in Großbritannien nach dem Zweiten Weltkrieg. Osnabrück: secolo Verlag

Straubhaar, Thomas, 2000: International Mobility of the Highly Skilled: Brain Gain, Brain Drain or Brain Exchange. In: HWWA Discussion Paper 88

Straubhaar, Thomas; Wolter, Achim, 1997: Globalisation, Internal Labour Markets and the Migration of the Highly Skilled. In: Intereconomics 32: 174-180

Thamer, Hans-Ulrich, 1992: Grenzgänger: Gesellen, Vaganten und fahrende Gewerbe. In: *Bade, Klaus J.* (Hrsg.): Deutsche im Ausland - Fremde in Deutschland. Migration in Geschichte und Gegenwart. München: C.H. Beck: 231-235

Todaro, Michael P., 1969: A Model of Labor Migration and Urban Unemployment in Less Developed Countries. In: The American Economic Review 59: 138-148

Torpey, John, 1998: Coming and Going: On the State Monopolization of the Legitimate 'Means of Movement'. In: Sociological Theory 16, 3: 239-259

Torpey, John, 2000: The Invention of the Passport. Surveillance, Citizenship and the State. Cambridge: Cambridge University Press

Tritah, Ahmed, 2008: The Brain Drain Between Knowledge-Based Economies: The European Human Capital Outflow to the US. In: Économie internationale 115: 65-108

U.S. Department of Homeland Security; Office of Immigration Statistics, 2002...2008: Yearbook of Immigration Statistics. Washington D. C.

U.S. Census Bureau, 2009: A Compass for Understanding and Using American Community Survey Data: What Researchers Need to Know. Washington D.C.: U.S. Government Printing Office

U.S. Immigration and Naturalization Service, 1990...2001: Statistical Yearbook of the Immigration and Naturalization Service. Washington D.C.: U.S. Government Printing Office

Übelmesser, Silke, 2006: To Go or Not to Go: Emigration from Germany. In: German Economic Review 7, 2: 211-231

UNESCO, 1997: International Standard Classification of Education (ISCED 1997). Paris: UNESCO

UNDP, 2009: Human Development Report 2009. Overcoming barriers: Human mobility and development. New York: Palgrave Macmillan

Urner, Klaus, 1976: Die Deutschen in der Schweiz: Von den Anfängen der Kolonienbildung bis zum Ausbruch des 1. Weltkrieges. Frauenfeld

Vandenbrande, Tom et al., 2006: Mobility in Europe. Analysis of the 2005 Eurobarometer survey on geographical and labour market mobility. Dublin/Ireland: European Foundation for the Improvement of Living and Working Conditions

Verwiebe, Roland, 2004: Transnationale Mobilität innerhalb Europas. Eine Studie zu den sozialstrukturellen Effekten der Europäisierung. Berlin: edition sigma

Verwiebe, Roland; Eder, Klaus, 2006: The positioning of transnationally mobile Europeans in the German Labour Market. In: European Societies 8, 1: 141-167

Wagner, Michael, 1990: Wanderungen im Lebensverlauf. In: Kölner Zeitschrift für Soziologie und Sozialpsychologie, Sonderband 31: 212-238

Warnes, Tony, 2009: International Retirement Migration. In: Uhlenberg, Peter (Hrsg.): International Handbook of Population Aging: Springer: 341-363

Werner, Heinz; König, Ingeborg, 2001: Integration ausländischer Arbeitnehmer in die Arbeitsmärkte der EU-Länder - Ein europäischer Vergleich, IAB-Werkstattbericht Nr. 10/2001. Nürnberg

Williams, Allan M. et al., 2004: International Labour Mobility and Uneven Regional Development in Europe: Human Capital, Knowledge and Entrepreneurship. In: European Urban and Regional Studies 11, 1: 27-46

Wong, Kar-yiu; Yip, Chong Kee, 1999: Education, economic growth, and brain drain. In: Journal of Economic Dynamics and Control 23, 5-6: 699-726

Woodrow-Lafield, Karen, 1996: Emigration from the United States: Multiplicity Survey Evidence. In: Population Research and Policy Review 15: 171-199

Woodruff, William, 1966: Impact of Western Man. A Study of Europe's Role in the World Economy 1750-1960. London, New York: Macmillan, St. Martin's Press

Zaiceva, Anzelika; Zimmermann, Klaus F., 2008: Scale, Diversity, and Determinants of Labour Migration in Europe. In: IZA Discussion Paper Series 3595

Zerger, Frithjof, 2008: Migrationssteuerung und Entwicklungseffekte durch zirkuläre Migration? In: Zeitschrift für Ausländerrecht und Ausländerpolitik 27, 1: 1-5

Zimmermann, Klaus F. (Hrsg.) 2005: European Migration. What Do We Know? Oxford: Oxford University Press

Zolberg, Aristide R., 1999: Matters of state: Theorizing immigration policy. In: *Hirschman, Charles et al.* (Hrsg.): The Handbook of International Migration: The American Experience. New York: Russell Sage Foundation: 71-93

Zürn, Michael; Leibfried, Stephan, 2005: Reconfiguring the national constellation. In: European Review 13, S1: 1-36

Abbildungsverzeichnis

Abbildung 3.1: Entwicklung der Auswanderung, Zuwanderung und des Wanderungssaldos deutscher Staatsbürger, 1967-2008, in 1.000 56

Abbildung 3.2: Vergleich der Auswanderung und der Auswanderungsrate aus
Staaten der OECD, nach Geburtsland der Auswanderer, etwa
Jahr 2000, in 1.000 bzw. Prozent 61

Abbildung 3.3: Entwicklung der Auswanderungsrate der eigenen Staatsbürger
für ausgewählte Mitgliedstaaten der Europäischen Union, 1985-
2007, in Promille 63

Abbildung 4.1: Altersstruktur deutscher Auswanderer, deutscher Binnenwanderer und der nicht mobilen deutschen Wohnbevölkerung, nach
Geschlecht, Durchschnitt der Jahre 2005-07, in Prozent 71

Abbildung 4.2: Auswanderungsrate deutscher Staatsangehöriger, nach Landkreisen und kreisfreien Städten, Durchschnitt der Jahre 2005-07,
in Promille 75

Abbildung 4.3: Zielländer deutscher Auswanderer, Durchschnitt der Jahre
2005-07 77

Abbildung 4.4: Entwicklung der wichtigsten Zielregionen deutscher Auswande-
rer, 1967-2008, in 1.000 79

Abbildung 5.1: Konzeptionelle Darstellung zur vergleichenden Untersuchung
von Aus- und Rückwanderungen Deutscher innerhalb des euro-
päischen Migrationssystems 101

Abbildung 6.1: Konzeptionelle Darstellung zur Untersuchung der Entwicklung
von Auswanderungen Deutscher in die USA und die Schweiz,
1990-2008 124

Abbildung 6.2: Entwicklung des Anteils deutscher Auswanderer mit tertiärem
Bildungsabschluss (ISCED 5 und 6) in den USA und der
Schweiz im Vergleich mit der nicht mobilen deutschen Wohnbe-
völkerung, 1990-2008, in Prozent [25-39 Jahre] 128

Abbildung 6.3: Entwicklung des Anteils deutscher Auswanderer mit ausgewählten beruflichen Tätigkeiten in den USA, 1990-2008, in Prozent
[25-39 Jahre] 133

Abbildung 7.1:   Altersstruktur deutscher Aus- und Rückwanderer, nach Geschlecht, Durchschnitt der Jahre 2005-07, in Prozent...................147

Abbildung 7.2:   Rückwanderungsquoten männlicher deutscher Auswanderer für
die Ländergruppe der EU-14, US, CA, AU, NZ, NO sowie CH,
1967-2003, in Prozent...150

Abbildung 7.3:   Rückwanderungsquoten (RQ$_2$) männlicher deutscher Auswanderer für die Niederlande, Österreich, Spanien, Kanada, USA und
Schweiz, 1967-2003, in Prozent 153

Abbildung 8.1:   Konzeptionelle Darstellung der vergleichenden Untersuchung
von intra-europäischen Wanderungen mit Hilfe des European
Union Labour Force Survey...173

Abbildung 8.2:   Entwicklung der Zuwanderung aus der EU-15, nach Zielländern,
1996-2007, in 1.000 179

Abbildung 8.3:   Auswanderung, Zuwanderung und Netto-Migrationsrate in den
EU-15-Mitgliedstaaten 2007, in 1.000 und Prozent 181

Abbildung 8.4:   Auswanderung, Zuwanderung und Netto-Migrationsrate von
Personen mit tertiärem Bildungsabschluss (ISCED 5 und 6) innerhalb der EU-13, in 1.000 und Prozent, jährlicher Durchschnitt
der Jahre 1999-2006 [25-64 Jahre, erwerbstätig]........................184

Abbildung 8.5:   Auswanderung, Zuwanderung und Netto-Migrationsrate von
Personen mit hoher Berufsqualifikation (ISCO-
Berufshauptgruppen 1 und 2) innerhalb der EU-13, in 1.000 und
Prozent, jährlicher Durchschnitt der Jahre 1999-2006
[25-64 Jahre, erwerbstätig] 187

Tabellenverzeichnis

Tabelle 3.1:   Entwicklung des Wanderungssaldos eigener Staatsbürger für
                ausgewählte europäische Staaten, 1993-2007, in 1.000........................64

Tabelle 4.1:   Entwicklung der 15 wichtigsten Zielländer deutscher Auswande-
                rer, 1967-2008, 6-Jahresgruppen 80

Tabelle 5.1:   Verfügbarkeit von Angaben zum Wohnort zwölf Monate zuvor
                und zur Staatsangehörigkeit im EULFS, nach Mitgliedstaaten,
                1996-2006 103

Tabelle 5.2:   Bildungsniveau, Berufsqualifikation und Wirtschaftszweige
                Deutscher nach Migrationsstatus, 1996-2006, in Prozent [25-64
                Jahre, erwerbstätig] 108

Tabelle 5.3:   Auswanderung Deutscher in die EU-11 und Rückwanderung
                Deutscher aus der EU-11 sowie Rückwanderungsquote, nach
                ausgewählten Bildungsniveaus, Berufsqualifikationen und Wirt-
                schaftszweigen, 1996-2006, in 1.000 [25-64 Jahre, erwerbstätig]......113

Tabelle 5.4:   Ergebnisse logistischer Regressionsmodelle zur Chance Deut-
                scher Staatsbürger, aus Deutschland in die EU-11 auszuwandern
                bzw. aus der EU-11 nach Deutschland rückzuwandern, 1996-
                2006..116

Tabelle 6.1:   Entwicklung der Erwerbstätigenquote deutscher Auswanderer in
                den USA und der Schweiz im Vergleich mit der nicht mobilen
                deutschen Wohnbevölkerung, nach Geschlecht, 1990-2008, in
                Prozent [25-39 Jahre] 130

Tabelle 6.2:   Erwerbstätigkeit deutscher Auswanderer in den USA und der
                Schweiz nach Wirtschaftszweigen (NACE Rev. 1.1), im Ver-
                gleich mit der nicht mobilen deutschen Wohnbevölkerung, 1990-
                2008, in Prozent [25-39 Jahre]...135

Tabelle 7.1:   Rentenbestand der Altersrenten deutscher Männer (ohne Aus-
                siedler) nach Geburtsjahr und Migrationsstatus, 2008....................155

Tabelle 7.2:   Rentenbestand der Altersrenten deutscher Männer (ohne Aus-
                siedler) nach Migrationsstatus und ausgewählten Zielländern,
                2008..157

Tabelle 8.1:   Verfügbarkeit von Angaben zur Aufenthaltsdauer und der Staats-
                angehörigkeit im EULFS, nach Mitgliedstaaten, 1999-2006 174

Tabelle 8.2:   Bestand an EU-15 Ausländern in den Mitgliedstaaten der EU-15
                  nach Staatsangehörigkeit 2008 in 1.000 sowie Auswanderungs-
                  und Zuwanderungsrate, in Prozent...177

Tabelle 8.3:   Durchschnittlicher jährlicher Wanderungssaldo von Personen mit
                  tertiärem Bildungsabschluss (ISCED 5 und 6) innerhalb der EU-
                  13, Durchschnitt der Jahre 1999-2006...186

Abkürzungsverzeichnis

ABl EU	Amtsblatt der Europäischen Union
ACS	American Community Survey
AIRE	Anagrafe degli Italiani Residenti all'Estero (Register of Italians Resident Abroad)
AT	Österreich
AU	Australien
BAMF	Bundesamt für Migration und Flüchtlinge
BBC	British Broadcasting Corporation
BE	Belgien
BevstatG	Bevölkerungsstatistikgesetz
BGBl	Bundesgesetzblatt
BIB	Bundesinstitut für Bevölkerungsforschung
BMI	Bundesministerium des Innern
BMBF	Bundesministerium für Bildung und Forschung
BMWi	Bundesministeriums für Wirtschaft und Technologie
BR	Brasilien
BVFG	Bundesvertriebenengesetz
CA	Kanada
CH	Schweiz
CPS	Current Population Survey
DAAD	Deutscher Akademischer Austausch Dienst
DDR	Deutsche Demokratische Republik
DE	Deutschland
Destatis	Statistisches Bundesamt
DFG	Deutsche Forschungsgemeinschaft
DGD	Deutsche Gesellschaft für Demographie
DIOC	Database on Immigrants in OECD Countries
DIW	Deutsches Institut für Wirtschaftsforschung
DK	Dänemark
DRV	Deutsche Rentenversicherung
EFTA	European Free Trade Association
EG	Europäische Gemeinschaft
EIMSS	European Internal Movers Social Survey
EU	Europäische Union
EULFS	European Union Labour Force Survey
ES	Spanien

FDZ-RV	Forschungsdatenzentrum der Rentenversicherung
FI	Finnland
FR	Frankreich
FRG	Fremdrentengesetz
GATS	General Agreement on Trade in Services
GESIS	GESIS-Leibniz-Institut für Sozialwissenschaften
GB	Großbritannien
GR	Griechenland
IAB	Institut für Arbeitsmarkt- und Berufsforschung
IE	Irland
ILO	International Labour Organization
IMF	International Monetary Fund
IMIS	Institut für Migrationsforschung und Interkulturelle Studien
IR	Iran
ISCED	International Standard Classification of Education
ISCO	International Standard Classification of Occupations
IT	Italien
IUSSP	International Union for the Scientific Study of Population
IZA	Forschungsinstitut zur Zukunft der Arbeit
HU	Ungarn
JP	Japan
KfbG	Kriegsfolgenbereinigungsgesetz
KZ	Kasachstan
LU	Luxemburg
MIMOSA	Migration Modelling for Statistical Analyses
MX	Mexiko
NACE	Nomenclature statistique des activités économiques dans la Communauté Européenne
NIDI	Netherlands Interdisciplinary Demographic Institute
NISP	New Immigrant Survey Pilot
NL	Niederlande
NO	Norwegen
NZ	Neuseeland
OECD	Organisation for Economic Co-operation and Development
PL	Polen
PT	Portugal
RU	Russische Föderation
SE	Schweden
SOEP	Sozio-oekonomisches Panel
THESIM	Towards Harmonised European Statistics on International Migration
UN	United Nations
UNDP	United Nations Development Programme
UNECE	United Nations Economic Commission for Europe
UNESCO	United Nations Educational, Scientific and Cultural Organisation
US	United States

USA	United States of America
ZA	Südafrika
ZAV	Zentrale Auslands- und Fachvermittlung